D1080825

ROGER COUDERC

ADIEU, LES PETITS !

Préface de
Pierre Albaladejo

BIBLIOTHÈQUE
POUR TOUS
LANDES

SOLAR
8, rue Garancière
75006 Paris

Une partie de ce livre est extraite de
« Le rugby, la télé et moi » de Roger Couderc (1966)

SOLAR

54.854

© Solar 1983
ISBN 2-263-00734-2

Je dédie ce livre à mes enfants
et à mes petits-enfants
Frédéric, Olivier, Sébastien et Julie.
Et que la fête continue !...

Allez les petits !

R. C.

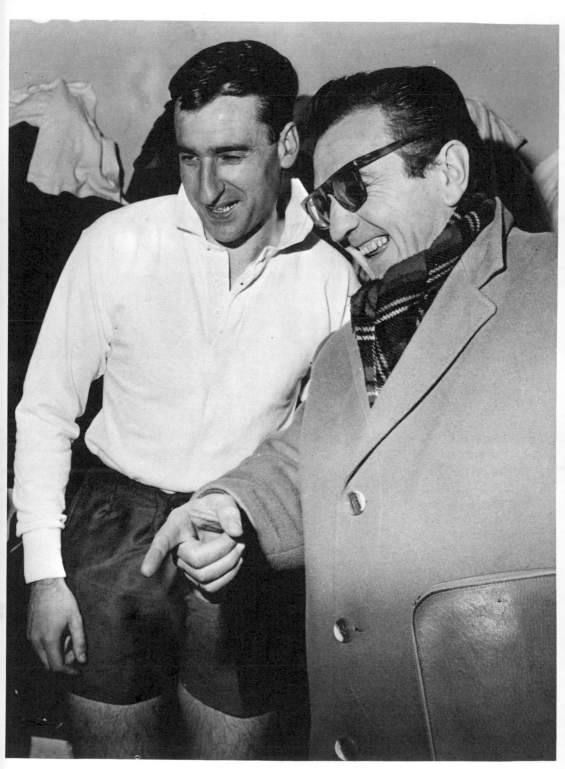

... Nés pour être complices...

SACRÉ ROGER !...
par
Pierre Albaladejo

« *Cher Monsieur,*

Lorsque vous avez réussi ce drop phénoménal contre les Irlandais, mon mari s'est effondré mort, dans son fauteuil.
Je vous remercie d'avoir offert à mon mari la plus belle mort qui soit, tellement le rugby lui tenait à cœur... »

Il y a longtemps, mon cher Roger, que je voulais t'écrire pour mettre les choses au point au sujet de cette lettre reçue il y a une vingtaine d'années. Il y a prescription et j'ose espérer que cette brave dame, s'il plaît à Dieu qu'elle vive encore, ne t'en voudra pas d'apprendre la vérité sur la mort de son mari dont je t'accuse.

J'ai souvent revécu cette phase de jeu qui n'avait pas de quoi précipiter une mort. Mais voilà, ce modeste drop tapé des 25 mètres légèrement de biais et tiré sur une passe ultra-rapide de Pierrot Lacroix était passé par ton micro. Ce fut fatal pour ce monsieur.

Je ne t'en veux pas d'avoir grossi ce fait, bien au contraire, même si au cours de ce même match tu avais décrété qu'après ce que tu venais de voir, tu pouvais mourir. Diable de Roger, plus de vingt ans passés et tu es toujours là... et moi aussi...

A croire que nous étions faits pour être complices et vivre ensemble les moments les plus fous et exaltants de notre vie. Celle que je n'échangerai contre aucune autre. Et cela, Roger, je te le dois comme une multitude d'anciens joueurs te doivent d'être ce qu'ils sont. Ils ne sont pas ingrats, ils le savent, et lorsque l'occasion se présente ils n'oublient pas de m'en parler, comme pour te dire merci. Je ne te fais pas toujours ces commissions parce que tu pourrais te prendre pour le Bon Dieu, et cela me gênerait, d'autant que le Bon Dieu, me disait ma grand-mère, ne ment jamais, il se trompe, comme toi Roger, comme toi.

A ceux qui pensent que tu exagérais les faits, je répondrai pour toi qu'après tout les mathématiques n'ont jamais été ton fort : il est vrai que d'un décimètre à un décamètre il n'y a orthographiquement que peu de différence !... Remarque, tu n'as jamais été très

5

doué, non plus, pour lire les degrés centigrades. Je me souviens de ton début de reportage à Constantza où tu avais annoncé qu'il faisait — 40°. Tu sais, la veille du jour où tu avais glissé sur le quai de la gare et que les roues du train t'avaient enlevé ta casquette. Le geste prompt de Boffelli tirant le signal d'alarme te sauva la vie. Depuis ce jour, « Bof » devint pour toi le plus grand troisième ligne de ce siècle. Nous pouvons lui et moi t'avouer, aujourd'hui, que le train n'avait jamais démarré.

Et la chaleur du désert du Karroo en Afrique du Sud, t'en souviens-tu ?... C'était ta deuxième traversée après celle de 68. Nous avions fait l'aller dans une voiture conduite par un condamné à mort par contumace et le retour par avion. Là, je suis d'accord, tu avais moins risqué à l'aller qu'au retour. Car, depuis, l'otite de l'aviateur ne te quitte plus.

Et Auckland, pour le triomphe français du 14 juillet 1979 contre les Néo-Zélandais, lorsque tu devins le premier commentateur au monde à décrire une phase de jeu en chantant. Il fallait le faire !

Et Chicago, et Sydney, et Johannesburg et Twickenham et... alouette !...

Et ça suffit pour aujourd'hui.

J'eusse préféré que ton livre s'appelât *Au revoir les petits,* mais l'adieu que tu leur dédies est le signe volontaire de ton caractère, et aussi le côté réfléchi d'une grande sortie. Comme le torero Antonio Bienvenida un soir d'apothéose à la Monumental de Madrid, tu quittes le cirque par la grande porte. Celle que l'on ouvre qu'exceptionnellement et que l'on referme sur les exploits de légende. Je souhaite que cette sortie reste un exemple de la relativité et de la précarité des choses.

Le rugby a été beaucoup pour toi. Tu lui as donné un ton et une couleur particulière qui nous faisaient bien digérer quelques sombres après-midi. Ta passion a été une merveilleuse aubaine pour ce jeu. Derrière celle-ci se cachait l'homme. Celui dont la sensibilité et la générosité exemplaires ne peuvent laisser indifférent.

Voilà que je m'écarte et que j'empiète dans ton autre vie, celle qui t'est personnelle.

Tu veux la garder secrète, et tu as raison. Pourtant permets-moi de décerner à « Noune », ta charmante épouse, les palmes du dévouement et de la patience. Le rugby t'a si souvent écarté d'elle qu'elle mérite bien cette pensée.

Au fait, elle aura à te supporter à l'heure des prochains tournois.

La fête continue, le rugby aussi... et tu me manques déjà.

Ton ami.

LE CRI DU CŒUR

Cette fois, je ferme mon micro...

Geste banal, machinal même qui aujourd'hui est devenu symbolique. Une grande période de ma vie se termine. Une autre commence... Curieusement, au moment où l'on évoque, à l'heure de la retraite, tout ce que je ne ferai plus et toutes les activités dont je serai privé, je ne pense, moi, qu'à toutes les perspectives qui s'offrent à moi...

Entre l'âge du cœur et l'âge de l'état civil, il y a un fossé...

En plus d'un quart de siècle, j'ai hanté des centaines et des centaines de stades, principalement pour la cause du rugby. Mais, par vocation professionnelle, je n'ai jamais été m'asseoir que dans les tribunes réservées à la télévision...

Et aujourd'hui, les tempes (largement) grisonnantes, je m'aperçois qu'il me reste encore quelque chose à découvrir dans le rugby. J'ai encore à savourer et à partager les émotions, les péripéties, bref tout ce qui fait la substance d'un grand match en me glissant dans le public, sans micro, sans notes, libéré de la hantise d'un reportage à assurer. Blotti, comme tout un chacun, dans la masse anonyme et vibrante des spectateurs...

Tous ces stades que j'ai aimés, mon micro branché sur les exploits du XV de France, je n'ai vraiment qu'une seule envie à leur sujet : les revoir côté public. Par fidélité, par passion, par curiosité aussi. Après tout, il reste toujours quelque chose à apprendre dans le rugby. Mon attachement à la cause du rugby n'est qu'une longue histoire sans fin. Ce n'est pas parce que j'abandonne mon micro qu'elle se termine, elle revêt un autre aspect...

Et maintenant je me rends compte qu'il y a toujours une *autre* manière de voir le rugby. Je n'ai jamais suivi tous ces matches qui ont fait ma joie que dans ma cabine de commentateur. Dans une situation paradoxale. J'étais en liaison avec des millions de téléspectateurs et j'étais coupé de ceux qui étaient dans le même stade que moi. Je n'étais pas privé de leurs réactions profondes. Mais je n'étais pas réellement parmi eux...

7

L'idée de me fondre dans la foule enfiévrée de Twickenham, de Murrayfield, de Lansdowne Road, de l'Arms Park ou du Parc des Princes, pour ne considérer que les cadres majestueux de nos rendez-vous du Tournoi des Cinq Nations, cette idée-là donc est un prolongement pour moi. La perspective aussi d'entrevoir un autre aspect du rugby...

Mettons les choses au point. Ce n'est pas parce que je me retire que le rugby va changer du jour au lendemain. C'est moi, tout simplement, qui change. Mon approche du rugby, côté cœur, sera tout aussi vibrante et passionnée. Je la conserverai pour moi, je n'aurai plus à la transmettre à chaud à tous ceux qui avaient la bonté de suivre mes téléreportages...

Je sais que je vais rester là, un peu désœuvré avec ma passion de toujours pour ce sport. Un sport qui est plus qu'une simple activité physique : une véritable leçon de vie, au meilleur sens du terme.

Ces pèlerinages, j'ai bien l'intention de les faire tant que j'ai bon pied et bon œil. Je suis aussi très anxieux de l'avenir d'un sport que j'aime par-dessus tout et d'une profession, celle de téléreporter, à laquelle je me suis consacré sans restriction.

Le rugby entre dans une période cruciale. Jusqu'à maintenant, il n'a pas subi les agressions de l'argent. Sauf pour des opérations isolées, annexes et en définitive secondaires. Sa prospérité est insolente. Je crains que les problèmes d'argent ne finissent par le miner, de l'intérieur. La sagesse de ses dirigeants sera mise à rude épreuve...

Quant à la télévision, sans renier ce qu'elle représente, je pense qu'elle est rentrée dans le rang. Le phénomène d'attirance exceptionnelle et de nouveauté n'est plus. La Télévision est bien rentrée dans le rang. Elle n'est qu'un média comme un autre. Plus vivant et plus important que certains autres, d'accord. Mais c'est tout...

Pour moi, la presse écrite, quotidienne ou magazine, revêt de plus en plus d'importance. Alors que la presse parlée en perd. En se banalisant, la communication audiovisuelle perd un peu de cette affectivité énorme et spontanée qu'elle avait suscitée dans le public...

J'ai eu le privilège d'être très proche de cette gigantesque foule de téléspectateurs qui suivaient, le cœur en fête, toutes les grandes rencontres du rugby. Ils étaient mes amis. J'étais le leur. Cette réciprocité, je l'espère, ne doit pas s'éteindre avec mon départ du petit écran. Tous ces anonymes, je continue à les sentir vibrer. Maintenant, mon micro fermé, je me glisse parmi eux pour partager des émotions que, jusqu'à maintenant, je leur exprimais à chaud...

Ce qui m'a le plus surpris, dans cette dernière ligne droite de ma carrière, c'est de recevoir des témoignages d'amitié et d'affection insoupçonnées.

Laissez-moi être un peu fier. Quand je réfléchis à toutes ces marques d'intérêt qui m'ont entouré, je finis par penser que j'étais peut-être un type pas trop mal...

Et j'ai une pointe de regret de partir...

Je n'ai jamais été, durant toute ma vie d'homme et de téléreporter, le comédien de mes propres sentiments. Bien que, dans ma jeunesse, j'aie suivi quelques cours d'art dramatique, je n'ai jamais interprété le rôle de Roger Couderc, à la ville comme au petit écran.

Faites-moi la grâce, aimis lecteurs, de me croire. Quand on fait ce que j'ai fait, quand on dit ce que j'ai dit, quand on a vécu ce que j'ai vécu, ça ne peut pas se jouer !...

Ou alors, si tout cela n'était que de la comédie, je suis le plus grand acteur du monde. Plus fort que Raimu et que tous les comédiens les plus illustres de notre époque. Ce qui est purement invraisemblable...

Et si c'était à refaire, si je devais repartir sur ma trajectoire de vie, je ne changerais pas. Je ne modifierais rien à tout ce qui fut le sens profond de mon existence. Je suis un homme bien dans sa peau, dans ses convictions, dans son milieu professionnel et dans sa cellule familiale. Ma fille Christine a deux enfants, mon fils Laurent a deux enfants aussi. Ils sont heureux de leur côté comme je le suis du mien avec « Noune », ma femme...

J'ai réussi ma vie d'homme. Je pratique l'art d'être grand-père avec bonne humeur. Et si j'ai du chagrin, c'est d'avoir perdu ma mère trop tôt parce que je l'adorais...

Au fond de moi-même, j'étais un homme modeste. Et si j'ai un aveu à faire, plus sincèrement que jamais, je crois que j'ai été dépassé par les événements, par tout ce que j'avais déclenché. J'ai eu très souvent peur de la foule des supporters, des amis, de tous ceux qui me demandaient des autographes...

Cette célébrité, qui me tombait dessus comme un cadeau tombé du ciel, n'a jamais cessé de m'étonner et de me réconforter. Je ne suis pas hypocrite. Personne au monde ne saurait résister au plaisir d'être entouré et fêté. Et j'ai été très heureux d'avoir ainsi tant et tant d'amis inconnus mais fidèles...

Quand même, je ne peux pas m'empêcher de formuler une certaine observation. Dans un seul match du Tournoi des Cinq Nations, j'ai eu la chance d'avoir plus de personnes à m'écouter et à vibrer devant leurs téléviseurs que Molière, le grand Molière, n'a eu d'admirateurs toute sa vie pour l'ensemble de ses chefs-d'œuvre. Avec tout son génie...

Je ne mets évidemment aucune pointe de vanité dans cette référence à Molière. Je ne me compare pas à Molière. Il n'y a, de ma part, que de l'humilité et un certain étonnement sur lequel, précisément, je juge utile d'attirer l'attention.

Ce genre d'analogie, à travers les siècles, me fait rêver et me pousse à m'interroger sur la relativité des choses. Cette réflexion, je la confie comme ça, naturellement, sans aucun calcul. Je ne prononce aucun jugement de valeur.

Aujourd'hui, quand je me retourne sur moi-même, sur mon long chemin à la Télévision, je me rappelle en priorité les bons souvenirs. Mais il m'est arrivé, — comment l'oublier ?... —, d'avoir essuyé des critiques. C'est normal. Quand on est aussi exposé que moi, derrière son micro, pour parler à chaud, pour se livrer en toute liberté, il est inévitable de susciter des critiques...

La critique, je ne l'ai jamais méprisée. Jamais.

En revanche, j'en ai souffert. Je le confie franchement aujourd'hui parce que, parfois, cette critique était injuste. Il était tentant de se gausser de moi, de m'accabler, d'insister sur mes travers ou mes excès d'enthousiasme.

Mais, après tout, je n'ai jamais été fidèle qu'à mon personnage, à moi-même. J'avais le rugby dans le sang et dans le cœur. J'étais né pour en parler avec chaleur et fougue. Je n'allais quand même pas me contenir, me travestir pour correspondre à l'image théorique que certains critiques auraient voulu avoir de moi. Et si j'avais été un comédien, c'est bien à ce sujet et dans cette perspective que j'aurais transformé et modifié mon personnage...

Or, je ne l'ai pas fait. Par conviction et par respect de moi-même et de tous ces milliers et milliers d'amis, d'interlocuteurs invisibles qui, eux, m'aimaient tel que j'étais. C'est à eux tous que je dois d'être resté ce que je suis. Ils m'avaient adopté comme j'étais. Évoluer, voire me métamorphoser, cela revenait à les trahir.

Cette continuité dans la vérité n'était que ma démarche naturelle.

J'ai eu le grand bonheur de me rendre compte qu'elle n'était pas perçue uniquement par les foules. Quand François Mitterrand me fit l'honneur de me décorer de la Légion d'honneur, il eut des mots très gentils à mon égard. Il ne chercha pas à m'ensevelir sous les compliments. Ce n'est pas son style. Ni le mien.

Il insista sur deux traits qui me sont chers. Il évoqua ma fidélité en amitié. Il expliqua ensuite que, selon lui, j'avais en quelque sorte inventé un métier, tellement ma façon de m'exprimer était personnelle.

Le président de la République avait compris que je n'avais jamais parlé autrement qu'avec le cœur. Dans tous les actes de ma vie et, principalement, derrière le micro pour ces matches de rugby qui me bouleversaient autant qu'ils remuaient la France profonde...

Ainsi donc, quarante ans après avoir fait la connaissance de François Mitterrand, c'était lui, devenu président de la République, qui me remettait la Légion d'honneur. Sa fidélité n'avait d'égale que la mienne...

En sortant de l'Élysée, les jambes un peu tremblantes, j'ai rencontré plusieurs garçons de la Télévision. Des techniciens qui

La Légion d'Honneur :
quarante ans après avoir fait la connaissance de François Mitterrand.

faisaient leur métier et qui, très simplement, tenaient à me féliciter.

Je tenais mon petit-fils Sébastien par la main...

L'un de ces techniciens, un ami de toujours, nous arrête et demande à Sébastien. « Alors, tu es content qu'il ait la Légion d'honneur ?... » lui dit-il, en me désignant d'un coup de tête.

« Qui ?... Payou (oui, Payou, c'est moi). Je suis très heureux pour lui... » répliqua Sébastien, sans se démonter, nullement intimidé par les caméras et le matériel de la Télévision.

« Tu n'as rien à dire à ton grand-père ?... » reprit le technicien.

Et Sébastien de répondre : « Oh, si !... Je voudrais lui demander une seule chose : Payou, est-ce que tu crois que cette croix ne sera pas trop lourde à porter pour toi ?... »

Le cri du cœur...

Hasard ou pas, toujours est-il que j'avais un coup de cœur pour les matches France-Pays de Galles. Je n'ai jamais cessé d'aimer ces Gallois, rudes (ô combine), francs, durs, fiers combattants et toujours prêts à oublier, dès le coup de sifflet final, les ardeurs

11

*Sur le perron de l'Elysée, avec mon fils Laurent, ma femme Noune,
ma fille Christine et mon petit-fils Sébastien.*

(voire les excès) de la bataille pour ne célébrer que la chaude
amitié entre deux grandes nations de l'ovale...

Je n'avais pas calculé que ma carrière de téléreporter dans le
Tournoi des Cinq Nations s'achèverait sur un choc avec les Gallois, le 19 février 1983 au Parc des Princes. Mais, en la circonstance, le hasard du calendrier avait bien fait les choses...

Un peu d'histoire tout d'abord pour expliquer le prix que
j'accorde à ces confrontations franco-galloises. Ce duel a pris une
acuité supplémentaire depuis le fameux France-Galles de 1965,
cet inoubliable 22-13 qui reste d'anthologie. En 1965, les Français
avaient empêché les Gallois de réussir un grand chelem. En 1966,
les Gallois avaient enlevé le Tournoi devant la France. En 1967,
large triomphe français sur les Gallois (20-14). En 1968, c'est
l'apothéose de Cardiff, avec le « grand chelem » pour la France.
Mais je reviendrai sur cette partie, un peu plus loin...

En 1969, la France sauva l'honneur et évita la triste « cuiller de
bois » en contraignant les Gallois à un nul très difficile (9-9). En
1970, tout repart : Français et Gallois finissent en tête, à égalité.
En 1971, la France se classe deuxième... derrière Galles. En 1972,
pas de classement pour des raisons extra-sportives. Sans précédent !... En 1973, événement historique : tout le monde termine

12

ex aequo. En 1974, nouvelle égalité avec les Gallois, derrière l'Irlande. En 1975, c'est le sinistre échec du Parc devant les Gallois...

Bref, si je range ce duel permanent en marge du Tournoi, c'est parce que je pense que les affinités entre les Gallois et les Français sont profondes et symboliques.

Et avant ce France-Galles du Parc des Princes, j'avais assisté, deux semaines auparavant, à un grandiose Pays de Galles-Irlande (23-9) à l'Arms Park de Cardiff, ce stade prodigieux où l'on sent battre si fort le cœur du Pays de Galles et de son rugby.

Dans cette allégresse galloise, j'ai vécu un moment très émouvant. Un de ceux qui vous imprègnent à jamais. Les confrères anglais, avertis de mon départ, m'ont tous fait leurs adieux, en termes simples et sincères. Comme je ne parle pas (très) bien l'anglais, je n'avais jamais échangé avec eux que quelques brèves phrases, ici et là, au gré des rencontres. Quand j'ai serré, par exemple, la main de Gareth Edwards, il a puisé dans son vocabulaire trois mots de français pour me dire : « Au revoir, Roger... » J'avais été invité par eux à prendre un verre dans cette fin de journée qui était une grande fête pour le rugby gallois.

Tout un peuple avait retrouvé une grande équipe. C'était un cadeau tombé du ciel pour ces gens magnifiques, aimables et chaleureux. Un journaliste gallois trinqua même avec moi en brandissant un petit drapeau tricolore...

Mais le geste le plus sympathique, le plus touchant, ce fut celui de mon vieil ami Mike, avec qui j'avais travaillé pendant des années : il avait tenu à nous accompagner, Pierre Albaladejo et moi-même, jusqu'à la gare de Cardiff, cette énorme bâtisse si proche du stade...

Cette gare de Cardiff paraît bâtie pour défier les années et rester semblable à elle-même. Noire. Crasseuse. Une vieille gare, quoi, toujours pleine de ces mêlées brûlantes qui suivent les rendez-vous du Tournoi des Cinq Nations. Des masses de gens tentent de monter dans des petits wagons qui datent du début de la civilisation des chemins de fer. Ils se bousculent pour prendre un bout de place dans des petits compartiments sur des sièges en velours crasseux, avec des petites lampes préhistoriques.

Mike était là, sur le quai de cette gare de Cardiff. Il m'a vu monter dans ce train qui me ramenait vers Londres. Il était très triste. Il attendait le départ. Il est resté sur le quai. Et quand le train s'est ébranlé, il esquissait un geste d'adieu, il avait même une larme qui lui perlait sur les yeux. Et moi-même, je le reconnais, j'étais bouleversé...

Désormais, il ne me restait qu'à attendre cette ultime rencontre du Parc des Princes. La finale du Tournoi des Cinq Nations 1983. Le vainqueur enlevait le Tournoi. Le vaincu n'avait plus qu'à pleurer ses regrets éternels...

Chaque journée qui me rapprochait de cet événement était

longue à vivre. J'avais le cœur prêt à craquer, à se rompre. J'étais à la fois tendu et ému. Autour de moi, tous mes amis s'employaient à me réconforter, à m'aider. Jamais je n'ai si souvent téléphoné à Pierre Albaladejo. Et comme d'habitude, depuis aussi longtemps, sans jamais me souvenir de son numéro de téléphone. C'en devenait presque risible...

Mes amis les journalistes, ceux de la presse écrite, de l'audio-visuel, m'avaient organisé une petite réception amicale au Club Pernod, sur les Champs-Élysées. Je m'attendais en vérité à n'y rencontrer que quelques vieux copains.

Mais il y avait un monde fou. Des journalistes d'abord, de tous les bords. Des anciens internationaux comme Jean-Pierre Lux, Claude Dourthe, Gérard Dufau. La chorale des employés municipaux de la ville de Bayonne, les « Gostuan », ce qui, en basque, signifie « les garçons tranquilles ». Ce fut, pour moi, une fête formidable. On m'offrit plusieurs cadeaux. Un ballon de rugby, authentique, signé par tous ems confrères et contresigné ensuite par tous les internationaux du XV de France du match du lendemain avec le Pays de Galles. Des ouvrages sur la peinture, ma passion cachée (à peine !). D'autres livres aussi. Deux lithographies d'André Raimbourg. Une bouteille d'un vieil alcool de prix.

Je suis sorti de là, titubant. De bonheur et de joie, je le précise...

Et puis arriva donc ce samedi 19 mars 1983, le grand jour. Toute la France s'était mise à l'heure de ce terrible France-Galles. Le quitte ou double. La gloire ou l'anonymat. La joie ou la tristesse. Il n'y avait pas d'alternative.

Comme je le faisais depuis toujours, je pris mon déjeuner avec Pierre Albaladejo, dans le même coin du restaurant du Parc des Princes. Première surprise : un énorme ballon de rugby en... chocolat m'attendait sur la table. Je n'y touchai pas. Je n'ai pas cessé, durant ce repas, de signer des autographes. Plus encore que de coutume, à un tas d'amis qui me harcelaient avec une insistante gentillesse. Au fond, cette fièvre était réconfortante...

Mais il restait un match. Et quel match !... A jouer et à gagner. Une deuxième surprise m'attendait avant le coup d'envoi. Sous la forme inattendue de la pose dans le couloir du Parc des Princes, celui qui débouche sur la pelouse, d'une plaque de rue, authentique et intitulée *Allée les petits*. C'était inouï. Mes camarades de la presse écrite m'avaient réservé cette... bonne blague avec délicatesse.

Ce France-Pays de Galles (16-9) du 19 mars 1983, il demeura gravé dans toutes les mémoires et dans tous les cœurs. Il était bourré d'une charge émotionnelle que j'avais rarement entrevue. Il fut d'une intensité inouïe. Comparable, à mes yeux, au test France-Springboks de 1961 à Colombes. Mais en 1961, l'explosion de brutalité n'avait duré que quelques minutes. Ici, en 1983, la

Quelle drôle de surprise pour moi !... Le Président Albert Ferrasse était dans la confidence.
Inutile de chercher cette allée sur un guide des rues de Paris...

partie atteignit un engagement physique exceptionnel. Une vraie rencontre de tripes et de sang...

Quoi que l'on puisse penser du comportement des uns et des autres, du moins dans la première mi-temps, je trouve que Français et Gallois ont donné, ce jour-là, une démonstration fantastique. Ils sont allés, les uns et les autres, tous les garçons de ce samedi 19 mars 1983, au-delà d'eux-mêmes. Pour le plaisir de se dépenser. Sans aucune autre motivation que celle de tremper leurs maillots.

Il n'y avait pas un franc à la clé de ce résultat. Aucune prime de match. Rien que de la sueur et de la souffrance. Ces héros du Parc étaient tous des champions. Ils s'étaient battus pour eux-mêmes. En hommes. Sans aucune autre ambition que de marquer quelques points de plus que leurs adversaires. Leur héroïsme était à la fois leur but et leur récompense.

La fin de la partie fut poignante. J'étais vraiment épuisé. Ma carrière s'achevait avec un spectacle à couper le souffle. Nous avions vu, tous ensemble, tout ce que le rugby contient de plus viril et de plus enthousiasmant. Et je crois bien que Pierre Albaladejo, qui n'a pourtant pas l'émotion facile, y est allé de sa petite larme. Notre aventure prenait fin, comme ça, sur un score qui offrait aux Français la victoire dans le Tournoi des Cinq Nations...

Je ne pouvais pas espérer ni imaginer plus belle et plus attachante sortie...

En arrivant au banquet officiel, le soir, au Grand Hôtel, on me pria de monter dans l'appartement du Président Ferrasse. Tous les

15

Tricolores étaient là. Ils sablaient le champagne entre eux. J'étais leur invité.

La journée des surprises n'était pas achevée...

Car, en hommage ultime et en souvenir indestructible, Jean-Pierre Rives me donna son maillot de N° 6, d'avant aile d'exception et de grand capitaine du XV de France. Un maillot taché de boue et de sang. Un maillot que j'ai précisément remporté chez moi, le soir, dans un sac plastique en avertissant Noune, ma femme, de ne jamais le laver pour qu'il me reste à jamais comme Rives me l'avait offert...

Aldo Gruarin, le sélectionneur, avait le premier demandé à Rives de lui réserver ce maillot. « Quand Jean-Pierre m'a dit qu'il voulait te le donner, j'étais plus heureux que s'il m'avait fait ce cadeau... », me glissa ensuite Gruarin, radieux.

De tous les témoignages d'amitié que j'ai reçus pour mon départ, c'est bien ce maillot taché de sang, encore imbibé de sueur qui m'a le plus comblé. Il est un souvenir historique car un France-Galles comme celui-ci ne se reverra peut-être jamais.

Un peu plus tard, le Président Ferrasse me remit la médaille d'or de la F.F. Rugby. En reconnaissance de tous les services rendus à la cause du rugby. Mais, au fond, c'est peut-être moi qui dois tout au rugby...

A l'instant des discours officiels, Jean-Pierre Rives lança une phrase inoubliable : « On me reproche de trop saigner sur un terrain. Je crois que je ferai mieux la prochaine fois... » Une fois de plus, il était égal à lui-même. Généreux dans l'effort, désinvolte et détaché dans le peu de cas qu'il faisait de sa personne. Et Dieu sait si pourtant il avait payé de lui-même pendant ce match et, auparavant, dans l'ensemble du Tournoi...

Robert Paparemborde, autre « retraité » du jour, prononça enfin quelques mots. Pour ses adieux à ce XV de France qu'il avait si remarquablement servi depuis 1975. Il déclara notamment remercier beaucoup Jean-Pierre Rives « par fierté d'avoir été son second ». Il bouleversa tous les invités. Il avait su dire l'essentiel en quelques minutes. Lui qui était déjà un grand pilier s'était grandi encore plus devant cette assistance...

Cette semaine-là avait été endeuillée par la disparition d'un champion et d'un homme de cœur que je connaissais bien, Louison Bobet. Comme quoi, il n'est pas de grandes joies sans de larges zones d'ombre...

Ce France-Galles de 1983 m'empêcha de dormir dans la nuit qui suivit. Je le revoyais, les yeux grands ouverts, dans mon lit. Même les cachets ne me donnèrent pas de sommeil réparateur...

Enfin, des rencontres de ce type, il n'y a que le rugby pour en engendrer.

Il ne me restait que le championnat de France pour fermer définitivement mon micro.

16

1968-1975
CHASSÉ DE LA TÉLÉVISION !

Ce mois de mai 1968 était un drôle de mois. Pour moi, il tourna à la farce tragique. Il est temps aujourd'hui de mettre les choses au point sur l'une des plus noires péripéties de ma carrière : mon départ de la Télévision Française dans des conditions honteuses, humiliantes...

Or donc, en ce joli mois de mai 1968, tout baigné de soleil, la France s'offrait une poussée de fièvre estudiantine. C'était, effectivement, les étudiants qui avaient lancé de Paris un vaste courant d'air pur à travers toute la France. Ils étaient entrés en rébellion, comme ça, sur un coup de cœur, un réflexe néanmoins plus profond qu'il ne le semblait de prime abord. Le boulevard Saint-Michel et la Sorbonne étaient devenus des hauts lieux de la contestation violente des valeurs en place et des institutions de notre pays...

Et puis, par une contagion immédiate, la France tout entière bascula dans la grève. Les événements du boulevard Saint-Michel avaient servi de détonateur. Et tout finissait par craquer partout, à tous les coins de l'hexagone. Personne ne saisissait exactement pourquoi ça craquait ainsi. L'Europe, d'ailleurs, fut contaminée par cette... explosion née en France. La France, elle, était carrément balayée par ce mouvement, qui prenait les dimensions d'un profond sursaut contre la société et la hiérarchie sociale.

Mon propos, ici, n'est pas de raconter cette période par le menu. Je ne suis pas un historien, je n'en ai ni la vocation ni l'ambition. Ce qui m'importe, c'est de faire la lumière sur ce qui se passa à l'époque à la Télévision Française, notamment dans le Service des Sports alors dirigé par Raymond Marcillac.

Mon fils Laurent suivait ses études d'architecte à Paris. Il me tenait au courant, presque au jour le jour, des troubles qui agitaient les milieux universitaires. Au début, on avait cru à des chahuts d'étudiants. En vérité, ce remue-ménage était significatif d'un certain malaise. Je ne sais pas pourquoi les étudiants français se sentaient mal dans leur peau. Toujours est-il qu'ils avaient envie de... secouer le monde et la société de ce mois de mai 1968.

Il y avait, en réalité, un besoin de libération, une aspiration à la liberté dont le sens échappait aux adultes. Ce vent nouveau qui déferlait à partir du Quartier Latin était moins un appel à la révolte que l'expression d'une nécessité de liberté totale. Toute la France, en tout cas, se mettait en grève, profession après profession. La Télévision Française n'avait pas échappé à cette contamination. Elle prenait conscience de la situation...

Les techniciens donnèrent le signal des arrêts de travail. Cameramen, preneurs de son, perchmen, etc., toutes les catégories, les unes après les autres, optaient pour la grève. Les techniciens furent invités, logiquement, par les journalistes de la Télévision. Et cette grève des journalistes était, elle, une nouveauté. Personne n'avait jamais vu les journalistes du service politique se prononcer pour la grève. Cette fois, ils suivaient le mouvement...

Nous, au Service des Sports, nous étions perplexes. A priori, nous n'avions pas de raisons sérieuses de rejoindre les rangs des grévistes. Après tout, nous étions libres, nous n'avions aucun motif de nous plaindre. Mais nous étions harcelés par des journalistes de l'information comme Jean Lanzi, Emmanuel de La Taille, François de Closets, etc. Ils venaient fréquemment dans notre bureau. Ils nous exhortaient à nous mettre en grève. Leur argumentation était simple : « Vous n'avez pas les mêmes motivations que nous. Nous, nous demandons une plus grande liberté d'expression. Pour vous, ce n'est pas un problème. Nous le savons bien. Mais, en même temps, vous devez comprendre que votre devoir est de nous soutenir, de faire preuve de solidarité avec nous... »

En la circonstance, ils avaient visé juste. Ils avaient trouvé l'argument irréfutable. Nous n'allions pas rester à l'écart de ce mouvement général. Nous avons donc décidé de faire grève. Tous ensemble, à l'unanimité. Je peux effectivement dire que, pendant 24 heures au moins, le Service des Sports dans son intégralité a été en grève. Même Raymond Marcillac qui, lui, eut ensuite une crise de goutte à une jambe et dut garder la chambre...

Il s'est trouvé subitement empêché de se déplacer et de venir aux réunions. Il avait disparu de la circulation. Personne n'avait de ses nouvelles. Nous savions seulement, officieusement, qu'il était victime d'une attaque de goutte. Il réapparut quelques jours plus tard en demandant à certains d'entre nous de reprendre le travail... Il avait, expliqua-t-il en confidence, eu la garantie d'un ministre. Ce ministre avait promis le pardon à ceux qui rentraient à la Télévision dans les quarante-huit heures...

Cette « promesse » eut un curieux effet sur la quasi-totalité du Service des Sports. « Si les autres journalistes ne rentrent pas, il n'y a aucune raison que nous, nous rentrions... », disions-nous. Notre position semblait logique. Nous avions fait grève par solidarité. Nous n'allions pas renoncer à cette solidarité de principe. Nous n'avions pas envie de nous renier.

Les réunions, syndicales ou professionnelles, se multipliaient et se succédaient à un rythme hallucinant. L'unanimité de la Télévision semblait réelle et solide. J'ai moi-même participé à plusieurs de ces réunions en province, à Limoges par exemple. Nous expliquions notre position et nos raisons. Nous avions le sentiment d'être compris. C'était réconfortant. Nous n'avions pas été des lâches en acceptant de revenir sur la demande de Raymond Marcillac. Les choses paraissaient donc simples...

Et, un jour, je suis allé à la Sorbonne...

Cette initiative a fait beaucoup de bruit et m'a causé personnellement beaucoup de mal...

Quand j'ai raconté à mon père que j'avais été à la Sorbonne, il prit ça en riant. « Enfin, tu as réussi... », me lança-t-il. L'ambiance de la Sorbonne était fantastique. L'immense amphithéâtre principal était bourré d'étudiants des deux sexes et d'une énorme foule de sympathisants. Certains étaient accrochés aux lustres. Quand je suis monté sur l'estrade, j'eus le plaisir d'être salué par une énorme ovation et par des applaudissements qui crépitaient de partout et qui déferlaient comme autant de vagues de sympathie... Certains hurlaient et criaient « Allez France !... Vas-y Roger !... » L'ambiance évoquait plus celle d'un stade que d'une austère salle d'université.

J'étais assez touché. Cette exaltation juvénile paraissait presque puérile. Mais le phénomène était profond, émouvant. Il n'était pas question de le mépriser, de le négliger. J'étais bouleversé. La France s'offrait une Révolution romantique. Les barricades du boulevard Saint-Michel ou de la rue Saint-Jacques manquaient peut-être de romantisme, je le sais, mais le souffle de cette révolution, inspirée par Victor Hugo, était d'essence romantique.

Par la suite, on a écrit et raconté que j'avais prononcé un long discours à la Sorbonne. C'était une grave erreur, probablement délibérée et orientée.

Car, en vérité, mon intervention sur l'estrade a duré exactement, chronomètre en main, trente-deux secondes !...

Oui, trente-deux secondes, pas une de plus. Pas une de moins non plus. Et en plus, je n'avais pas envie de prononcer une harangue politique. Je m'étais borné à donner mon témoignage. J'étais là par sympathie et solidarité à l'égard des étudiants et des grévistes...

Le retentissement de cette intervention fut tel que les calomnies et les injures à mon égard montèrent rapidement. On me présenta comme un « meneur » de cette révolte estudiantine. On m'accusa d'être un agitateur. On me reprocha d'avoir « prononcé un discours politique contre le gouvernement et le général de Gaulle » *(sic)*. Tout cela était, évidemment, purement imaginaire. Mais, qu'importe, on s'acharnait sur moi : personne n'avait cherché à comprendre ou à analyser le sens et la portée de ma présence et de

Il faut savoir parfois y regarder à deux fois avant de parler...

mon intervention dans ce forum permanent qu'était devenue la Sorbonne...

Il faut d'ailleurs ajouter que je ne m'étais pas rendu tout·seul à la Sorbonne. Nous étions une vingtaine de journalistes, du Service des Sports comme des autres services, informations ou politiques. Eux aussi avaient pris la parole mais, curieusement, tout s'était polarisé sur moi...

C'était la rançon de la renommée que m'avait apportée ma présence derrière les micros pour les matches du XV de France !...

Au fil des jours, la France s'enfonçait et s'enlisait dans la grève. La Télévision Française, elle, était déchirée en deux clans, les grévistes et les non-grévistes. Nous sentions un énorme flot de haine monter contre nous. Des conspirations se nouaient contre nous, parce que, d'une certaine manière, nous symbolisions un secteur d'activité, le sport, qui aurait dû rester en dehors de cette agitation...

C'était oublier que des journalistes sportifs sont d'authentiques professionnels de l'information, des citoyens qui, comme les autres, ont des opinions et le droit de les exprimer...

Quand même, le temps s'écoulait et nous devenions isolés. Ils étaient très nombreux, dans l'ombre, à dresser des listes, à préparer leur revanche et à profiter des circonstances pour procéder à de sordides règlements de comptes. Je ne suis pas un délateur, je ne donnerai pas de noms, mais je les connais bien et eux savent aussi que je les connais. Je n'ai pas le goût d'entretenir de vieilles querelles. Et, par tempérament, je ne suis pas rancunier. Mais quand je pense au traitement qui nous a été réservé, je ne suis pas fier pour ceux qui l'ont décidé et fait appliquer...

L'un de ces dirigeants de la Télévision, un homme qui paraissait souvent sur le petit écran, eut un jour un entretien avec le général de Gaulle.

Le général lui demanda la liste des journalistes en grève de la Télévision. Il la parcourut en silence, découvrant les noms les uns après les autres.

Et puis, soudain, il explosa en voyant mon nom.

« Roger Couderc ?... Lui aussi s'est mis en grève. Mais pourquoi ?... Je ne lui ai jamais demandé de mettre Guy Camberabero à la place de Jean Gachassin... »

Il lâcha cette phrase dans son accent caractéristique. Quand on m'a révélé cette anecdote, dès le lendemain, je n'eus pas de peine à pressentir ma condamnation...

Mon compte était bon...

Il restait seulement à savoir comment l'exécution allait se passer. Mais, de toute manière, le délai serait bref...

A ce propos, j'ouvre une parenthèse sur le général de Gaulle. Je savais qu'il aimait beaucoup le rugby. Il ne manquait jamais un match du Tournoi des Cinq Nations. Il était même intervenu personnellement en une circonstance pour que soient rapatriés d'urgence en France les films d'un match Irlande-France à Dublin car, à l'époque, il était impossible de retransmettre en direct des images de Lansdowne Road.

Pour lui, ces confrontations du samedi après-midi étaient une agréable détente. Il aimait tout ce qui exaltait la France et lui qui se faisait une « certaine idée de la France » devait se faire aussi une certaine idée du rugby. Son attachement au ballon ovale était inconditionnel.

Tout ce que le général de Gaulle pensait du rugby, je l'avais appris par un ami de ma famille, Edmond Michelet, un ancien grand résistant, un gaulliste de toujours, très proche du général. Edmond Michelet, originaire de Brive, avait été déporté à Dachau avec Georges Briquet.

Edmond Michelet, un homme magnifique, brave et sensible, était très lié avec mon père. Après ma mise à la porte de la Télévision Française, il avait rencontré mon père dans le train entre Paris et Limoges. Il lui avait dit : « Demandez à Zézé (mon surnom d'enfance) de venir me voir. Je parlerai de lui à de Gaulle... » J'ai toujours refusé. Je n'avais aucune animosité personnelle contre le général de Gaulle. J'avais été gaulliste pendant la guerre et un peu moins par la suite.

Le général de Gaulle, je le savais, parlait souvent de rugby avec

Edmond Michelet. Il commentait mes reportages et mes retransmissions. « Votre pays, Couderc... » lançait toujours le général à Edmond Michelet quand il avait envie de lui communiquer son opinion sur telle ou telle rencontre qu'il avait suivie quelques jours plus tôt...

Et maintenant, je ferme la parenthèse...

Bref, mon sort était réglé dès lors que le général de Gaulle avait pris personnellement connaissance de la liste des grévistes de la Télévision...

Et je reçus, un jour, une feuille très sèche, ronéotypée, cruelle et banale à souhait. J'étais chassé de la Télévision...

Aujourd'hui, quand je constate les vagues de protestations que soulève le moindre déplacement professionnel, je revois toujours dans ma mémoire ce document de 1968. Et je me remémore cette épouvantable journée où j'ai eu l'impression de quitter la Télévision pour toujours, comme un malpropre, comme un maudit, comme un criminel...

Évidemment, je n'étais pas le seul sanctionné. On avait décidé de muter une trentaine de journalistes et d'en licencier une cinquantaine...

Pour ce qui touche le Service des Sports, voici ceux qui montaient avec moi dans la charrette des condamnés : Robert Chapatte, Michel Drucker, Thierry Roland, François Janin, Joseph Choupin, Bernard Père, Claude Darget et Mario Beunat, tous des vieux compagnons de travail qui n'avaient eu que le tort de témoigner leur solidarité aux grévistes de mai-juin 1968...

Les circonstances du départ furent épouvantables. Tout d'abord, chacun connaissait, dans les couloirs de la Télévision, la liste des licenciés. Nous relevions des sourires narquois sur certains visages. Des réactions de rancœur et d'envie. Certaines ambitions se trahissaient à visage découvert. L'ambiance devenait irrespirable. Nous étions devenus des pestiférés, des contagieux, des gens brutalement indésirables et à jeter aux chiens...

Une image amusante, une seule, me reste de ces journées sombres.

Claude Darget, humoriste notoire, se promenait toujours avec son chien qu'il avait appelé « l'Arsouille ». Par ailleurs, Darget ne pouvait pas sentir Léon Zitrone. Leurs prises de bec étaient fréquentes et mémorables. Souvent, Léon Zitrone ne pouvait rien dire car il n'osait pas répondre aux provocations ironiques de Claude Darget.

Ce dernier ne laissait pas passer une occasion de martyriser, moralement parlant, Léon Zitrone. Darget montait souvent avec son chien au quatrième étage de la rue Cognacq-Jay, celui de la direction. Il attendait tranquillement assis dans le couloir de voir passer Zitrone, en quête de renseignements à la direction. Darget,

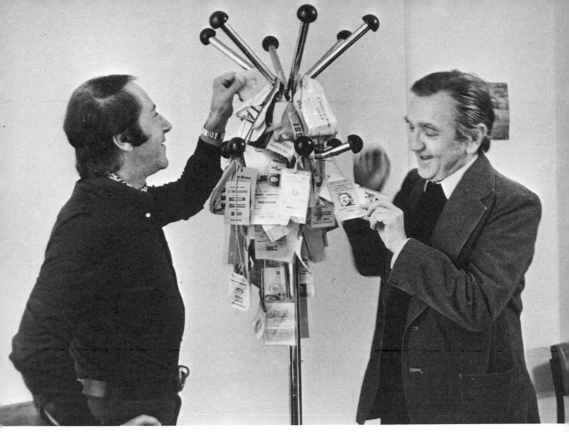

L'envers du décor, avec Robert Chapatte.

toujours fumant sa pipe d'un air tranquille, guettait Zitrone avec une pointe de sadisme.

Dès que Zitrone passait devant lui, Darget disait très fort : « Bonjour, l'Arsouille. Couché, l'Arsouille... Ici, l'Arsouille !... ». Zitrone sursautait, se retournait et répliquait : « Mais, mais... ». Alors, Darget prenait son air le plus candide et, entre deux bouffées, expliquait tranquillement : « Mais enfin, Léon, pourquoi tu te retournes ?... J'appelle mon chien. J'ai quand même le droit d'appeler mon chien... ». Et Léon Zitrone, déconfit et furieux, repartait en silence.

Ce Léon Zitrone, d'ailleurs, est un gars immense, au propre comme au figuré. Un homme d'une dimension comme on n'en fait plus. Il aime son métier. Il est très populaire et, surtout, il aime qu'on l'aime. En règle générale, il ne manque pas de souffle. Voici une anecdote qui le prouve bien...

Il commentait souvent le Tour de France. Voilà une dizaine d'années, il partageait sa voiture avec un jeune journaliste, Bernard Giroux. Sur les routes du Tour, il n'y en avait que pour Zitrone. Sur chaque kilomètre, dans toutes les régions traversées, les gens lançaient « Allez, Léon... Bravo, Léon... ». Pour Zitrone, ce test de popularité était extraordinaire. Bernard Giroux devait en être excédé mais il ne disait rien. Il restait calme.

Bref, Zitrone et Giroux arrivent comme ça dans les Pyrénées. Ils abordent le Tourmalet toujours sous les vivats de la foule à l'adresse de Zitrone. La route était noire de spectateurs qui applaudissaient autant Merckx et ses adversaires que Léon Zitrone...

Tout d'un coup, une petite voix se lève, dans ce vacarme, et crie : « Vive Giroux, bravo Giroux... ». Léon se tait, se retourne solennellement vers Giroux et lui dit : « Vous avez de la famille par là ?... ». Le pauvre Giroux, du coup, ne savait plus où se mettre...

Pour en revenir à ces sinistres journées de 1968, un certain M. François — dont le physique évoquait celui du catcheur André Bollet — nous convoqua, tous les licenciés, pour nous annoncer que nous avions... dix minutes pour ramasser nos affaires et nous retirer.

Dix minutes, oui. Dix minutes pour abandonner un immeuble où nous avions passé tant d'années et où nous avions tant de souvenirs...

Nous étions devenus des forçats, des renégats, des criminels de droit commun...

M. François nous ordonna de nous rendre dans nos bureaux pour vider nos tiroirs. Il descendit même nous voir, pour vérifier que ses ordres étaient bien exécutés...

Qu'avions-nous commis de grave, d'irréparable, pour être traités comme des chiens ?... Rien d'autre que d'avoir suivi une grève par solidarité. Comme des millions et des millions d'autres travailleurs de France. Cette grève du Service des Sports avait cristallisé la haine et le ressentiment sur nous. On nous considérait comme des terroristes que l'on devait expulser de leur lieu de travail...

Le pire était encore devant nous...

Un spectacle incroyable nous attendait dans notre bureau. Tout était dévasté. Des photos personnelles que nous avions épinglées au mur étaient déchirées. Certaines affiches auxquelles nous tenions étaient souillées, arrachées. Des tiroirs étaient vidés. Nos affaires personnelles et nos archives professionnelles étaient saccagées. Tout ce qui nous appartenait en propre avait été balayé, détruit, sur une poussée de haine qui n'honorait pas les auteurs de ce carnage...

Pour ma part, je n'ai pas eu besoin de plus de deux minutes pour réunir ce qui restait de mes affaires et de mes dossiers...

Le tout sous le regard glacial de M. François qui inspectait la scène et qui vérifiait, peut-être, que nous n'allions pas déposer une bombe à retardement avant de partir !...

Nous avons ramassé nos affaires en silence. Nous sommes partis, la tristesse et l'amertume au cœur.

Il faut dire que les chers syndicats qui s'étaient activement occupés de nous pendant la grève pour nous mettre un drapeau dans les mains et nous inviter à rencontrer les grévistes des autres professions n'avaient pas bougé. Ils n'ont même pas fait cinq minutes de grève symbolique par... solidarité et protestation. Aucun technicien ne fut licencié : les journalistes ont payé pour tout le monde. Nous avons trinqué pour la communauté des grévistes...

Certains d'entre nous, comme Claude Darget, n'avaient pas fait grève contre les institutions ou le gouvernement. Claude Darget était un monarchiste avoué. Il avait rallié la grève parce qu'il ralliait notre cause. Il était plus âgé que nous mais il n'avait pas eu peur de se montrer solidaire. Un exemple parmi d'autres.

Et ainsi les quatre cinquièmes du Service des Sports partirent comme des malpropres...

Aujourd'hui, à l'heure de la retraite, j'ai encore une plaie ouverte en moi quand j'évoque ces minutes horribles. Une plaie ouverte devant la lâcheté humaine : pas une seule minute de grève symbolique pour protester contre le départ de quelques journalistes qui n'avaient agi que par solidarité...

Du coup, ça m'a donné à réfléchir sur la mentalité des hommes, des syndicats et des raisons profondes des grèves...

Pour nous consoler, nous avons déjeuné tous ensemble chez Ramponneau, de l'autre côté du pont de l'Alma. Nous tentions de faire bonne figure contre cette mauvaise fortune. Mais le cœur n'y était pas. Nous étions psychologiquement détruits. Quand on a levé un toast à la liberté, je jure que des larmes coulaient sur nos visages...

Nous étions, pour la plupart, dans cette maison depuis une vingtaine d'années. Nous n'étions pas des terroristes ou des criminels. Nous n'avions jamais fait quoi que ce soit de mal ou dont nous ayons à rougir. Nous avions tous notre conscience tranquille. Beaucoup d'autres grévistes de cette époque ont été augmentés, félicités. Nous, on nous a chassés comme des bandits de grand chemin...

Les témoignages de sympathie et de réconfort me furent peu nombreux. Je recevais plutôt des lettres d'insultes ou moralisatrices. Avant ces événements de 1968, j'étais un type que l'on aimait bien. Après, j'étais devenu un traître à je ne sais quelle cause...

J'ai reçu une lettre, une seule, d'un joueur de rugby, qui n'était plus en activité. Une lettre signée Pierre Albaladejo.

Une lettre prémonitoire pour les raisons que l'on sait...

Une autre lettre m'a énormément touché. Elle venait de François Mitterrand. Il m'écrivit, en quelques mots très simples et directs, qu'il avait de la peine pour moi. Je l'avais connu en 1944. Nos relations ne furent jamais rompues. J'ai toujours trouvé en lui un précieux soutien.

Il serait prétentieux de ma part de me vanter sur mes relations avec François Mitterrand. Je suis seulement un fidèle de Mitterrand. Je suis de sensibilité de gauche mais, surtout, fidèle à Mitterrand. Je ne demande à personne de partager mes opinions...

J'aimerais que tout le monde ait la même sensibilité politique que moi. Mais c'est impossible, je le sais bien. Je ne vais pas cracher sur ceux qui ne nourrissent pas les mêmes opinions politiques que moi...

Cette tolérance n'était pas réciproque en 1968. On nous a craché dessus parce que nous, les hommes du Service des Sports, nous avions osé faire la grève pour... les autres, en soutien du service politique et des informations générales.

Nous avions toujours été des journalistes libres, de nos opinions, de nos jugements, de nos attachements. Le général de Gaulle avait eu raison : il ne m'avait jamais demandé de remplacer Gachassin par Camberabero. Personne ne nous avait jamais rien demandé, dans un sens ou dans un autre. Nous avions été libres et cette grève de solidarité n'avait été qu'un geste. Pas une provocation comme on s'acharna, évidemment, à le faire croire pour précipiter notre départ.

Comme les grévistes de 1968, j'ai ma conscience en paix. Ce n'est vraisemblablement pas le cas de certains qui, à l'époque, manœuvraient dans l'ombre et conspiraient pour créer un choc, une fissure, à l'intérieur du Service des Sports...

Il fallut un changement de président, en 1974, pour revenir à la Télévision. Entre temps, un Biterrois dynamique, Henri Devos, avait organisé, de son plein gré, une pétition pour demander mon retour sur le petit écran. Il s'était démené pour récolter des signatures, environ 25 000, et il avait envoyé cette longue liste à la Télévision...

Bien entendu, les responsables en place, issus de l'après-1968, n'avaient pas bougé. Henri Devos, que je connaissais bien, en était le premier marri. Il avait remué le ciel et la terre pour lancer ce mouvement. Mais l'heure n'avait pas encore sonné...

La Télévision fut donc scindée, en 1974, en trois sociétés, TF1, Antenne 2 et FR3, qui correspondaient aux trois chaînes. Selon certaines rumeurs, on envisageait, paraît-il, de me réintégrer. J'attendais cela avec le cœur battant car pour moi cette rentrée à la Télévision était une manière de renouer le contact avec toute une longue partie de ma vie, le cordon ombilical allait donc être réparé...

Antenne 2 avait pour président Marcel Jullian qui avait pris pour adjoint Jacques Chancel, un garçon que je ne connaissais que de nom. Jacques Chancel me téléphona chez moi et me fixa rendez-vous « Chez Francis », place de l'Alma, à 10 heures du matin, à une heure où les consommateurs étaient bien clairsemés...

Chancel me demanda ce que je voulais.

« Rien du tout. Rien d'autre que de faire le rugby, c'est tout... », lui ai-je répondu. Il me confia alors qu'il pensait confier la direction du Service des Sports d'Antenne 2 à Robert Chapatte. Et il songeait aussi à rappeler tous les « martyrs » de mai 1968, Thierry Roland, Bernard Père, etc.

Personnellement, je n'avais qu'une seule envie : retrouver le rugby. Mes ambitions se bornaient à ce retour à un sport que j'aimais par-dessus tout. Chancel me comprit très bien.

Et, dès le lendemain, je fus convoqué à la Maison de la Radio, quai Kennedy, dans le bureau de Marcel Jullian, le président-directeur général d'Antenne 2. Il m'accueillit avec chaleur. « Bonjour, Roger. Comment vas-tu ?... ». J'étais éberlué. « Bien... et vous ?... ». Les mots sortaient difficilement de ma gorge. Marcel Julian éclata alors de rire : « Mais, Roger, dis-moi tu. Nous devons nous tutoyer. Dans le rugby, on se tutoie, non ?... »

C'est ainsi que, pour la première fois de ma vie, alors que j'avais déjà quelques cheveux gris, j'ai tutoyé un président-directeur général. C'était un animateur extraordinaire. D'ailleurs, il ne m'a jamais demandé si je voulais ou non rentrer à la Télévision. Il ne m'a dit qu'une seule phrase : « Roger, tu rentres... »

Je n'avais qu'à acquiescer. J'étais très heureux car j'effaçais ainsi un long cauchemar.

Lorsque je rentrais chez moi, le téléphone sonna. Georges de Caunes, qui assurait la direction des sports de TF1, m'annonçait de sa voix légèrement chantante : « Roger, j'ai une bonne nouvelle pour toi. Tu rentres avec moi sur TF1, tu auras tout le rugby... »

Quand il apprit que je venais, quelques instants plus tôt, d'être engagé par Antenne 2, il fut très déçu. Je n'allais quand même pas changer de chaîne...

Pourtant, si Georges de Caunes m'avait appelé le premier, j'aurais vraisemblablement donné mon accord à TF1. La destinée m'avait orienté vers Antenne 2, je l'avais suivie...

Ce 18 janvier 1975, pour commenter mon premier match du Tournoi des Cinq Nations depuis le... 25 mars 1968 à Cardiff, le ciel du Parc des Princes était gris et froid. Le terrain était gras. Et le XV de France rencontrait le Pays de Galles... J'avais quitté les Tricolores après leur premier grand chelem aux dépens des Gallois et je les retrouvais contre les Gallois. La boucle se refermait sur une coïncidence.

J'avais été très touché par l'accueil du public et par les réactions de plusieurs amis de la tribune de presse. Ils me félicitaient, ils me congratulaient. Tout cela me donnait chaud au cœur. Pierre Albaladejo était près de moi, en partenaire fidèle. Bref, tout se présentait au mieux...

A cette différence (énorme) près que les Gallois, eux, ne l'entendaient pas de cette oreille et qu'ils battirent les Français sur un

Avril 1968 : l'Abbé Pistre avait marié ma fille...

score sans appel (10-25). La partie avait été pratiquement à sens unique, en faveur des Gallois. Jacques Fouroux, lui, commandait pour la première fois dans le Tournoi des Cinq Nations. Il avait sombré avec les siens. Je partageais son désarroi et sa tristesse. Il était déjà tellement énergique que tout échec lui pesait plus qu'à n'importe qui...

« Si je retrouve une équipe pareille pour ma rentrée à la Télévision, je n'ai plus qu'à me tirer une balle dans la tête... », avais-je pensé et écrit à l'époque en sortant de ce Parc des Princes glacial. Cette humiliation me faisait mal... J'avais rêvé d'une autre reprise de contact avec la Télévision.

De son côté, TF1 retransmettait également en direct les matches du Tournoi des Cinq Nations. Georges de Caunes avait eu l'idée d'engager comme partenaire l'abbé Pistre, un personnage de légende du rugby, à l'accent inimitable, aujourd'hui malheureusement disparu. J'étais très lié avec l'abbé Pistre, et il avait marié ma fille Christine.

En quittant la tribune du Parc, j'avais lancé à l'abbé Pistre : « Vraiment, l'abbé, il n'y a pas de Bon Dieu pour mon retour. Je ne suis pas gâté !... » Il m'avait regardé avec bonhomie, sans rien dire. Et puis, un large sourire éclairant son bon visage rubicond, il m'avait répondu : « Mais si, Roger, le Bon Dieu existe. Seulement, il facilite toujours la tâche de ceux qui jouent bien... »

L'abbé Pistre avait raison : le Bon Dieu avait aidé les Gallois, nettement meilleurs que les Français en cet après-midi du 18 janvier 1975, le premier de ma deuxième carrière à la Télévision...

Et la leçon, je l'ai bien retenue...

Pour gagner, dans le rugby principalement, il faut savoir se faire aider par le Bon Dieu en lui montrant que l'on joue mieux que l'adversaire.

28

LE TRANSISTOR
A IMAGES

Faire des reportages en direct tout seul, c'était une évidence. Il n'était pas question, tant à la radio qu'à la télévision, d'assurer des commentaires en direct à deux...

Et je dois avouer que ça ne me gênait pas du tout d'être tout seul derrière mon micro, de radio ou de télévision. Je me donnais intensément à mes reportages. Je prenais tout en main. Je n'étais responsable que de moi-même, de mes propos et de mes opinions. Je faisais ce que je voulais. On se bornait à émettre, de temps à autre, des impressions ponctuelles sur mes reportages. Rien de plus. Tout cela, au fond, était bon enfant.

A cette époque-là, il ne faut pas avoir peur de le dire, la presse écrite se montrait très coulante vis-à-vis de moi. Par la suite, les choses changèrent...

Il y avait déjà longtemps qu'en Angleterre et en Allemagne, entre autres, les téléreporters travaillaient à deux sur un événement. Ils se complétaient. Ils dialoguaient en direct et leurs échanges d'idées et d'impressions étaient enrichissant pour le téléspectateur.

Pour les rencontres du Tournoi des Cinq Nations, d'anciens grands internationaux comme les Gallois Cliff Morgan ou Gareth Edwards, l'Anglais Starmer-Smith sont accompagnés et soutenus par des partenaires qui sont nécessairement complémentaires. Cette idée n'est pas nouvelle. Il s'est simplement trouvé qu'elle n'avait pas franchi la Manche et qu'en France, à la télévision comme du côté des stations de radio, personne ne songeait à former des « tandems » pour les sports...

Pourtant, les choses se précipitèrent.

En 1968 Jean Bobet, qui dirigeait alors le Service de Sports de R.T.L., me téléphone le soir même du jour où j'avais été chassé de la Télévision.

Il n'hésitait pas une seconde. « Viens chez nous, on te prend... ». J'entends encore ces mots dans l'écouteur...

Autant Robert Chapatte que moi-même nous n'avions aucun souci pour retrouver du travail. Notre licenciement de la Télévision n'était pas une catastrophe pour nous car les stations radios privées se montraient plus généreuses que la Télévision.

Mais, au plan moral, le coup que j'avais reçu était dur. J'étais vraiment K.O. debout. Et quand je dis que j'avais une plaie ouverte en moi, ce n'est que la stricte vérité. J'avais perdu un monde qui m'était devenu tellement cher au fil des années que je me sentais orphelin...

Alors, cet appel téléphonique de Jean Bobet me réconforta. Les discussions furent rapides. Je rentrais sans tarder à R.T.L. alors que Robert Chapatte, lui, était engagé par Europe 1. Maurice Siégel, le directeur d'Europe 1, lui avait téléphoné sans perdre une heure...

Bref, après tant d'années ensemble, Robert et moi nous nous séparions, par la force des choses. Nous quittions la Télévision ensemble pour traverser la Seine et aller, lui, rue François-Ier, et moi, rue Bayard...

Les « têtes pensantes » de R.T.L. avaient nourri le projet, à propos du Tournoi des Cinq Nations qui suivit quelques mois plus tard, de m'associer à un partenaire de qualité. Cette habitude si répandue dans les radios et télévisions étrangères faisait donc son chemin en France... Un drôle de chemin en l'occurrence.

Car pour assurer le reportage du premier match du Tournoi des Cinq Nations, quelqu'un avait eu l'idée géniale et effarante d'engager... Peter Townsend. Il était célèbre à l'époque pour avoir été le fiancé de Margaret d'Angleterre, la sœur de la reine Elizabeth. Leur romance avait été brisée par... raison d'Etat. Peter Townsend s'était retiré discrètement. Il était très connu, il avait l'allure d'un gentleman et je peux garantir que, dans les contacts quotidiens, il était le plus charmant des hommes...

Pour mieux faire sa connaissance, je l'avais invité à déjeuner chez moi, à Neuilly.

Avant d'accepter de venir avec sa jeune femme, qui était très belle, il m'avait demandé comme s'il me suppliait : « D'accord Roger, tu parles de tout ce que tu veux, mais jamais de Margaret »...

Nous avons fait des voyages formidables ensemble. Quand nous rentrions dans un hôtel ensemble en Ecosse, en Angleterre ou au Pays de Galles, je voyais les gens chuchoter et nous regarder avec une certaine réserve. Au début, j'étais étonné d'être reconnu et d'avoir des supporters en dehors de France. Mais je me retournais et je découvrais aussitôt que... Peter Townsend me suivait. Il était une idole chez ses compatriotes et chacun comprenait qu'il avait vécu une aventure en dehors du commun...

On lui avait fait comprendre, du côté de la Cour, qu'il ne devait plus continuer à vivre en Grande-Bretagne. Alors, il avait déserté sa grande île, il s'était installé en France et il avait épousé, plus tard, une jeune et ravissante Belge...

Ce qui était quand même très ennuyeux, c'est qu'à cette époque Peter Townsend parlait très mal le français. Cette première lacune était gênante pour notre radio...

Ce n'était qu'un début. Car, en plus, Peter Townsend n'avait... jamais vu de rugby de sa vie. A R.T.L., on l'avait confondu avec un ancien grand rugbyman. Mais cette confusion le remplissait de joie...

Il me répétait souvent, dans un rire : « Tu comprends, Roger, ils m'ont confondu avec un cheval... ». Car, effectivement, Peter Townsend avait été un grand cavalier et aucun autre sport que l'équitation ne lui convenait.

Alors, évidemment, avec Peter Townsend, nous formions un drôle... d'attelage pour les grandes rencontres internationales de rugby. Je n'avais rien à attendre de sa part. Il ne connaissait rien du tout des subtilités du rugby et, d'ailleurs, il ne s'en formalisait pas. Il restait un témoin attentif et calme. En réalité, il ne disait pas trois mots pendant une partie...

Il est vrai aussi, je le confesse, que je parlais d'abondance. Je me croyais revenu à mes débuts, à la radio, et j'en avais pris mon parti...

Je me souviens d'une anecdote qui avait fait rire aux larmes le sérieux Georges Duthen, qui était assis derrière nous, à Colombes, pour un match avec l'Angleterre. Nous étions très serrés, littéralement entassés les uns sur les autres.

Comme je le faisais souvent, je lâchais dans le micro des retentissants : « Allez les petits, allez France... ». J'étais enthousiaste.

A un moment, au plus fort de la partie, Townsend me demande : « *Rodger*, mon cher Rodger, est-ce que je peux placer un mot ?... »

Il était si aimable que je ne pouvais lui refuser cette faveur, bien que la situation sur le terrain soit très périlleuse.

« Oui, oui, dépêchez-vous... ». Ces mots que je lui ai lancés, je les ai encore en mémoire. Comme ça. Parce que cette histoire m'amuse encore...

Peter Townsend s'approche alors du micro et, sur un ton très ferme, détache ces simples mots : « Allez l'Angleterre !... »

Pour moi, c'est l'une des plus belles démonstrations d'humour britannique que je connaisse. Il ne m'avait pourtant pas pris de court car, aussitôt après, je lui ai conseillé de répéter cet encouragement vis-à-vis des siens qui en avaient tant besoin. Finalement, je ne crois pas que Peter Townsend en ait beaucoup plus dit dans tout le reste du Tournoi qu'en cette seule seconde où, soudainement, ce Britannique bon teint éprouva le besoin de se libérer, de se défouler avec une pointe d'humour à nul autre semblable...

Notre tandem, qui était le premier pour moi, ne dura que ce que durent les roses, l'espace d'un Tournoi des Cinq Nations. Je m'apprêtais, moi aussi, à traverser l'avenue Montaigne et à monter dans la rue François-Ier...

J'avais beaucoup de travail à R.T.L. A ce moment-là, Jean Yanne était en conflit avec la direction de la station. J'avais été engagé aussi pour, en cas de besoin, animer une émission de contact avec les auditeurs. Je n'imaginais pas que cette éventualité puisse se présenter.

Alors, Jean Yanne ayant envie de s'en aller, c'est à moi que l'on offrit sa grande émission du dimanche matin. Un lourd programme m'attendait. Je devais donner des disques à la demande, dialoguer en direct avec les auditeurs en commençant... à 7 heures du matin. Un cauchemar pour moi. Pendant plusieurs semaines, je devais me lever le dimanche à 5 heures du matin...

C'est, je le crois, le plus pénible de tous mes souvenirs. Je me levais comme un automate, surtout après les chaudes soirées du rugby. Et puis, sur le chemin, je réussissais à mettre un peu d'ordre dans mes idées et dans mes phrases... D'accord, j'avais beau revivre certaines expériences de mes débuts professionnels, je m'en serais bien passé...

Mon passage à R.T.L. était condamné à être bref. Un an, pas plus. Robert Chapatte ne cessait pas de me harceler pour que je le rejoigne à Europe 1. Il ne me laissait pas une semaine de répit. Il trouvait toujours un prétexte pour me téléphoner et me glisser que je ferais bien de le rejoindre à Europe 1. Un jour, je l'ai écouté...

Je ne veux pas dire que j'étais mal à R.T.L. Mais, d'une certaine manière, je n'y faisais pas tout ce que je voulais. Alors, je pensais que je serais mieux dans ma peau à Europe 1. La perspective de me retrouver aux côtés de Robert Chapatte, dans la même équipe rédactionnelle, comme à la Télévision, m'enchantait. L'ambiance d'Europe 1 me semblait plus fraternelle, plus chaude aussi.

Robert Chapatte avait agi sur le conseil et la demande de Maurice Siégel, le directeur d'Europe 1. Maintenant que j'étais résolu à entrer à Europe 1, il s'agissait de savoir comment j'allais être utilisé...

J'ai donc rencontré Jean Gorini, le rédacteur en chef, un grand journaliste aujourd'hui disparu. Il me parla franchement. Il était un peu ennuyé. Non pas de mon arrivée dans les rangs de ses collaborateurs mais en raison de la situation du moment...

En effet, pour les reportages des grands événements du rugby, Europe 1 avait « monté » un tandem très attractif avec Pierre Albaladejo — qu'il est inutile de présenter — et mon ami Henri Garcia, de l'*Equipe*, un excellent spécialiste du rugby. Tous les deux s'accordaient bien et ils étaient complémentaires. Ils intervenaient souvent dans les flashes d'information d'Europe 1 et, en définitive, il n'y avait rien à leur reprocher...

Jean Gorini m'annonça que je devais remplacer Henri Garcia. Je n'étais pas enchanté du tout. « Ce n'est pas parce que j'ai été chassé de la Télévision que je vais maintenant faire perdre une émission à ce confrère... », avais-je répondu à Jean Gorini, troublé. Moi, je me sentais prêt à d'autres reportages...

Et Henri Garcia eut une réaction admirable. Henri, qui est bien un frère pour moi, eut des mots étonnants de sensibilité et de soulagement. « Tu rigoles, Roger. Moi, ça m'est égal. Toi, ton métier est de parler, de retrouver au plus vite une tribune... », me lança-t-il. Et le plus content, au fond, était bien Jean Gorini...

Henri Garcia s'éclipsait donc par gentillesse. Il ne resta pas longtemps inoccupé, du moins du côté des ondes, puisqu'il réintégra immédiatement... R.T.L. ! Ce n'était que justice. Car notre rugby a besoin de commentateurs aussi compétents et chaleureux que lui...

Quant à Pierre Albaladejo, que je connaissais également depuis longtemps, depuis ses fameux débuts internationaux en... 1954, il vint vers moi pour me tenir un langage direct, franc, net, tout à fait à son image. Il m'annonça en substance : « Mon cher Roger. Tu reviens à la radio. Tu es un professionnel. La radio est ton métier. Je te laisse la place, elle te revient... »

Albaladejo se montrait royal, majestueux à souhait. Son élégance de cœur rejoignait son élégance de joueur. Mais je ne me laissais pas faire. Il n'était pas question, une seule seconde, de le voir s'en aller. J'avais explosé, je m'en souviens encore, en lui disant : « Mais, Pierrot, tu restes avec moi. Nous allons travailler ensemble, nous allons faire du direct sur le rugby, donner des commentaires, etc. Nous aurons les moyens d'être présents partout, sur tous les fronts du rugby. Nous allons tout nous permettre... » Je pouvais lui tenir ce langage et lui faire ces promesses parce que Maurice Siégel et Jean Gorini n'acceptaient pas l'idée du départ d'Albaladejo. Ils pensaient à nous associer.

Albaladejo se laissa convaincre. Je pense qu'au fond de lui-même il avait pris goût à cette forme de contact « à chaud » avec le sport qui lui avait donné la gloire et pour lequel il s'était tant dépensé. Il était installé dans l'existence à Dax. Il avait admirablement réussi sa vie d'homme et de père de famille. Il s'occupait, je le savais, avec fidélité et discrétion de son club, l'U.S. Dax, comme un serviteur de toujours, acquis à une cause qui avait été celle de sa jeunesse.

Et, en vérité, en parlant sur les ondes d'Europe 1 avec l'autorité qu'on lui reconnaissait, Pierre Albaladejo ne faisait que rendre au rugby, son sport de prédilection, toutes les joies qu'il avait ressenties, sur tous les terrains du monde, dans une carrière d'exception. Il avait, en outre, un remarquable don d'analyste « à chaud », sur place, dans la brièveté et l'instantanéité de l'événement. Il n'était pas question de se priver de lui...

Il faut croire que notre tandem était prédestiné puisqu'aujourd'hui, après tant et tant d'années, tant et tant de voyages, de matches, de repas partagés, de soirées et de nuits d'hôtel, nous sommes encore ensemble. Riches de beaucoup de grands souvenirs, très divers, pittoresques, enthousiasmants, joyeux, pathétiques, etc. Et surtout riches d'une indéfectible amitié réciproque qui illumine une existence d'homme...

D'emblée, donc, Pierrot et moi, nous nous sommes entendus comme deux larrons en foire dans une passion commune, le rugby.

Europe 1 avait fondé de gros espoirs sur notre association. Des placards publicitaires énormes paraissaient dans les journaux à l'occasion des rencontres internationales, dans le Tournoi des Cinq Nations ou ailleurs, comme, par exemple, pour la Tournée du XV de France en Afrique du Sud, en 1971. Une légende est née autour de nous, une légende à laquelle j'avais donné un léger coup de pouce...

Un jour, spontanément, par un réflexe qui n'était pas du tout prémédité, j'avais lancé une formule sur les ondes. J'avais inventé le... transistor à images.

A gauche de votre transistor à images, vous voyez les Anglais en blanc. A droite, vous avez les Français en bleu. Cette formule était née comme ça. Albaladejo s'en amusait beaucoup. Evidemment, elle provenait de mon habitude de la télévision. Mais, en même temps, elle se retournait contre les retransmissions télévisées du moment...

En tout cas, à Europe 1, on s'amusait beaucoup de cette formule. On s'en réjouissait encore plus car, d'après les sondages ponctuels, le nombre de nos auditeurs qui coupaient le son de leur récepteur de télévision pour se brancher sur Europe 1 pendant les matches en direct allait en croissant. Je n'en garde pour preuve que la proportion en hausse constante des messages publicitaires qui entrecoupaient nos reportages. Dans une radio privée, c'est un indice qui ne trompe pas. Gorini et Siégel s'en félicitaient.

Ce fut, je crois, un phénomène unique pour la radio. Mais ce phénomène correspondait, selon moi, à un trait originel des Français. Nos auditeurs avaient l'impression de faire quelque chose qui trompait quelqu'un. Et les Français, détail bien connu, sont assez roublards pour s'amuser de leurs petites astuces...

Pour un peu, ils se seraient crus revenus à l'époque de l'Occupation quand ils se branchaient sur les radios interdites, de Londres ou de la France Libre.

Et ce phénomène ne se démentit pas pendant plusieurs années. Suivre au moins quatre émissions par saison de rugby en coupant le son de la télévision et en se branchant sur une station privée, cela ne s'était jamais vu. Je ne sais d'ailleurs pas si cela se retrouvera un jour car les circonstances, alors, étaient très propices à ce genre... d'astuce.

En tout cas, pour Pierre et pour moi, c'est un très bon souvenir. Notre collaboration s'ouvrait sous d'excellents auspices.

Pour la radio, je n'avais pas besoin de me confier au maquilleur...

Une franche amitié nous unissait déjà depuis longtemps. Il s'agissait désormais de vérifier si elle allait résister à l'épreuve d'une collaboration suivie. Autrement dit, il fallait voir, sur le terrain et à chaud, si nous étions capables de nous entendre et de répondre à l'attente des auditeurs.

Je le dis avec fierté : notre contact de travail se révéla excellent, d'emblée. Nous nous accordions très bien sans avoir eu besoin de nous concerter ou de préparer ce que nous allions dire. En réalité, nous étions instinctivement complémentaires et, la suite des événements le prouva, nous le sommes restés pendant... quatorze ans. Un joli record, non ?...

Pierre et moi, nous ne nous sommes jamais disputés, ce qui est rarissime dans un domaine où les motifs de divergences ne manquent pas. Nous n'avons jamais ressenti le moindre malaise entre nous. Jamais un nuage, jamais une ombre...

Nos relations se sont poursuivies comme elles avaient commencé : au beau fixe...

Et au fil des années, nous avons imposé dans le public l'idée qu'un tandem « en direct » apportait quelque chose de plus sur les événements vécus à chaud. Pour ma part, je n'ai jamais considéré que je prenais ma revanche sur la télévision en évoquant le... transistor à images. J'avais la télévision dans la peau. C'est tout...

J'en étais éloigné et, en toute sincérité, je ne savais pas, à ce moment-là, si j'allais y revenir un jour. Une page de ma vie avait été tournée. Je devais m'y résigner. J'en étais mélancolique, ce n'était pas douteux...

Alors, pour moi, cette formule du transistor à images n'était, au fond, qu'un réflexe affectif. Un peu nostalgique. J'imaginais vraiment mal être à jamais coupé de la télévision. Mais en même temps je ne faisais pas une fixation mentale sur l'idée de réapparaître, sait-on jamais ? devant les caméras et de retrouver les téléspectateurs...

Mon devoir consistait, à l'époque, à me consacrer à la radio. Une sorte de retour aux sources... avec quelques années de plus et des cheveux gris qui commençaient à éclairer mes tempes. Pour l'heure, pendant quatre ans, ma collaboration à Europe 1 avec Pierre Albaladejo occupait mon temps et, je le reconnais, suffisait à mon bonheur.

D'ailleurs, je n'étais pas coupé du rugby. Je continuais à rencontrer mes amis du ballon ovale. Le public, nous le savions, nous demeurait fidèle. Ses témoignages d'attachement ne nous manquaient pas et, en plus, ils me touchaient personnellement beaucoup.

En plus, Europe 1 ne laissait pas passer une occasion de partager sur le vif les grands événements du rugby. Il ne s'agissait pas uniquement des rencontres traditionnelles du Tournoi des Cinq Nations. Une nouvelle génération de brillants rugbymen montait à l'horizon..

La tournée des tricolores en Nouvelle-Zélande en 1968 avait été curieuse. Les Français s'étaient couverts de gloire là-bas sans gagner un seul des trois tests. Ils s'étaient distingués par leur style offensif, leur brio et leur bravoure mais, revers de cette médaille purement honorifique, ils ne s'étaient pas imposés sur le terrain. Pour Christian Carrère, le capitaine, la désillusion avait été forte. Pour ses compagnons aussi...

Pourtant, cette ossature française de 1968 était riche en grandes individualités avec des attaquants d'exception comme Pierre Villepreux, Claude Lacaze, Jo Maso, Jean Trillo, Claude Dourthe, Jean-Pierre Lux, Jean-Marie Bonal, André Campaes... Cette belle école offensive française avait enchanté les foules de Nouvelle-Zélande, sans jamais réussir à décrocher l'impossible exploit de remporter un seul test-match. La pilule était amère.

D'autant plus que, du côté des avants, le XV de France était également remarquablement armé avec Walter Spanghero, Benoît Dauga, Elie Cester, Alain Plantefol, Michel Lasserre, Jean Iraçabal entre autres. Les All Blacks, eux, comptaient toujours sur leurs monstres sacrés de l'époque, Lochore, Colin Meads, Tremain, Gray et autres Kirpatrick. Des noms entrés dans la légende de l'ovale...

Le Tournoi des Cinq Nations de 1969 avait tourné à la déroute. En trois matches, les Français avaient subi trois cruelles défaites devant l'Ecosse (3-6), l'Irlande (9-17) et l'Angleterre (8-22). Le pire était à craindre en face du Pays de Galles, pour la dernière rencontre. Walter Spanghero avait été « en froid » avec les sélectionneurs. Walter, qui n'avait jamais gardé sa langue dans sa poche, avait écrit un livre (1) et la Fédération lui en avait tenu rigueur, sans jamais oser le lui dire en face. On avait multiplié les changements dans l'équipe de France sans jamais former la meilleure composition, et les échecs se succédaient...

Il fallut bien se résoudre à rappeler Walter, à la fois comme capitaine et comme troisième ligne centre, pour ce dernier rendez-vous du Tournoi 1969 avec les Gallois à Colombes. Walter était entouré de quelques-uns de ses partenaires du R.C. Narbonne, les demis Maso et Sutra, les avants Viard et Benesis. Un nul (9-9) permit au XV de France d'éviter la facheuse et fameuse « cuiller de bois », ce trophée (imaginaire) accordé à l'équipe qui enregistre quatre échecs dans un même tournoi...

Avec un seul petit point, le XV de France terminait dernier du Tournoi 1969. Un an plus tôt, il avait réussi le premier grand chelem de son histoire... Comme quoi, dans le rugby comme ailleurs, la chute est souvent plus proche qu'on ne l'imagine.

Les beaux jours ne tardèrent néanmoins pas à revenir puisque, en 1970, les Tricolores enlevèrent le Tournoi, à égalité avec les redoutables Gallois, en renouant avec le succès devant les Ecossais (11-9), les Irlandais (8-0), les Anglais (35-13), en n'essuyant qu'un seul échec face aux Gallois (6-11). Plusieurs joueurs comme Bourgarel, Jack Cantoni, Pariès, Biemouret, Bastiat, Azarete, des noms encore familiers aujourd'hui, avaient apporté un sang neuf au XV tricolore.

Bref, l'aventure se poursuivait, tant bien que mal. Avec des hauts et des bas. Il en alla de même en 1971, avec des victoires sur l'Ecosse (13-8), deux matches nuls avec les Irlandais (9-9) et les Anglais (14-14) et, en clôture, un échec face aux Gallois (5-9). Les Français avaient fini à la deuxième place du Tournoi derrière, bien sûr, les Gallois. On avait salué l'avènement de demis de mêlée comme Max Barrau et Michel Pebeyre, la reconversion comme demi d'ouverture de Jean-Louis Bérot (il était demi de mêlée en

1. *Rugby au cœur* (Solar éditeur).

1968 en Nouvelle-Zélande), la naissance internationale d'un certain Roland Bertranne (comme ailier ou comme centre), l'irruption d'un deuxième Spanghero, Claude, le frère cadet de Walter, considéré comme le plus doué de la famille...

Et puis des « anciens » demeuraient solides au poste. Christian Carrère était toujours là, capitaine vaillant et entreprenant, avec Dauga, Walter Spanghero, Cester, Alain Estève, Iraçabal, Yachvili, Azarete, Lasserre, Dourthe, Maso, Lux, Trillo, etc.

Une tournée en Afrique du Sud se profilait à l'horizon de l'été 1971. A cette époque-là, les tournées n'étaient pas ce qu'elles sont devenues : un parfum de légende et d'inquiétude les entourait. La perspective de se frotter aux Springboks, sept ans après l'exploit de Spring, excitait les imaginations et stimulait les ambitions des uns et des autres. On en parlait de longs mois auparavant. Et puis, sans la télévision, ces longues batailles lointaines prenaient une dimension angoissante...

Avec Pierre Albaladejo, nous avions donc suivi tous les matches du Tournoi. Europe 1 décida de nous envoyer en Afrique du Sud, dans le sillage des Tricolores. Deux tests étaient prévus, le premier à Bloemfontein, le second à Durban, en bordure de l'océan Indien.

Nous conservons des souvenirs pittoresques de ce voyage. Pour rallier Bloemfontein, l'une des villes les plus importantes d'Afrique du Sud, il nous fallait traverser un désert. Le mieux, évidemment, aurait été de prendre un avion pour ne pas se fatiguer. Mais nous étions avides d'aventures...

Nous avions rencontré un Français, charmant, agréable et serviable. Il nous proposa de nous emmener en voiture à Bloemfontein. Comment refuser une offre pareille quand on rêve de découvrir un pays ?...

Il nous avait annoncé que la traversée du désert resterait mémorable. Nous l'avions cru sur parole. D'emblée, dans la voiture, il nous raconta qu'il avait quitté la France depuis plus de vingt-cinq ans. Pourquoi ?... Tout simplement parce qu'il avait été condamné à mort à la Libération, pour des actes qui ne devaient pas être exemplaires. C'était un bon début...

Ensuite, cette expédition dans le désert ne fut qu'une simple promenade de santé, sans pittoresque, sans émotions particulières. Nous n'avons vu que des broussailles pendant des centaines de kilomètres. Et notre chauffeur n'arrêtait pas de s'extasier en nous répétant que lui qui connaissait bien tout le continent africain — et pour cause !... — n'avait jamais découvert un désert si attachant.

A un moment, nous avons fait halte dans une petite bourgade. Nous avions faim et soif. Il était temps de se restaurer. Dans un petit bistrot, nous rencontrons beaucoup de gens. Des Blancs surtout. Je commence à dialoguer avec l'un d'entre eux. Sur le rugby bien entendu. Ne sachant que lui dire, je lui demande s'il a joué au rugby...

Et cet homme ouvra brusquement sa chemise pour lancer :

« Je n'ai jamais joué au rugby. Moi, je joue... Barnard !... »

Stupéfaction : Une énorme cicatrice lui barrait la poitrine. Il avait été l'un des premiers opérés du cœur par le célèbre chirurgien Chris Barnard. Je n'ai jamais oublié cette image...

D'ailleurs, lors de notre voyage, on nous avait recommandé, au Cap, d'aller dîner dans le restaurant que tenait Mme Barnard, un ancien mannequin. On prétendait que Chris Barnard, un peu las d'opérer, donnait souvent des conseils de cuisine à son épouse. C'était stupéfiant mais authentique. On n'aurait jamais osé imaginer en France la femme d'un célèbre professeur derrière ses fourneaux. Mais le plus étonnant ce fut, dans ce restaurant, de rencontrer effectivement Chris Barnard. Il vint vers nous, il nous offrit sa photo dédicacée et aussi un paquet de cartes de son restaurant...

Au plan sportif, plusieurs événements avaient illustré cette tournée. Tout d'abord, les Sud-Africains s'étaient extasiés sur le fait de retrouver un père et un fils dans la même sélection : Elie Pebeyre dirigeait la délégation française et son fils Michel en était un des joueurs. Les journaux sud-africains se délectèrent de cette présence familiale. C'était effectivement très rare...

Ensuite, c'était la première fois que les Français amenaient avec eux un rugbyman de couleur en la personne de Roger Bourgarel, l'ailier métis du Stade Toulousain. Albert Ferrasse, le président de la F.F. Rugby, avait fait de la présence de Bourgarel une des conditions essentielles voire indispensables de la tournée du XV de France et il avait raison...

Sur le terrain, les Sud-Africains étaient très étonnés. Je me souviens de la mine ahurie des Sud-Africains quand ils voyaient Bourgarel emprunter avec ses partenaires les passages marqués « white only ». Bourgarel se montra toujours discret et correct. Il n'avait jamais été à pareille fête et il n'avait pas pu prévoir tout l'intérêt extra-sportif qu'il promenait avec sa personne...

Quand il entrait dans un café, avec les Français ou tout seul, les Sud-Africains le regardaient avec des yeux d'un autre monde. Pour eux, Bourgarel était un extra-terrestre. Les journalistes sud-africains ne cessaient de le questionner et lui il répondait toujours qu'il était très content de sa tournée et qu'il n'était venu que pour jouer au rugby. Ce qui, d'ailleurs, intriguait encore plus les Sud-Africains qui se demandaient comment les Français avaient pu retenir un attaquant de couleur...

Mais Bourgarel, dans le feu de l'action, était un fameux joueur. Il était vif, insaisissable et entreprenant. Il tenait bien sa place et il n'avait assurément pas besoin de sa couleur de peau pour être digne d'être l'ailier du XV de France chez les Springboks...

A dire vrai, sur le gazon, tant à Bloemfontein qu'à Durban, les Springboks ne ménagèrent pas Bourgarel. Les circonstances des matches furent ce qu'elles furent mais je n'ai pas oublié que le malheureux Bourgarel fut victime de plaquages très appuyés (notamment de la part de l'immense deuxième ligne Fritz Du Preez) qui n'étaient pas dus uniquement à la virilité du moment. Mais c'est ça aussi, le rugby...

Toujours est-il qu'après une mémorable défaite à Bloemfontein (9-22), devant une foule déchaînée, le second test me permit de voir la plus formidable bagarre à mains nues de toute ma carrière. Les Français avaient abordé cette « revanche » avec une détermination farouche. Ils voulaient venger l'humiliation de Bloemfontein...

Et dès les premières minutes, une terrible bataille, à base de coups de poings et de coups de pieds, se déclencha à Durban. Les coups voltigeaient à tous les coins du terrain. Les deux équipes s'affrontaient à mains nues, en oubliant délibérément le ballon. Ni les uns ni les autres ne voulaient baisser pavillon. C'était un spectacle incroyable. Le match s'était terminé sur un score nul (8-8) qui effaçait, en partie, le lourd échec de Bloemfontein...

Mais ce qui me reste surtout de cette « empoignade » de Durban, c'est l'image de cette partie de boxe, de lutte et de pancrace, à un moment donné, entre les Français et les Sud-Africains. Quatre « remarquables » boxeurs avaient émergé de cette bataille : Benoît Dauga, Claude Spanghero, Paul Biemouret et, surtout, Jean-Pierre Bastiat, le meilleur de tous dans cette étrange circonstance...

Comme ils étaient tous les quatre généralement très corrects il fallait bien en déduire qu'ils avaient été provoqués et que la seule façon de... venger leur amour-propre avait été de se livrer à ces... excès que la morale du rugby réprouve sans jamais pouvoir les empêcher complètement. Les avants français refusaient de reculer. Ils n'avaient pas reculé...

Un poing, c'était tout.

MOURIR (DE RIRE)
A CONSTANTZA

De tous les matches que j'ai commentés pour Europe 1 avec Pierre Albaladejo, le Roumanie-France du 27 novembre 1972 à Constantza a certainement été l'un des plus étranges et l'un des plus curieux. Il mérite d'être raconté par le menu, aussi bien en raison de ce qui s'est passé sur le terrain que de tout ce qui l'a entouré...

Pourquoi les Roumains avaient-ils décidé de quitter Bucarest pour une autre ville pour y recevoir l'équipe de France ? Ils avaient simplement annoncé qu'ils voulaient envoyer les Français dans un autre cadre que celui, un peu lassant, de leur stade de Bucarest. Pourquoi pas ?...

Ils avaient évoqué Constantza comme une ville de résidence, une station balnéaire incomparable, la « perle » de la mer Noire. Nous nous rendions à Constantza avec le cœur léger. C'était, paraît-il, la Nice des Carpates. Un endroit paradisiaque. C'est tout juste si les Roumains ne nous avaient pas conseillé d'emporter nos maillots de bain. En tout cas, ils promettaient un séjour idyllique aux Tricolores...

Premier incident : l'arrivée à Bucarest...

En approchant de Bucarest, le commandant de l'avion spécial découvrit que son train d'atterrissage était bloqué. Deux ou trois mécaniciens ont fait irruption dans la cabine des passagers en donnant des coups de pied un peu partout sur le plancher. Personne ne disait rien. Ils tapaient de leur mieux comme s'ils voulaient, effectivement, débloquer quelque chose. Les mines des uns et des autres s'allongeaient. Le silence devenait de plus en plus pesant...

D'autant plus que chacun se rendait compte que l'avion tournoyait au-dessus de la ville et de l'aéroport. Les minutes semblaient vraiment longues. Les mécaniciens, eux, continuaient de taper frénétiquement comme s'ils n'avaient pas d'autre moyen de secours à leur disposition. Certains d'entre nous commençaient à transpirer.

Et puis en regardant par les hublots le spectacle était encore moins réjouissant que celui de l'intérieur. Nous étions à très basse altitude et nous pouvions apercevoir distinctement plusieurs voitures de pompiers, toutes équipées au maximum, qui nous suivaient sur la piste, en jetant de la neige carbonique sur le sol gris.

On finissait par se résigner à un atterrissage en catastrophe sur le ventre. Il n'y avait pas d'autre solution.

Heureusement, à force de taper comme des sourds au milieu de passagers pétrifiés, les mécaniciens avaient réussi à déverrouiller ce fameux train d'atterrissage. Et quand l'avion se posa, certains sourires crispés éclairèrent des visages inquiets...

Nous avions eu chaud. Une façon de parler, car il faisait un froid épouvantable à Bucarest. Le sol était verglacé. La ville était recouverte de neige. Mais on se consolait en pensant que Constantza serait une ville plus clémente...

Toute la délégation française s'embarqua pour Constantza dans un train brinquebalant et antique qui ne fit que traverser d'immenses étendues neigeuses, glaciales. Les Roumains eux-mêmes étaient frigorifiés. Plus le trajet avançait, plus la neige devenait épaisse et elle finit à Constantza, par tomber dru comme une pluie solidifiée...

A Constantza même, la mer Noire était, si l'on peut dire, recouverte de neige. Tout le monde avait le moral à l'image du temps, à 20 degrés en-dessous de zéro... Les dirigeants roumains, découvrant nos mines déconfites, cherchaient à nous rassurer en expliquant que le temps allait en s'arrangeant et que le terrain, lui, était assez protégé pour être parfaitement jouable.

Ce rayon de soleil verbal éclaira notre triste veillée d'armes et nous réchauffa un peu...

Le lendemain, le XV de France avait rendez-vous avec l'Apocalypse !...

Nous arrivons donc sur ce stade de Constantza avec un soupçon de confiance au cœur... pour découvrir un terrain de cauchemar. Des tribunes misérables avec une trentaine de spectateurs. Aucun toit de protection. Rien. Ce stade était découvert comme certains de nos petits stades de province. Le spectacle était hallucinant. J'étais gelé. Le thermomètre, lui, se situait à... moins 10 degrés !

Et pourtant, il fallait jouer. Les Roumains refusaient absolument de retarder ou d'annuler le match. Ils s'y étaient préparés. Ils ne voulaient pas entendre parler d'un empêchement... météorologique. Que faire, que dire devant cette obstination ?...

Il faisait tellement froid, sur cette petite tribune en plein vent, que les mâchoires se paralysaient. Il y avait de la glace entre les lèvres et le micro. La buée gelait instantanément. Pierre Albaladejo et moi, nous nous regardions en silence, incapables de parler, d'échanger le moindre mot...

Et peu à peu comme dans les moments tristes, les enterrements par exemple, un fou-rire nous gagna. Autant prendre son mal en patience avec bonne humeur que se lamenter à... perdre haleine...

La partie s'était engagée, tant bien que mal mais plutôt mal que bien quand même, car il était impossible de construire du beau jeu dans ces conditions d'enfer. A un moment, vers le milieu de la première mi-temps, le sélectionneur Marcel Laurent rentre dans un petit bar pour se mettre au chaud et... il n'en ressort qu'à la mi-temps, le visage bien rouge. Il avait bu quelques verres de vodka et, lui, il était le seul Français à avoir chaud.

Pierre et moi, nous lui demandons ses impressions sur cette première mi-temps que les Français avaient largement dominée (ils menaient par 15-0). Alors, Marcel Laurent se montra soudainement bien ennuyé pour la simple raison qu'il n'avait pas vu grand-chose de la partie.

Il s'en tira par une boutade. « Jusqu'à présent, je n'ai pas été déçu... », lâcha-t-il. Une crise de fou rire nous saisit, Pierre et moi. Bala lui répliqua : « Moi, non plus... » Marcel Laurent ne comprenait pas les raisons de notre fou rire.

Compatissant, Marcel Laurent nous avait apporté deux petits cafés, bien chauds. Nous les avons engloutis d'une seule traite. Mais Pierre avait tellement froid aux mains qu'il lâcha brusquement le gobelet en carton. Et puis, en un éclair, il le rattrapa d'un coup de pied, le reprit avec la main et le fit repasser par-dessus la tête... Ce numéro de jonglerie improvisée accentua notre fou rire.

Il eut même un effet contagieux. A côté, nos voisins Emile Toulouse et Pierre Salviac furent saisis de fou rire à leur tour. Marcel Laurent n'y comprenait plus rien.

Devant cette épidémie de rigolade, je riais aux larmes. Et, surtout, ces larmes coulaient et se glaçaient en même temps. Le plus « touché » de notre petit groupe était Pierre Albaladejo. Il était plié en deux, incapable de prononcer un seul mot. Il riait, il gémissait, il n'arrêtait pas...

Et pendant ce temps-là, alors que nous avions abandonné nos écouteurs et nos micros, j'entendais dans un brouillard lointain les voix de nos techniciens de Paris, de la rue François-Ier, qui s'époumonaient désespérément : « Allô, allô, Constantza ?... On est coupé avec Constantza. Allô, Roger... Allô, Pierre... » Il en allait de même pour Salviac et Toulouse : leurs techniciens de France Inter les appelaient en vain. Et puis, Henri Garcia, pour R.T.L. était dans la même situation : lui aussi entendait les techniciens. Le dialogue entre Paris et Constantza était coupé pour des raisons complètement différentes de celles que l'on aurait pu croire...

Nous eûmes beaucoup de peine à reprendre notre souffle et notre calme. Chaque fois que l'un d'entre nous cinq, Albaladejo, Garcia, Toulouse, Salviac ou moi-même, nous essayions de lancer quelques mots cohérents, de bâtir un semblant de phrase, le fou rire nous revenait...

Cette... interruption pour cause d'hilarité quasi générale dura de longues minutes. En fait, ce fut le moment le plus agréable — et le seul ! — de cette épouvantable expédition vers Constantza. Jamais, de toute ma carrière, je n'avais eu une pareille crise de fou rire. Et rien qu'en l'évoquant j'ai encore envie de rire...

Pendant ce temps-là, les Tricolores se couvraient de gloire. Ils avaient fini par vaincre (15-6) dans des conditions d'héroïsme qui forçaient le respect. Ils quittèrent le terrain en courant, en grelottant, comme des statues de boue vivantes. Je ne résiste pas au plaisir de vous rappeler la composition de cette équipe de France : Droitecourt (Montferrand) ; Lux (Dax) ; Dourthe (Dax) ; Trillo (Bègles) ; Campaes (Lourdes) ; Romeu (Montferrand) ; Fouroux (La Voulte) ; Biemouret (Agen) ; Walter Spanghero (Narbonne) ; Yachvili (Brive) ; Estève (Béziers) ; Cester (Valence) ; Iraçabal (Bayonne) ; Benesis (Agen) ; Azarete (Saint-Jean-de-Luz).

Pour moi, ces garçons resteront à jamais des « braves entre les braves » : pour avoir vaincu à Constantza dans des conditions épouvantables, il fallait avoir du cœur au ventre... D'ailleurs, pour la plupart, ils ont eu par la suite une brillante carrière internationale. Ils avaient prouvé leur courage. Ils avaient assumé l'essentiel. Jamais, ils n'auraient une rencontre aussi inhumaine que cet affrontement de Constantza...

Le coup de sifflet final donné, nous nous précipitons donc aux vestiaires, en quête d'un peu de chaleur et... d'interviewes. Les joueurs étaient des rescapés de l'enfer. Ils avaient gagné par un essai de Trillo et trois buts de pénalité de Romeu. Fouroux avait été extrêmement opiniâtre et courageux. Un vrai coq de combat. Walter Spanghero avait animé cette équipe avec un dynamisme au-dessus de tout éloge. Il avait tenu bon jusqu'à la fin, sans faiblir. Un exemple pour tous les siens...

Dans cet étroit vestiaire, ils étaient tous à bout de forces. Avec des visages hagards. Quant à leur demander leurs impressions, c'était impossible : ils avaient tous, Walter Spanghero en tête, les mâchoires paralysées de froid, ils grelottaient, incapables de prononcer des mots, des phrases. C'était hallucinant.

Quand même, au bout de quelques minutes, ils retrouvèrent tous figure humaine. Ils se réchauffaient tant bien que mal. Peu à peu, ils revenaient à la vie... et ils purent enfin nous donner quelques commentaires. Le plus dur n'était néanmoins pas fait...

Il s'agissait maintenant de retransmettre vers Paris les propos que nous avions recueillis. Henri Garcia, toujours serviable, m'annonce qu'il a une déclaration bouleversante de Walter Spanghero et une autre, non moins émouvante, de Trillo qui avait marqué l'essai. Où et comment écouter ces interviewes ?...

Nous regardons autour de nous.

Le seul endroit à peu près acceptable était les... toilettes. Nous nous enfermons là-dedans, pour écouter la déclaration de Span-

Entre Walter Spanghero et Benoît Dauga (à dr.), je suis bien entouré...

ghero. Henri Garcia branche son appareil. Il indique qu'il a une longue interview de Walter Spanghero. A l'autre bout de l'Europe, bien au chaud dans leurs studios parisiens, les techniciens sont enchantés. Henri dit : « Attention, je vous envoie le bobino... » Et là, stupéfaction, rien ne sort. Quelques mots, incompréhensibles, sur un rythme très lent et sourd. Du bruit plus que des phrases. L'appareil d'Henri Garcia était gelé...

Et nous étions tous logés à la même enseigne : tous les bobinos étaient inutilisables, complètement gelés par le froid. Impossible de recueillir le moindre écho, de le retransmettre. Nous étions tous accablés. Nous avions bonne mine, tous, au coude à coude dans ces toilettes de Constantza à tenter de sortir quoi que ce soit à destination de la France de nos appareils...

Cette fois, nous avions perdu l'envie de rire. Nous avions laissé nos crises de fou rire à la porte. Pour ajouter à l'incongruité de la scène, il y avait un joueur qui venait, de temps en temps, s'amuser à sa façon en déclenchant la chasse d'eau.

Et chacun imagine bien comment ce vacarme supplémentaire pouvait arranger nos affaires. Nous n'étions plus, en vérité, à prendre avec des pincettes...

Après le match, il restait quand même à revenir en France. Il fallait se lever, le lundi matin, à l'aube. Nous étions tous ivres encore de sommeil quand on nous invita à monter dans un train à destination de Bucarest. La nuit noire qui enveloppait Constantza était aussi glaciale que la journée du dimanche. La gare était sinistre. Les Roumains se hâtaient, en silence, vers leurs wagons. Nous formions un long cortège d'ombres...

On nous avait promis un petit déjeuner au wagon-restaurant. Un rayon de soleil dans cette randonnée de malchance. Mais personne ne nous avait précisé que pour gagner le wagon-restaurant il n'y avait pas d'autre moyen que celui de... descendre du train, de galoper sur le quai pour atteindre le wagon-restaurant. Les wagons, en effet, ne communiquaient pas entre eux...

Heureusement, si l'on peut dire, les arrêts ne manquaient pas. Tous aussi sinistres les uns que les autres, dans le froid et la neige, dans des petites gares écrasées de froid et peuplées de Roumains aux regards mornes qui attendaient ce train avec résignation.

Après une heure de trajet, et quelques haltes, je pus enfin atteindre le wagon-restaurant, avec une solide faim. Je rêvais d'un bon chocolat chaud, avec des croissants, des confitures et du beurre. Bref, j'avais envie de me restaurer solidement.

Nouveau coup dur : je n'eus droit qu'à un peu d'eau chaude, colorée par une pincée de thé, avec des tranches de pain dur. Il n'y avait rien à dire. C'était le régime commun. J'étais accablé. Du coup, j'attendais avec fièvre la prochaine station pour rejoindre mon wagon, dans la deuxième partie du train...

Je cours donc, le plus rapidement possible vers mon wagon. Le quai était verglacé et sale. Maladroit comme je n'ai que trop tendance à l'être, je marche mal, je perds du temps, je suis en équilibre instable, j'étais obligé de me presser car le chef de gare donnait déjà des coups de sifflets stridents...

Et puis, à la porte de mon wagon, je... glisse, lourdement, je me retrouve les quatre fers en l'air à l'instant précis où le train s'ébranlait. Je glissais même lentement vers les rails, je risquais de me retrouver coincé entre le quai et les wagons...

Heureusement, mes compagnons de voyage se rendent très vite compte de mon infortunée situation. Ils tirent le signal d'alarme. Le train s'arrête immédiatement dans un vacarme grinçant, les roues bloquées sur les rails. Dans un éclair, je sais que je suis sauvé... ou presque.

Des amis bondissent sur le quai. Georges Pastre, du *Midi Olympique*, est le premier à me ramasser. Heureusement qu'il m'avait vu en si piètre posture...

Ce ne fut qu'une fois assis avec mes compagnons d'odyssée que j'appris le nom de celui qui avait eu le réflexe de tirer le signal d'alarme. Je devais la vie à Victor Boffelli, un grand troisième ligne aile d'Aurillac, remplaçant à Constantza. Il n'avait pas hésité une seconde. Il avait bousculé les soldats roumains qui garnissaient le wagon. Il avait même donné un coup de poing à un de ces soldats qui refusaient de lui céder le passage vers le signal d'alarme...

Entre Boffelli et moi, désormais, il y a une vieille et tenace complicité. Chaque fois que je le rencontre il me lance : « Roger, tu me dois la vie... » Nous éclatons de rire mais nous savons, l'un et l'autre, que cette phrase-clé est la stricte vérité...

Sans Boffelli, je serais peut-être mort sur une voie ferrée de Roumanie, par un petit matin d'hiver 1972. J'en frémis encore...

Dans mon compartiment, j'avais heureusement de quoi me changer, enfiler des vêtements secs et confortables. Sous le regard soulagé et ironique des camarades qui, une fois leur émotion passée, n'avaient évidemment qu'une envie : rire de moi.

Alors, que faire pour tuer le temps en attendant Bucarest ?...

Les joueurs et les journalistes de ce train du cauchemar s'employèrent, dans une fraternelle complicité, à... enregistrer ma mort. Garcia, Salviac, Toulouse, Albaladejo et les autres recueillirent de très émouvants hommages à ma mémoire. Chacun racontait mon accident à sa manière en enjolivant les choses. Tous rivalisaient d'imagination. J'étais éberlué mais, surtout, mort... de rire car tout le monde y mettait du sien.

Pour les uns, j'avais eu la chance de mourir le ventre plein. Pour les autres, j'avais épuisé toutes les joies de la vie. Pour d'autres, j'étais mort en pleine gloire sans avoir eu le temps de laisser un message à la postérité. Pour d'autres, ma disparition était un coup dur pour le XV de France. Robert Legros, le photographe de *l'Equipe*, expliquait très sérieusement que j'étais mort sans avoir pu savourer toutes les joies du... golf. Car je venais, effectivement, de me mettre à pratiquer le golf deux ou trois fois par semaine.

Ce mini-festival d'humour noir clôtura, de son mieux, cette incroyable expédition de 1972 en Roumanie. Depuis, je ne suis jamais retourné à Constantza, je n'ai jamais contemplé les rives de la mer Noire. Mais, en réalité, ça ne me manque pas...

J'ai néanmoins appris, quelques années plus tard, que les trains roumains avaient découvert l'usage des soufflets entre les wagons. Je ne pense quand même pas que mon « accident » ait fait précipiter les choses...

Un maillot qui est un symbole pour moi...

LE SEIZIÈME HOMME

France 22-Galles 0. J'entendais bien cette avalanche d'applaudissements qui roulait jusqu'au bord de la touche, où j'étais installé devant mon écran de contrôle. J'avais bien vu, là, dans les 22 mètres gallois, « Titou » Lasserre délivrer son drop sur sortie de mêlée, comme à l'entraînement, alors que la deuxième mi-temps venait juste de reprendre. Je n'en croyais pourtant pas mes yeux, en regardant le tableau d'affichage. Non, je n'avais pas la berlue, le préposé afficheur du stade Yves-du-Manoir, à Colombes, avait bien inscrit France 22-Galles 0 !

Ce qui me laissait douter de ma raison, c'était l'image même de ce score, retransmise à quarante millions de téléspectateurs de France, d'Angleterre, d'Écosse, du Pays de Galles, d'Irlande, de Belgique et d'Italie, car personne, avant ce 27 mars 1965, n'avait pu se vanter d'avoir vu ainsi un XV de Galles, invaincu de la saison, être pareillement humilié. L'équipe de France, malgré un sursaut gallois, l'emporta par 22-13, réalisant une partie de rêve, un mois seulement après avoir été inexistante contre l'Angleterre à Twickenham...

A la fin du match, je fus porté en triomphe, je dus signer des centaines d'autographes. A la sortie des vestiaires, alors que j'étais submergé, Michel Crauste me flanqua une bourrade amicale et me dit, entraînant dans son sillage une partie de la meute vorace des supporters : « Alors, Roger, t'as dû faire un drôle de match ! »

Sans doute... puisque le XV de France avait gagné ! Le public s'était habitué à me considérer comme le seizième homme de l'équipe de France. Lorsque le XV de France était battu, je « plongeais aux enfers » avec lui, et, quand il gagnait j'étais, moi aussi, à la fête. Ce France-Galles historique nous faisait renaître tous les deux. Nous en avions besoin pareillement, car dans le match précédent, Angleterre-France à Twickenham, nous avions vécu un calvaire ensemble !

Grand favori du Tournoi, le XV de France avait été, ce jour-là, méconnaissable. Ses avants, sans force, furent surclassés, on perdit le nombre incroyable de onze balles sur nos propres introductions en mêlée ! Ça n'avait marché nulle part. Par je ne sais quel

49

phénomène de mimétisme, quelle coïncidence malheureuse, je fis, moi aussi, un match catastrophique...

Sur une mêlée tournée près de notre ligne de but, tout le monde crut que l'arbitre avait donné l'essai à l'Angleterre, alors qu'il n'accordait qu'un coup de pied de pénalité. Persuadé, que le buteur anglais tentait la transformation, j'abandonnai un instant le jeu pour noter ce faux essai, la rage au cœur... Je ne vis donc pas la remise en jeu, très importante, puisque, ayant lieu de la ligne des 22 mètres et non du centre du terrain, elle devait me prouver que les Anglais n'avaient pas marqué.

Ainsi, je continuai mon reportage avec un essai qui n'en était pas un à l'actif de l'Angleterre, me trouvant bientôt dans une affreuse confusion. Ce jour-là, ce fut pénible, très pénible... En reprenant le car avec l'équipe de France pour revenir à Londres, Aldo Gruarin, aujourd'hui un sélectionneur écouté et influent, me demanda :

— Eh bien ! Roger, tu as l'air soucieux...

— Mon pauvre Aldo, j'ai été mauvais comme un cochon !

— Rassure-toi, tu n'as pas été le seul !

En arrivant à l'hôtel, je pus constater, en guise de consolation, que quelques-uns des meilleurs spécialistes de la presse écrite étaient rentrés avec ce fameux essai dans leurs calepins, et pourtant, dans la tribune de presse, de l'autre côté du stade, ils étaient une centaine au coude à coude, alors que j'étais seul, avec le regretté Loys Van Lee, sous les cintres de Twickenham !...

Eux, au moins, ils purent rectifier à temps. Mais, pour Van Lee comme pour moi, ce genre de reprise était impossible. J'étais comme un funambule travaillant sans filet.

C'est parce que je connais bien les inconvénients de l'isolement, que je demande, autant que possible, à être au bord de la touche, près des responsables et des remplaçants. Là, je peux intervenir aussitôt, informer les téléspectateurs sur un incident de jeu ou sur la gravité d'une blessure. C'est ainsi que lorsque M. Gilliland, l'arbitre irlandais du fameux France-Galles 65, se blessa, provoquant un moment de confusion avant que, pour la première fois dans l'histoire du rugby, la direction d'un match du Tournoi fût confiée à un excellent arbitre français — M. Bernard Marie, en l'occurrence — je pus, grâce à ma présence sur le banc de touche, avertir les téléspectateurs avant que le public ne sût ce qui se passait. Je n'avais eu qu'un pas à faire pour interviewer sur-le-champ les responsables français, Roger Lerou, le « père » du XV de France, encore un disparu que nul n'a oublié, et Serge Saulnier, un autre « père » pour les Tricolores. Au Parc des Princes, ce n'était plus possible, en raison de notre éloignement du terrain. Autre stade, autres mœurs, d'accord. Mais je regrette quand même cette époque où j'avais le bonheur d'un contact direct avec le sélectionneur, en pleine bataille...

Le temps n'a pas tout changé. Je suis le premier à admettre que, par exemple, à Twickenham en cette année 1965 — et peut-être en quelques autres occasions par la suite —, j'avais été mauvais. Ce que j'admettais moins, c'est que certains critiques me reprochaient d'ignorer qu'après un essai on réengage du centre du terrain ! Tout de même ! Au début ça m'irritait, car c'était injuste, mais, depuis, je me suis fait une philosophie de la critique, en pensant que dans bien des journaux les vrais spécialistes du rugby, ceux qui pourraient me juger en toute objectivité, ne sont pas devant le petit écran mais sur le terrain, avec moi...

Ceux qui précisément me jugent dans certains journaux n'ont, en réalité, qu'une bien maigre connaissance du rugby ! Ils m'ont reproché, parfois, de ne pas expliquer pourquoi un arbitre siffle un coup de pied de pénalité. Quand c'est net, je le dis. Mais qui peut affirmer la raison véritable d'une pénalité ? En mêlée, par exemple, où l'arbitre peut punir un avant qui se détache trop tôt, le demi de mêlée qui tarde à introduire sa balle, ou qui l'introduit de travers, le talonneur qui lâche son pilier, ou qui lance son pied trop tôt ou qui lance ses deux pieds, une première ligne qui s'écroule volontairement ou encore une brutalité d'un des hommes des « fauteuils d'orchestre ». Quant à la touche, c'est M. Bernard Marie, notre premier arbitre international qui affirme : « J'ai filmé des touches et je me suis aperçu qu'à chacune d'elles j'avais quatre à cinq bonnes raisons de siffler une pénalité !... Ne pouvant tout punir, l'arbitre doit se contenter de pénaliser les fautes les plus graves. Mais ce qui est le plus important, en rugby, n'est pas ce qui se voit des tribunes. Le public britannique l'a fort bien compris, c'est pourquoi il fait entièrement confiance au directeur de jeu. Il est dommage qu'en France on n'accorde pas ce même crédit à l'arbitre, cet « homme seul » qui est *le seul* à connaître les bonnes raisons de ses interventions. »

Je n'ai aucune prétention en ce qui concerne la technique pure. Je me suis toujours attaché au côté passionnel et humain d'une partie. Et depuis des années, les milliers de lettres reçues m'ont prouvé que, si le rugby a pris une grande place dans le cœur de bien des téléspectateurs de tous les coins de France, c'est parce qu'il possède une âme. Et c'est cela qui est important. Au micro, je parle au rythme de mon cœur et voilà tout. Je reconnais volontiers que certains confrères de la presse écrite sont plus forts que moi dans l'analyse d'un match, et je n'en suis pas jaloux pour autant. Je me contente de « vivre une partie » de toutes mes forces, et j'avoue sans fausse honte qu'il m'est arrivé souvent de pleurer pendant ou après un match international, mais je n'étais pas seul...

Et mon complice et ami Pierre Albaladejo peut en témoigner, avec une émotion que les années n'ont pas effacée. Nous avions mêlé nos larmes de chagrin, en 1961, à Wellington, après l'amère défaite (3-5) qui condamnait le XV de France dans son deuxième test avec les All Blacks, de joie en 1964 à Springs quand la « bande à Crauste », victorieuse des Springboks (8-6), rejoignait celle de Lucien Mias (en 1958) dans la légende. Et cela m'est arrivé encore...

D'ailleurs, on s'est amusé de moi à propos du match Angleterre-France (15-19) du 15 janvier 1983 à Twickenham, quand j'y suis allé de ma larme sur l'essai de Sella. Mais si un jour j'étais resté sec devant un formidable essai des Tricolores, alors, ce jour-là, je me serais dit : « Roger, le moment est venu de laisser ta place à un autre. Tu n'y crois plus ! »

Je ne suis pas chauvin, contrairement à une légende qui a la vie dure, et lorsque l'équipe de France mérite de perdre, je le dis. Mais ce que me reprochent certains c'est de trop aimer le XV de France. Là, je plaide coupable. Oui, je l'aime. Mais pensez-vous que les Ecossais, les Gallois, les Anglais ou les Irlandais n'aiment pas leur équipe ? Allons donc ! Le « fair-play » consiste à respecter les règles du jeu, l'arbitre et les adversaires, mais il n'oblige nullement à ignorer son équipe.

En Championnat de France, mon métier devient très difficile, ingrat même, car les moindres mots, les plus petites exclamations sont pesés, calculés, interprétés. Les supporters de chaque équipe sont tellement chatouilleux qu'une simple réflexion sur une maladresse ou une brutalité est immédiatement déformée et, aussitôt, certains fanatiques m'accusent de vouloir favoriser telle ou telle équipe, tel ou tel joueur. Il y a 80 clubs en première division du Championnat, et je vous jure bien qu'il m'est parfaitement égal que ce soit une équipe plutôt qu'une autre qui remporte le match ! L'essentiel, pour moi, reste que le jeu soit bon et agréable à suivre sur l'écran de Télévision, et que le meilleur gagne !

Mais, Dieu, que c'est difficile de faire comprendre cela !

La Télévision n'était pas encore bien vieille lorsqu'on m'offrit de passer à son Service des Sports. Il n'y avait alors que quelques milliers de postes en France, et nombreux étaient mes camarades de la Radio qui estimaient que quitter les Champs-Elysées pour la rue Cognacq-Jay, c'était aller sur une voie de garage ! Le regretté Jean Quittard m'y avait précédé, puis mon fidèle copain Robert Chapatte et Thierry Roland allaient se joindre à nous. C'est Raymond Marcillac qui devait prendre la direction du Service des Sports. Plus tard, ce fut mon grand ami Joseph Pasteur qui assura la relève, trop peu de temps, hélas !...

Les Sports sont souvent considérés comme le parent pauvre, aussi bien à la Télévision que dans de nombreux journaux. Cette optique est fausse à mon avis, surtout pour la Télévision qui est imbattable en ce domaine. Le direct est, en effet, le meilleur atout de la Télévision. Personne ne peut rivaliser avec elle dans ce compartiment, et ceux qui ne le comprennent pas sont en retard

Une belle brochette d'avants.
De gr. à dr. : Jean-Claude Berejnoi, Jean-Michel Cabanié, Michel Crauste, Alain Abadie.

d'une génération. Un match retransmis en direct, c'est un drame en deux actes avec le petit entracte de la mi-temps. C'est une pièce dont on connaît les acteurs, mais dont l'intrigue reste inconnue, ainsi que le dénouement. On la vit en commun avec les joueurs, avec le public et avec les téléspectateurs...

De par sa structure, sa progression dramatique, la variété de prises de vues qu'il permet, le caractère farouche du jeu, le rugby devait se révéler l'un des sports les plus télégéniques. Rugby et Télévision ont ainsi fait un mariage de raison. L'amour n'est venu qu'après ! Les dirigeants du rugby ont compris quel magnifique moyen de propagande pouvait être la Télévision et celle-ci a su mettre en valeur tout ce que le ballon ovale lui apportait de spectaculaire, de passionnant. C'est sans aucun doute l'une des réussites les plus accomplies, et la vogue actuelle du rugby est un phénomène télévision. Des régions entières, comme la Bretagne, la Normandie, le Nord ou l'Alsace-Lorraine qui étaient, jusqu'à ces dernières années, hermétiques au ballon ovale, ont découvert ce sport grâce au petit écran. Aujourd'hui, elles sont acquises à la cause du rugby... presque autant que notre Midi, sa terre d'élection. Pour un sport de terroir comme le rugby, cette expansion était nécessaire. L'important était de pouvoir saluer la naissance de clubs de rugby dans des contrées chez qui le ballon ovale était, jusqu'alors, un ballon venu d'un autre monde...

J'ai reçu pour le rugby des dizaines de milliers de lettres — parfois en vers — car le commentateur de Télévision n'est pas un vague nom, plus ou moins célèbre, mais un être de chair et d'os que le téléspectateur connaît bien.

Beaucoup de ces correspondants me considèrent un peu comme l'ami de la famille, car pendant près de deux heures je viens chez eux, je fais partie de leur intimité. Et cette amitié-là est pour moi la meilleure des satisfactions. Eh bien, la majorité de ces lettres, auxquelles je n'ai malheureusement ni le temps, ni les moyens de répondre, me parviennent du nord de la Loire et même de Belgique où, grâce à la Télévision, le Tournoi des Cinq Nations est devenu une tradition. Il est assez remarquable que, grâce au développement de la Télévision, le rugby ait pris solidement racine dans ces régions où il était étranger jusque-là. De nombreux clubs se sont ainsi développés dans l'Ouest, le Nord et l'Est de la France, à telle enseigne que, depuis 1965, la Fédération a été obligée de créer un nouveau Comité en Bretagne, afin de contrôler la poussée dans le Finistère, les Côtes-du-Nord, le Morbihan et l'Ille-et-Vilaine.

Au début, c'est certain, les retransmissions en direct des matches du XV de France stoppèrent la montée à Paris de milliers de supporters, qui se payaient le voyage pour avoir le plaisir d'assister à un France-Galles ou à un France-Angleterre à Colombes. Certains dirigeants s'en émurent, pensant que les recettes allaient tomber. Il n'en fut rien. La Télévision privait sans doute le trésorier fédéral des entrées payantes des mordus du Midi, mais, en revanche, elle lui attirait une clientèle nouvelle. La meilleure preuve en est la difficulté que l'on éprouve, que l'on soit puissant ou misérable, à obtenir des places payantes pour les rencontres du Tournoi des Cinq Nations au Parc des Princes. Ce n'est pas nouveau et, en vérité, je connais ces soucis depuis toujours.

Alors, il est de plus en plus exact que la Télévision ne nuit pas à la retransmission d'un événement en direct, dès lors que cet événement est un monument... Et puis je maintiens que la télévision est un excellent atout de propagande pour le rugby.

Elle a aussi multiplié l'audience dans des proportions énormes.

Un match qui était vécu autrefois par 40 000 spectateurs l'est aujourd'hui par des millions de témoins qui, à leur tour, veulent aller sur le stade pour les grands événements.

Ce que la Télévision diminue, c'est le médiocre. A telle enseigne que, naguère, les déplacements du XV de France se faisaient dans la stricte intimité d'un petit groupe de dirigeants et de journalistes et que les responsables fédéraux sont maintenant obligés de mettre les Tricolores au vert à trente ou quarante kilomètres de Londres, d'Edimbourg, de Cardiff ou de Dublin, pour échapper à la cohue des milliers de supporters qui traversent la Manche, clairons et drapeaux en tête... alors qu'on leur apporte Twickenham, Murrayfield, Lansdowne Road ou l'Arms Park à domicile !

Ces voyages avec l'équipe de France, j'en parle au présent parce que, pour moi, ils appartiennent à mon attachement de toujours pour le rugby. Ils sont pour nous, journalistes sportifs spécialisés dans le rugby, l'occasion de cimenter un peu plus notre amitié. Dans un monde de la presse assez divisé, nous avons la chance de former une joyeuse bande de copains. Là encore, ce doit être la chaleur, l'enthousiasme de ce bon vieux rugby qui est la cause de notre fraternité. La raison, c'est que chacun d'entre nous, à sa manière, a le rugby dans le sang.

Je me souviens d'une petite anecdote qui fit notre joie en Afrique du Sud, en 1964, lors de la tournée du XV de France. A East London, l'arbitre sud-africain dirigeait assez mal la partie, ce qui faisait bouillir mon camarade Jacques Carducci, alors à *France-Soir*.

Il faut dire que, dans ces lointaines expéditions, la fibre patriotique devient beaucoup plus sensible. Comme Jacques n'est pas un modèle de calme et que le flegme britannique ne l'habite nullement, ce brave arbitre n'eut pas besoin de siffler trois pénalités contre l'équipe de Crauste pour soulever l'indignation de Carducci. Celui-ci possédait, il est vrai, certaines excuses. Il n'avait pas emporté de machine à écrire et les honorables préposés sud-africains n'appréciant son style nerveux qu'à la condition expresse qu'il fût transcrit en lettres capitales, ses reportages étaient devenus une torture calligraphique ! Donc, Jacques Carducci commençait à s'agiter entre Denis Lalanne de *l'Equipe*, gardant le plus souvent des allures de gentleman, et Georges Duthen, alors au *Parisien libéré* et maintenant attaché de presse de la F.F. Rugby, conservant en toutes circonstances le visage paisible du professeur de rhétorique qui connaît bien son sujet, c'est-à-dire le rugby en la circonstance...

Denis souriait, mais Georges fronçait les sourcils devant l'agitation qui gagnait son confrère et néanmoins ami. Quand, je ne sais quel démon faisait sortir un nouveau trille de son sifflet, l'arbitre arrêta un départ de Spanghero, Jacques Carducci se dressa, révolté, les yeux furibonds et, mettant ses mains en porte-voix,

En ce temps-là, à Colombes :
interview à chaud de Jean Gachassin sur le bord de la touche.

pour que le « referee » connût bien la pauvre opinion que l'envoyé spécial de *France-soir* avait de sa tenue sur le terrain, il lui expédia, sans accusé de réception, quelques-unes des plus belles expressions emmagasinées dans une mémoire qu'il a solide et glanées au hasard de ses voyages dans les hauts-lieux où souffle notre championnat. La bienséance m'empêche de transcrire ici le message vocal que Jacques Carducci adressa ce jour-là au directeur de jeu. « Pauvre type » fut certainement le sobriquet le plus doux...

Denis Lalanne, qui n'appréciait guère cet arbitre, prit un air faussement réprobateur, mais Georges Duthen, qui a pour règle de conduite de réserver ses appréciations en exclusivité pour ses lecteurs, pinça ses lèvres d'un air outragé et dit à Jacques d'un ton sec :

— Ce genre de manifestation est proprement intolérable. N'oublie pas que tu es un journaliste et dans une tribune de presse, c'est-à-dire sur un terrain neutre, tu n'as pas le droit d'avoir une semblable tenue. Si tu continues, je quitte cette tribune.

Carducci prit un temps d'étonnement et, comme il attache une grande importance à sa liberté d'expression, il rétorqua :

— Tu peux t'en aller tout de suite, car j'ai l'intention de gueuler encore !

Tandis que Denis éclatait de rire, Georges hocha la tête, manifestant ainsi son impuissante réprobation. Voulant éviter un conflit journalistique entre les deux plus importants quotidiens de France, il demeura stoïque, à sa place.

Au fil de la tournée, nous faisions de plus en plus corps avec le XV de France, partageant ses joies, ses malheurs et ses problèmes. Lors du dernier match, à Johannesburg, il se produisit un phénomène assez extraordinaire. Sur une pénalité sifflée contre les Tricolores, on vit Georges Duthen, en colère, taper du poing sur son pupitre et s'écrier : « Mais cet arbitre est un salaud ! »

Là-dessus, avec Lalanne et Carducci, nous partîmes d'un grand éclat de rire et Jacques s'écria faussement indigné :

— Ah ! non, Georges ! tu es un journaliste, ne l'oublie pas. Tu ne dois pas te conduire de la sorte dans une tribune de presse. Si tu dois renouveler tes éclats, je quitte ma place !

Et Duthen, qui cache sous un air professoral une fameuse dose d'humour, répliqua :

— Tu as raison Jacques, je me suis laissé aller. Mais tu peux être assuré que je ne manifesterai plus mon mécontentement.

Et cette fois nous nous sommes payé, tous les quatre, une belle pinte de bonne humeur, au grand étonnement de nos confrères sud-africains !

Le rugby amène ses chantres à traverser chaque année la Manche une demi-douzaine de fois dans chaque sens. Comme le disait souvent mon vieil ami Andy Mulligan, demi de mêlée de l'Irlande, des Lions Britanniques... et du Puc, avant de devenir correspondant très sérieux de l'*Observer* à Paris : « La Terre est une planète où se trouve l'Angleterre ». Cela veut dire que les Anglais se préoccupent généralement assez peu de ce qui se passe en dehors des îles Britanniques. Il suffit, d'ailleurs, de traverser le Channel pour s'apercevoir qu'en une heure d'avion à peine on a changé de monde.

J'aime beaucoup les Anglais, ils ont une façon bien particulière de voir la vie, avec sérénité et humour. On doit les remercier d'avoir conservé le rugby dans ses traditions, avec la même sécurité que s'ils l'avaient gardé dans une chambre forte. Grâce à eux, il reste un témoignage merveilleux de la jeunesse du sport, en marge de toute cette fébrilité inquiétante des nations, se préoccupant davantage de gagner des médailles en or, en argent, en bronze ou... en chocolat, que de faire véritablement des hommes. Pour cela, je leur pardonne d'avoir imposé la circulation à gauche et de conserver un système monétaire à vous donner la migraine.

Avec Henri Garcia, nous suivons depuis des années les matches du Tournoi, même ceux entre Britanniques. A chaque fois que nous nous retrouvons outre-Manche, nous avons à peu près ce dialogue :
— Dis-moi, combien il y a de shillings dans une livre ?
— Vingt.
— Et combien de pence dans un shilling ?
— Douze.
— Ça, c'est une pièce de combien ?
— Deux shillings et six pence, ou une demi-couronne.
— Et celle-là ?
— Deux shillings.
— Et cette petite blanche ?
— Six pence.
— Et celle-là, bizarre comme un écrou ?
— Trois pence.
— Et cette grosse en bronze ?
— Un penny.
— Et une guinée, qu'est-ce que c'est ?
— Ça n'existe pas dans la vie courante, mais ça sert dans le commerce à indiquer les prix des marchandises. Par exemple, tu vois ce costume, il est affiché 25 guinées ; la guinée vaut 21 shillings, autrement dit une livre et 1 shilling. Si tu achètes ce costume de 25 guinées tu devras en fait payer 25 livres et 25 shillings, soit 26 livres et 5 shillings.
— Bien, merci Henri, je n'ai toujours rien compris !

Remarquez, voilà des années que j'essaie de me débrouiller avec tout ce système. Je mélange toujours tout et, pourtant, les Anglais ont changé la valeur de la livre sterling, en ce sens qu'une livre vaut maintenant 100 shillings...

Mais je n'en suis pas plus avancé pour autant.

Lorsque je prends seul un taxi, je tends ma ferraille dans le creux de la main. Le chauffeur fait son self-service, avec une grande honnêteté d'ailleurs. Pierre Albaladejo me regarde les yeux ronds...

Les voyages aux pays du rugby ont toujours un côté aventureux. Ce sont, en général, de fameuses expéditions autour de l'équipe de France. D'ailleurs, par je ne sais quelle fâcheuse coïncidence, il arrivait souvent qu'au retour l'avion des Tricolores ne décollait jamais à l'heure. Il partait fréquemment bon dernier, de Cardiff ou d'Edimbourg ou d'ailleurs, bien après celui des derniers groupes de supporters...

En 1962, au Pays de Galles, ce fut assez réussi. On nous fit lever le dimanche à matines et, les yeux encore tout vitreux par la plus courte nuit de l'année, l'équipe de France, les dirigeants, les journalistes et l'Amicale des Supporters du XV de France présidée allégrement par mes amis Léo Dupis et Félix Plantier, nous nous retrouvions avec un soleil paresseux, sortant à peine de son lit de nuages. On enregistra les bagages, et l'on attendit l'envol.

L'aéroport de Cardiff ressemblait au métro aux heures de pointe, il était bondé de supporters français, la cocarde fatiguée, la casquette tricolore en bataille. Dans cette armée vaincue, par la bière, le whisky et le sommeil, quelques indomptables rassemblaient leurs forces pour faire une dernière facétie, tonner une ultime chanson. Labernède, vaillant pilier du Racing, faisait encore sortir quelques trilles de son clairon, mais ce n'était plus que des accents d'agonie. Vaincue la veille avec les honneurs, par un simple but de l'arrière Coslett, alors qu'elle était arrivée avec une réputation d'invincibilité après sa démonstration de Murrayfield et son triomphe sur l'Angleterre, l'équipe de France restait le dernier bastion de l'entrain et de la bonne humeur. Comme d'habitude, c'était Michel Crauste, le Mongol, l'homme qui un mois auparavant avait sidéré le monde du rugby en plantant trois essais dans l'en-but anglais, qui menait les chœurs rugbystiques autant que tricolores, heureux mélanges de chansons de terroir, de corps de garde et du quartier Latin. Des *Montagnards* à *la Digue, digue,* du *Bet ceü de Pau* à la *Rirette* et de la *Dacquoise à l'œil noir* aux *Filles de Camaret,* tout y passait, sous l'œil contemplatif des employés de l'aéroport, étonnés que des joueurs de rugby, après une nuit aussi agitée que le match avait pu l'être, pussent encore chanter de tels cantiques !

Au bout de deux heures, Renaud de Laborderie donna des signes inquiétants de fébrilité. Ayant terminé son article pour le *Miroir des sports,* il alla, d'un air aussi sérieux que distingué, houspiller quelque préposé au tableau d'affichage des envols. Le gentil Renaud est un des garçons les mieux informés que je

Est-ce l'émotion ?...
Je ferme les yeux
en écoutant parler
Michel Crauste.

connaisse en matière de voyages. Il sait toujours les heures des départs et des retours, les correspondances pour Dublin ou Perpignan, le Danemark ou Périgueux, les bonnes escales pour le shopping, etc. Il est vrai qu'entre le rugby et le tennis, il passait la moitié de son existence dans les trains ou les avions ! Or donc, Renaud de Laborderie, ayant mené son enquête, nous rapporta de bien fâcheuses nouvelles.

— On peut toujours attendre ici, l'avion n'est pas encore arrivé ! Il est à Manchester où il ne peut pas décoller à cause du brouillard.

Puisque nous étions en quelque sorte des réfugiés, la compagnie nous avait donné largement accès au buffet. A nous la liberté totale pour la consommation de scotch, de bière, de gin, de bourbon et de sandwiches. Il n'y avait qu'un seul empêchement : la loi britannique n'autorisant aux bars publics, plus communément appelés « pubs », que quelques heures, à midi et le soir, pour servir à leur inestimable clientèle des boissons alcoolisées, nous n'avions droit qu'à des *soft drinks*, c'est-à-dire lait, orangeades, sodas, toutes boissons estimables, certes, mais impropres à la consommation en cette double période hivernale et internationale.

Francis Huger, un grand gaillard méditerranéen, jovial et imaginatif, mon excellent confrère de *France-Soir* — lui aussi prématurément disparu dans des circonstances tragiques —, eut une idée géniale. Une idée bien à lui...

Grimpé sur une table, il décrocha la grosse pendule du bar et avança les aiguilles d'une bonne heure et s'en fut alerter la barmaid de la fuite utile du temps. Un peu surprise de la courte durée de cette matinée dominicale, celle-ci vint alors sans réticence nous demander ce qu'il nous plairait pour étancher notre soif. Avec la désinvolture du Grand Turc, « Moustache » lança d'un ton détaché :

« Twenty scotches ! »

Nous accueillîmes cette demande exorbitante de vingt whiskys pour les quatre beloteurs que nous étions, comme une bonne plaisanterie. Nous ne comptions pas sur le naturel britannique qui est de ne s'étonner de rien et surtout pas de certaines originalités en matière de dégustation. Dix minutes plus tard, nous vîmes arriver l'aimable serveuse avec un plateau de vingt verres serrés comme des soldats à un défilé !

« Moustache » avec une habileté professionnelle stupéfiante prit un siphon et, d'un seul jet, fit en un clin d'œil vingt whiskys-sodas. Il signa aussi tous les bons de boisson ou de repas qu'on voulut bien lui apporter, si bien que je doute fort que la compagnie aérienne ait eu le moindre bénéfice à nous transporter !

Le Français s'initie actuellement aux voyages, mais ce n'est pas encore un grand voyageur. Il est un fait incontestable : l'esprit d'entreprise, l'habileté légendaire de nos compatriotes à contourner les mille et une embûches de l'existence, s'évanouit dès que ceux-ci quittent le sol natal.

J'en ai connu des supporters du XV de France qui avaient traversé plus de vingt fois la Manche et qui continuaient à s'emmêler dans les passeports, billets d'avion, cartes d'embarquement et fiches de police ! Un jour, même François Moncla, capitaine de notre équipe nationale, arriva sans passeport ni carte d'identité au Bourget ! Il ne dut aller en Irlande qu'à la sportivité de l'inspecteur de l'aéroport qui accepta de le laisser passer avec son permis de conduire !

Les journalistes n'échappent pas à cette décontraction. En 1964, pour l'expédition en Afrique du Sud, des questions de visas semèrent la panique chez les accompagnateurs « professionnels » des Tricolores. Certains d'entre nous, avec la belle indifférence française pour la géographie, avaient cru que l'Afrique du Sud et la Rhodésie, tout ça, c'était la même chose ! Il fallut de longues négociations et l'appui des dirigeants du XV de France, Serge Saulnier et Jean Prat, pour nous sortir de ce mauvais pas.

L'obstacle de la langue est également un pénible barrage. Ainsi s'aperçoit-on que les fameuses années d'anglais ingurgitées au lycée ne vous ont laissé qu'un bien modeste viatique pour explorer les méandres du vocabulaire de Shakespeare.

Dans un voyage à Cardiff, à l'occasion d'un match Galles-France de rugby, il m'arriva de loger au Landaff Hotel, charmant manoir hors de la ville. L'atmosphère y était victorienne à souhait. En guise de sonnerie, il y avait un énorme gong de cuivre, les meubles et les boiseries y sentaient bon la cire fraîche, la lourde porte d'entrée en chêne portait des vitraux de belle classe, le parc était vert à plaisir, cerclé d'un mur bas, de vieilles pierres moussues. C'était, en somme, le coin rêvé pour dormir en paix, pour se relaxer des turpitudes de la vie moderne dans des fauteuils profonds comme des soupirs. Pour aller faire la partie de belote en ville avec mes confrères de la presse sportive, il y avait bien quelques miles à couvrir. Mais la discipline des taxis britanniques permettait une liaison assez facile, ceux-ci ne discutant jamais les lieux où vous voulez être conduit.

Les ennuis commencèrent le soir, car les nuits sont fraîches en ce pays, surtout au mois de mars. S'il était vrai qu'une chambre froide permet un sommeil profond, j'aurais dormi dans un gouffre de quiétude. Mais n'appréciant guère que les draps prennent une froidure de linceul, je me suis attaqué courageusement au radiateur à gaz. Comme l'usage demeure chez nos bons amis britanniques de compter la chaleur en sus du prix du sommeil, je cherchai le satané compteur pour lui glisser quelque pièce afin de lui rendre son souffle. Après l'avoir déniché dans un placard, je parvins à y introduire un shilling égaré au fond d'une poche. Hélas ! pendant tout mon séjour, pour avoir trop bien recommandé à la femme de chambre de le laisser allumé, même le jour — j'aime la douceur du foyer — je ne pouvais pas m'absenter un quart d'heure sans avoir le gaz coupé ! Cette brave femme avait compris que je tenais à faire des économies sur le chauffage ! Aussi, sans que je la visse, elle veilla scrupuleusement à ne pas altérer l'équilibre de mon budget. Dès que je sortais, l'ange gardien de mon portefeuille venait, avec une rigueur écossaise, stopper le gâchis de calories que mon absence allait provoquer.

Ces pratiques ne sont plus de mise, heureusement, dans la plupart des hôtels actuels. Mes jeunes confrères ne s'en plaignent certainement pas. Mais je me demande d'ailleurs s'il ne reste pas, au fond des banlieues de Cardiff, d'Edimbourg ou de Dublin, des hôtels où cette tradition continue. Après tout, la tradition outre-Manche n'est pas un vain mot...

Pour en revenir à ce voyage, mon départ fut encore plus difficultueux. Voulant prendre à la gare de Cardiff le premier train du dimanche pour Londres, à huit heures du matin. je demandai à la vieille dame qui dirigeait l'établissement s'il était possible d'être réveillé vers les sept heures. Je crus deviner une réponse affirmative, mais je ne pus m'endormir sans un certain doute qui me mit sur jambes avant l'aube.

L'hôtel était silencieux comme une chapelle, lorsque je descendis l'escalier de chêne. Devant cette torpeur et l'urgence de la situation, je frappai un coup timide sur l'énorme gong de cuivre. Le bruit emplit toute la maison, à un point tel qu'à l'aube de ce dimanche britannique, j'eus la sensation d'avoir commis un sacrilège envers la quiétude de l'endroit. Le silence reprenant son emprise fit monter en moi l'audace de la panique, je me mis à tambouriner le cuivre comme un drummer de La Nouvelle-Orléans un jour de jamsession !

62

Le silence demeurant le plus fort, je pris la hardiesse de laisser un mot, priant mes hôtes de m'envoyer la note. Et me voilà parti en quête d'un taxi, car j'étais bien incapable de faire fonctionner le taxiphone ; d'abord je n'avais pas de pièces de six pence, ensuite l'affaire était trop complexe, enfin j'ignorais le numéro de la compagnie.

Je subis un rude coup à un moral déjà bien bas, en ouvrant la lourde porte du vestibule. Le paysage disparaissait derrière un rideau de pluie, abondante, serrée, de cette qualité comme on n'en trouve qu'au Pays de Galles. Col retroussé, échine ployée, valise tirant le bras, je partis sous l'averse. J'escomptais trouver un taxi au bas d'une longue descente, à un kilomètre de l'hôtel. J'attendis là un bon quart d'heure, en vain, car le dimanche britannique vaut aussi bien pour les taxis que pour les autres corporations. Résigné, je rentrai à l'hôtel. Je m'étais à peine affalé dans un fauteuil que j'entendis la porte d'entrée grincer et je vis arriver la cuisinière. Elle me révéla que je restais le seul client de l'hôtel, et que les patrons, partis la veille au soir à la campagne, lui avaient bien recommandé de ne pas arriver trop tôt, pour me laisser dormir ! !...

Dans les voyages, il y a aussi les valises damnées. Avec elles, toute votre vie peut être bouleversée. Lorsque je partis pour la Nouvelle-Zélande, avec mes inséparables amis de la Télé, Serge Acker et Alain Jouin, suivre la tournée du XV de France en 1961, je devais, en chemin, faire une série de reportages pour la Télévision à Bangkok et à Manille. Ces deux villes sont les plus belles fournaises de la création, au mois de juin. Mais pendant que l'on rôtit au Siam et aux Philippines, en Nouvelle-Zélande, c'est le cœur de l'hiver. Pour ne pas m'embarrasser avec mes vêtements d'hiver sous l'équateur, je fis donc adresser directement une valise de Londres à Auckland.

Je n'avais effectivement pas besoin de canadienne pour diriger les prises de vues de la boxe thaïlandaise dans une étuve ou du « Jaï-alaï » sous la verrière du fronton de Manille devenu un immense bain turc. En revanche, arrivé en tenue assez légère à l'aéroport d'Auckland, il me tardait, sous une pluie glaciale autant qu'abondante, de passer un pull-over. Malheureusement, le préposé aux bagages avait beau fureter dans tous les coins, il n'arrivait pas à dénicher ma valise.

Au bout d'une demi-heure, je sentis l'inquiétude gagner les employés. Les sourires pleins d'assurance, destinés à faire patienter un client presque transi par le changement radical de température, ces sourires calmes, carrés, solides, avaient cédé la place à une amabilité furtive, pâle, inquiète. Pour que le trouble gagnât ainsi des Néo-Zélandais, il fallait que la situation fût bien alarmante. Je perdis mon sang-froid, si j'ose ainsi m'exprimer, vu que j'étais glacé jusqu'à la moelle des os. Il y avait de quoi, car l'aéroport d'Auckland n'est pas très vaste, et les employés néozélandais étant aussi bien organisés que les avants All Blacks, il fut établi au bout d'une heure que la valise n'était pas là...

Rapidement, on établit même qu'elle n'était pas encore arrivée. Comme elle m'avait quitté dix jours auparavant, mon inquiétude était parfaitement normale. On me transporta à l'hôtel de l'équipe de France où, après un bain bien chaud, je dus aller acheter quelques lainages. J'allais passer à table lorsque la Compagnie révéla le résultat de son enquête : ma valise était tout bonnement restée à Londres !

Je la récupérai quatre jours plus tard, mais elle ne cessa pour autant de m'importuner. Dès que je relâchais ma surveillance, elle débarquait dans un hôtel et moi dans un autre, à tel point que nos séparations devinrent le sujet de plaisanterie favori des Tricolores.

Sur le chemin du retour, je m'étais juré de la suivre impitoyablement jusqu'à son embarquement dans la soute aux bagages. J'avais, il est vrai, acheté une quantité industrielle de souvenirs, à Bangkok, à Manille, à Sydney, à San Francisco ou à Rotororua et en bon touriste je tenais beaucoup à ramener cette pacotille. Enfin, les statuettes siamoises, les boîtes à cigarettes maories, les colliers philippins arrivèrent à bon port. Le douanier d'Orly me parla aimablement des malheurs que j'avais vécus avec le XV de France contre les terribles All Blacks. Je lui fis donc mes confidences sur la tempête fabuleuse de Wellington dans le deuxième test, où les Tricolores n'avaient été vaincus, dans des conditions de fin du monde, que par une incroyable transformation de Don Clarke, bottant de travers pour laisser la tornade engouffrer le ballon entre les poteaux... et transformer un match nul en défaite ! Rassuré par cette belle tenue des Français dans l'adversité, et convaincu que dans des conditions autres que cette atmosphère d'apocalypse « Pipiou » Dupuy, Moncla, Lacroix, Albaladejo, Crauste, Domenech et les autres ne seraient pas restés sur cet étroit score de 5-3 en faveur des « hommes en noir » de Wilson Whineray, le brave douanier m'accorda le droit de passage. Je saisis ma valise pleine de souvenirs mais, au moment où je me dirigeais vers la sortie, le fond s'ouvrit en deux et tous mes trésors de voyages se répandirent au pied de l'inspecteur !

Et, dix-huit ans plus tard, quand j'eus le plaisir de revenir à Auckland après le triomphe historique du XV de France de Jean-Pierre Rives sur les All Blacks, je riais tout seul en franchissant la douane à Orly. Sans encombre, cette fois, et en soulevant une lueur interrogative dans le regard du douanier qui se demandait bien pourquoi je riais, avec mon ami Pierre Albaladejo à qui j'avais raconté cette anecdote en descendant de l'avion...
Comme quoi tous nos souvenirs nous collent toujours à la peau.
Ils sont ancrés en nous...

LA LANTERNE MAGIQUE

Il vaut mieux que je vous le dise tout net, d'entrée, Sigmund Freud, en explorant mon subconscient par sa chère méthode de la psychanalyse, aurait découvert que ma maladie du reportage remontait à ma plus tendre enfance. Je n'ai point besoin de me relaxer, allongé sur des coussins moelleux, au cœur d'une pénombre propice aux explorations dans les canaux méningés. Mon subconscient et moi, nous sommes parfaitement d'accord sur ce point, bien que, questions dates et chiffres, il me laisse souvent tomber. Pour ce qui est du virus du reportage, nous sommes formels : je l'ai attrapé à cinq ans, chez moi, à Souillac, dans la grange du père Delpy. C'était juste à côté de l'hôtel Bellevue tenu par mes parents.

Un saltimbanque, comme on disait pour désigner les artistes forains, était venu s'y installer avec un étrange attirail : un grand drap blanc, tendu sur le mur du fond, et un projecteur cinématographique qui devait dater du temps de Meliès et dont il tournait lui-même la manivelle. Le cinéma parlant n'étant pas encore inventé, il faisait lui-même les commentaires de vieux westerns frénétiques, saccadés, où les balles partaient de tous les azimuts. Comme tous les gosses de Souillac, j'avais soutiré les cinq sous de droit d'entrée à mon père, pour ne pas manquer l'événement, et nous étions là, assis dans la paille, nous poussant du coude de jubilation. Les Indiens, ça tombait dans tous les sens. Et notre bonimenteur n'était pas fainéant pour les adjectifs !

— Attention ! les méchants Indiens attaquent ! Vous croyez que les Indiens vont avoir les braves cow-boys ? Pas du tout ! Attendez qu'ils sortent leurs revolvers. Voilà. Pan ! Un de descendu. Pan ! Un autre. Ça y est, les Indiens reculent ! etc. Le tout, moitié en français, moitié en patois du pays...

C'était mieux que du cinéma parlant, c'était du vécu, car le bonhomme s'énervait, gesticulait, et nous autres, on piaillait, on se bourrait les côtes avec délices.

En sortant, nous voulions tous être des cow-boys, mais le chef de ma bande m'obligea à faire l'Indien. Je fus donc un prisonnier docile. Mais, tandis qu'on me fusillait place de la Gare, en plein

Arizona, j'étais encore sidéré, émerveillé, envoûté, par le saltimbanque à la manivelle.

Comment pouvait-il ainsi nous annoncer tout ce qui allait se passer, sans se tromper ? C'était pour moi un prodigieux mystère. Le soir, il soupa à l'hôtel Bellevue. Je ne résistai pas à l'envie de connaître son secret. Au café, alors qu'il étirait ses longues jambes et bourrait une grosse pipe à couvercle, je rassemblai tout mon courage :

— Dis, Monsieur, pourquoi tu connais tout ce qui va se passer ?

Il baissa sur moi de gros yeux étonnés et me dit sur le ton feutré de la confidence :

— Ça, petit, c'est de la magie, c'est du cinématographe...

J'étais médusé, mais fermement décidé à devenir, moi aussi, un magicien. Cette idée dut alors s'installer solidement dans un repli de ma cervelle, et c'est merveilleux qu'elle ne l'ait jamais quittée. Aujourd'hui, j'ai le grand bonheur non point d'être un magicien, ni un apprenti sorcier, mais l'auxiliaire de cette prodigieuse sorcellerie qu'est la télévision. L'étrange petite lucarne de la grange du père Delpy est désormais une fenêtre magique ouverte sur la vie.

Avec le recul des années, le temps qui s'est écoulé, mes tempes qui ont blanchi, tous ces souvenirs d'enfance prennent une dimension nouvelle. J'en suis tout ému... en les évoquant comme ça, sincèrement. Comme s'ils dataient d'hier et comme si je me revoyais dans le cadre de mes premières années...

Si le reportage m'a toujours attiré, comme un papillon peut l'être par une lanterne, si dans la chambre n° 20 de l'hôtel Bellevue, où je suis né, je rêvais de voyages jusqu'à Brive, Cahors, Toulouse, et même Paris, en écoutant le mugissement des grands express — ceux qui ne s'arrêtaient jamais —, mon autre passion était de jouer au rugby.

Il faut vous dire que le père du fameux international à XV et à XIII, Jacky Merquey, travaillait à la maison, et que le bar de l'hôtel Bellevue a été le haut lieu des grandes discussions rugbystiques de la ville. Ainsi ai-je grandi, en écoutant les récits fantastiques des exploits de Jauréguy, Borde, Crabos, Struxiano et autres Lasserre ou Cassayet.

Des grands noms de toujours de la légende du rugby français que personne n'oubliera jamais car la force du sport est de garder vivants dans nos cœurs tous ceux que nous avons admirés et aimés...

Cela dit, j'étais surtout impressionné par mon oncle Marcel, qui avait fait de la boxe et du rugby. Je ne me lassais pas de l'entendre raconter ses histoires homériques, pleines de K.O., de descentes de trois-quarts et de parties de « castagne », où il avait fallu jouer « tout à la main ». Ceci, dans la bouche de tonton Marcel, prenait un ton terrible, tant il avait le génie d'accompagner son propos d'un sourire sardonique et d'un énergique moulinet de son poing droit.

La classe de 5ᵉ A du lycée Gambetta à Cahors en 1931 :
j'avais 12 ans et demi, je suis le deuxième en haut à partir de la gauche.

Sous la lampe familiale, les femmes marquaient leur émotion d'un gémissement réprobateur, ce qui avait le don de faire éclater le rire féroce de tonton Marcel. Dans ces moments-là, il devenait pour moi une idole, comme les cow-boys qui avaient si bravement chassé les Indiens dans la grange du père Delpy.

La poussière du temps n'a pas enseveli tous ces souvenirs, car, après avoir bourlingué de longs mois aux quatre coins du monde, j'aime jeter l'ancre chez moi, dans ma bonne ville de Souillac, où mon vieux père, avec sa belle probité d'artisan, continue à faire les meilleures « truffes sous la cendre » de tout le département du Lot. Sacré papa qui, après avoir été à l'avant-garde du progrès, est terrorisé par les mœurs cinématographiques depuis que Roger Vadim, Robert Hossein et Catherine Deneuve, après tant de célébrités, sont venus vivre plusieurs semaines chez lui pendant le tournage du film *le Vice et la Vertu*. Ah ! ces combats à la tarte à la crème, dans sa belle salle à manger...

Rien n'y fait. Les années s'écoulent et j'ai toujours du vague à l'âme, un peu plus aujourd'hui qu'hier et avant-hier quand même, lorsque je revois, face à la gare de Souillac, la grande bâtisse rose de l'hôtel Bellevue. Un tennis a remplacé depuis longtemps la vieille grange qui flanquait étrangement l'hôtel. La mare, pleine de grenouilles bavardes et effrontées, où nous allions patauger avec mon frère, a elle aussi disparu. L'hôtel s'est modernisé, des maisons neuves ont poussé alentour, mais dans ma bonne ville de Souillac la vie a su garder le même poids, la même saveur qu'autrefois. On y vit plus, car on y vit moins vite. Chacun prend le temps de respirer la bonne odeur d'anis et de cuisine, au milieu de la douce chaleur de l'accent du rugby.

Mon père était à mes yeux un héros. Il est vrai qu'il avait un courage étonnant, sous des aspects débonnaires. Pendant la guerre de 14-18, alors que son régiment était attaqué par des Uhlans, il évita d'être embroché par trois d'entre eux en plongeant sous une voiture. Et, alors qu'il paraissait coincé, il arma calmement son fusil et abattit le premier Uhlan qui venait l'exécuter d'un coup de lance. Les deux autres prirent la fuite. Quand il racontait cette aventure, j'avais toujours la chair de poule, et je regardais avec émotion sa Croix de guerre, accrochée au-dessus de la cheminée.

Mon père était radical-socialiste, ce qui, à l'époque, le classait parmi les personnes aux idées avancées.

Maman restait une femme discrète, comme il est encore de règle dans nos provinces où l'homme prend seul les grandes décisions. Toute sa vie a été un long dévouement pour mon père, mon frère et moi. Elle avait toujours peur qu'il nous arrivât un malheur. Chère maman, ange de ma vie...

Comme beaucoup d'enfants, je commençai à parler en zézéyant. « Comment t'appelles-tu ? — Rozé. » Ainsi m'appela-t-on « Zézé ». Et j'entends maman s'inquiéter toujours sur mon sort : « Attention Zézé ! tu vas tomber dans la mare ! » « Ne laissez surtout pas Zézé se baigner dans la Dordogne ! ». Brave maman, la petite mare aux grenouilles était un affreux tourment avec un galapiat de mon espèce. Quant à la Dordogne, elle fut pour elle un cauchemar permanent. Elle ne la voyait jamais sous son aspect aimable, mais en monstre dévorant les imprudents, engloutissant les nageurs, les pêcheurs et leurs embarcations.

Souillac était tout mon univers, puisque j'y avais encore mon grand-père, ma grand-mère, mes trois tantes, tata Ti, tata Né, tata Nini, et mes trois oncles.

Tata Ti et tonton Urbain tenaient un petit café, de l'autre côté de la mare aux grenouilles, attenant à l'atelier du maréchal-ferrant. C'était pour moi un monde fabuleux. Tout y était extraordinaire. Mon oncle d'abord, un terrible gaillard, costaud et fort en gueule. On le prenait un peu pour le diable, car il était communiste ! Et il est vrai que l'oncle Urbain était un diable d'homme.

Chemise ouverte, découvrant largement sa poitrine velue, il travaillait sans cesse dans les lueurs d'incendie de sa forge. C'était Vulcain en personne — avec la bouteille facile, en plus —, martelant ses fers sur l'enclume, dans des gerbes d'étincelles. Il avait d'incessantes discussions avec mon père, parlant de prolétaires, de révolution, de bourgeois et de capitalistes. Je n'y comprenais rien, mais j'étais fasciné par ce colosse. Mon oncle avait appris son métier à la dure école des compagnons, effectuant leur Tour de France avant de s'établir. On discutait ses idées, mais on respectait son travail, et je n'étais pas peu fier lorsqu'il me confiait la tâche de tirer les soufflets de la forge. Il me semblait qu'à mon tour je possédais un peu de ce pouvoir qui me subjuguait.

Le café de tata Ti était le rendez-vous du dimanche de toute la jeunesse, à cause d'un vieux piano mécanique qui, moyennant une pièce de deux sous, débitait une valse ou une polka. Et, si le piano était quelque peu vermoulu et poussif, les jeunes de Souillac étaient d'une autre trempe, ils dansaient jusqu'au soir, comme des possédés. Tata Ti était sidérée par ce brave vieux piano. « C'est incroyable ! il a marché tout l'après-midi et je ne trouve jamais la moindre pièce. Pour moi, elles se coincent quelque part. »

Mais non, tata Ti, les pièces que l'on introduisait ne se coinçaient pas, je peux même affirmer qu'elles tombaient directement dans la trappe. Hélas ! tu ne faisais pas attention à deux galopins qui jouaient avec des bouchons entre les tables et autour du piano, deux vauriens, tes deux neveux, qui, connaissant la combine, ouvraient la petite trappe et subtilisaient aussitôt les pièces pour foncer jusqu'au buffet de la gare les troquer contre des bonbons à l'anis et des sucres d'orge ! Pour être juste, il faut ajouter qu'ils en donnaient un peu à leur petit cousin Riri...

Avec l'hôtel Bellevue, la forge de l'oncle Urbain et le petit bistro de tata Ti, l'autre pôle d'attraction qui marqua mon enfance fut, bien entendu, l'école communale. Au début, je l'avais en horreur, elle me semblait au bout du monde. Elle était en effet à trois kilomètres de l'hôtel et, pour un gosse de six ans, couvrir cette distance deux fois par jour (l'hiver avec des sabots aux pieds), ce n'était pas une sinécure. Mon père, qui voulait toujours aller de l'avant, m'acheta une bicyclette et, comme il était lui-même un des premiers Souillaguais à posséder une automobile, le nom de Couderc était synonyme d'aventurier.

Pourtant, je puis vous avouer que j'étais un gamin plutôt docile. La seule chose que je voulais vaincre, c'était l'autorité que mon frère, de quatre ans mon aîné, exerçait sur moi. Pour cela je suivais mon idole, Fernand Tavernier. C'est lui qui m'apprit tout ce que mes maîtres, tour à tour messieurs Soulacroix, Balaguerie et Lacombe, ne pouvaient m'enseigner. D'abord à allumer le poêle de la classe sur lequel nous devions veiller chacun à tour de rôle, puis à faire grimper des cigales le long d'une paille, enfin comment naissent les enfants. J'aurais suivi Fernand Tavernier au bout du monde. Il m'emmena ainsi dans la scierie que tenaient ses parents, en dehors de Souillac, sur la Borèze.

Il savait tout faire, Fernand, braconner, pêcher des truites à la main, dénicher des oiseaux, faire des barrages et, même faire la cour aux filles. Il fut, bien entendu, mon premier professeur de rugby.

Avec le fils du directeur, Jean Soulacroix, René Chassaing, Loulou Labro et quelques autres, il eut tôt fait de m'embrigader dans une équipe de fortune, comme elles pouvaient l'être alors dans toutes les cours de récréation de notre Midi. Un béret, bourré d'un cache-nez et entortillé de ficelle, eut tôt fait de devenir une « gonfle », et c'est ainsi que nous essayions tous de courir sur les traces d'Adolphe Jauréguy, l'idole de notre génération.

Fernand Tavernier, avant de devenir un excellent demi d'ouverture, était un fameux chef de bande. Il avait tant de hardiesse et d'énergie que nous nous plaquions avec une belle volonté. Le seul ennui provenait du sol de notre cour. Auprès de lui, les terrains les plus pelés ressemblaient aux verts pâturages du Paradis ! Cette Terre promise voyait pousser plus de silex que des pâquerettes.

On ne comptait plus les genoux couronnés ni les nez écorchés et, en fin d'après-midi, avec nos tenues dépenaillées, nous ressemblions à une troupe de vieux combattants battant en retraite. Mais bien que le soir il y eût dans les logis souillaguais de belles distributions de taloches, personne ne déserta l'équipe de « rugby » car il s'était installé parmi nous une grisante complicité.

Complices, nous l'étions au point de monter une association pour découvrir le « Trésor des moines ».

Près de la gare, il y a deux collines. Ne tenant pas compte de leur modeste envergure, les habitants de Souillac les ont appelées depuis des temps immémoriaux la Petite Montagne et la Grande Montagne. Une légende, solidement ancrée dans le pays, veut que des moines, ayant établi une riche abbaye sur la Grande Montagne, aient enterré là un fabuleux trésor lorsque les Normands ravagèrent la région. Depuis des siècles, chaque génération a vu naître des vocations de chercheurs. Pendant la dernière guerre, des réfugiés ont même acheté du terrain et, pendant des mois, ils ont méthodiquement creusé des trous énormes sans rien trouver.

Fernand Tavernier n'eut pas à nous en parler longtemps pour nous décider à tenter, nous aussi, l'aventure. Pour lui, il n'y avait aucun doute : le trésor était là, au pied de la vieille tour en ruines. Mon frère aîné fut mis dans le secret. Comme il était plus âgé que nous, il prit la direction des opérations. Mon frère était ce que l'on peut appeler un scientifique. Il fit un relevé topographique et établit un plan de bataille, étant bien entendu qu'il nous prêtait son concours à la condition de prendre pour lui la moitié du trésor, et de nous laisser l'autre moitié. Nous, c'est-à-dire Fernand Tavernier, le fils du forgeron, Fernand Delpy et moi-même.

Dans les ruines, nous avions caché quelques pelles et quelques pioches. Grâce à la débrouillardise providentielle de Fernand

Tavernier et l'appui docile du fils du forgeron. Je n'avais apporté que quelques clous, chapardés à tout hasard, pour la bonne cause, dans l'atelier de bricolage de mon père.

Nous eussions peut-être réussi dans notre entreprise, si mon frère avait payé d'exemple. Mais il n'aimait point creuser, il avait l'âme d'un chef. Il nous disait sans cesse : « Toi, creuse ici. Zézé, fouille là. Fernand, perce-moi ce mur. » Mais il se contentait, comme tout maître d'œuvre, d'étudier ses plans et de donner des ordres.

Les mains pleines d'ampoules, les jambes en compote et le cœur déçu de n'avoir rien trouvé, après avoir transformé les ruines historiques en taupinières, nous nous sommes révoltés contre le despote.

Ça tombait d'ailleurs bien, car nous approchions de la Saint-Jean, un véritable événement dans le pays, dont nous étions les vedettes. Divisés en petits commandos de gosses, nous passions dans toutes les maisons récolter quelques sous pour acheter les lampions et les pétards. Après quoi, nous allions couper des sapins sur les collines et nous en faisions un énorme tas. Sans doute parce que nous étions entraînés par nos fouilles archéologiques, avions-nous, cette année-là, édifié un amas impressionnant. Toujours pour suivre Fernand Tavernier, je grimpai tout en haut. Mais, en voulant moi aussi me distinguer par quelques pitreries, je dégringolai la tête la première, m'accrochant à toutes les branches.

On me crut mort. Ce fut un bel affolement. J'étais surtout barbouillé de sang, car je m'étais ouvert la lèvre dans cette chute vertigineuse. Ma pauvre mère fut aux cent coups, on appela le docteur Vizerie qui après m'avoir fait un joli pansement rassura tout le monde. Mais, ce soir de la Saint-Jean, au lieu de suivre la retraite et de me rôtir la figure au grand feu de joie, je dus le passer au lit avec un bol de tilleul... pour « me calmer les nerfs ».

DE LA LEÇON DE JEAN BOROTRA
AUX CONQUÊTES D'ALEXANDRE

Heureusement, pour me consoler d'avoir été privé de Saint-Jean, l'hôtel connut une véritable révolution. La France était alors conquise par les fameux « Mousquetaires » du tennis, Borotra, Brugnon, Cochet et Lacoste. On en parlait beaucoup chez nous. Des clients avaient même suggéré à mon père de construire un tennis à côté de l'hôtel. Nous avions, mon frère et moi, saisi, si je puis dire, la balle au bond. A longueur de journée, nous rebattions les oreilles de papa avec cette histoire de tennis qui ne l'emballait guère.

Nous trouvâmes, chose curieuse, une alliée enthousiaste en la personne de maman. La pauvre ne se passionnait guère pour le sport, mais elle avait tout de suite compris que mon frère et moi nous serions, pendant toutes les vacances, sur un terrain plat, entouré de grillages. C'était autrement plus rassurant que de nous savoir en train de faire Dieu sait quelles imprudences sur les bords maudits de la Dordogne.

Papa, attaqué de tous côtés, cédait. Il capitula grâce à la venue providentielle de M. Planacassagne, le nouveau sous-préfet de Gourdon. Le brave M. Planacassagne, c'était le sous-préfet aux courts. Il était complètement obnubilé par le tennis et avait des fonctions officielles à la Fédération Française. Il suffisait de ramener la conversation sur ce sujet pour le voir transfiguré, éloquent, enflammé, enthousiaste. Nous profitâmes de sa venue, un soir à l'hôtel, pour lui parler du projet que nous attribuâmes perfidement à papa.

— Cher Monsieur Couderc, c'est une idée magnifique qui profitera, j'en suis sûr, à un établissement de la classe du vôtre.

Et voilà notre sous-préfet faisant miroiter mille projets. On organiserait des Tournois qui seraient les plus beaux de toute la région, la clientèle la plus élégante descendrait à l'hôtel Bellevue. Lui-même tracerait les plans et ferait l'inauguration officielle. A l'entendre, l'hôtel Bellevue allait devenir un rival pour l'hôtel du Palais à Biarritz, pour le Negresco de Nice et pour l'hôtel du Golf à Deauville.

Bref, papa accepta. Et l'on s'aperçut que ce rêveur de sous-préfet ne s'était guère trompé, sauf en ce qui concerne le tracé du terrain où il n'avait mis qu'un mètre de recul et qu'il fallut bientôt refaire. On comprit son erreur de calcul dès le jour de l'inauguration où, tombant la jaquette, M. le sous-préfet, déchaîné, cassa sa raquette sur les grillages !

A défaut de la splendeur dorée, l'hôtel Bellevue connut une vogue incontestable. De nombreux champions vinrent s'y produire, ce qui ne manquait pas de provoquer de longs commentaires dans toute la région. Ainsi, l'international Jean Samazeuilh, qui allait devenir un journaliste réputé du tennis et qui s'est éteint dans une grande discrétion, participa au premier Tournoi. Bouzerand de Cahors, Jalut de Brive et Gimel de Veyrac, y remportèrent de magnifiques parties. Le percepteur, la femme du commandant, bref toute la haute société souillaguaise plus tous nos vieux amis comme les Bergerol, Castagné et j'en passe... furent rassemblés autour du tennis de l'hôtel Bellevue. Et Jean Calvel, ce copain de toujours qui, entre deux sets, nous faisait des exhibitions de charleston en pantalon de golf !...

La seule note discordante à cet élégant tableau était apportée par les fils Couderc. Avec mon frère, nous nous disputions sans cesse. Nous n'étions jamais d'accord sur les points litigieux, allant jusqu'à nous battre à coups de raquette, au point que maman, affolée par nos accrochages, se demandait si elle n'aurait pas mieux fait de nous laisser vagabonder sur les bords de la Dordogne !

Un jour, je ne sais par quel hasard, je me trouvais seul sur le court, en train de travailler mon service — et il en avait besoin, le pauvre —, un homme encore jeune, élégant, m'observait. Au bout d'un moment, il entra et me dit avec courtoisie :

— Tu ne devrais pas tenir ta raquette comme ça.

Très sûr de moi, je répondis : « Si vous croyez que c'est facile. Je voudrais bien vous y voir. »

Il s'avança avec un sourire amusé et me montra comment il fallait mettre les doigts. Pour parfaire sa démonstration, il exécuta quelques services-canon, puis me rendit la raquette. J'étais très impressionné. Sa gentillesse avait fait fondre ma pointe d'impatience.

— Vous devez jouer souvent pour avoir une telle technique ?

— Assez souvent, en effet.

— Je crois que vous auriez une bonne chance de gagner notre prochain Tournoi. Vous êtes au moins aussi fort que monsieur Planacassagne, le sous-préfet.

— Ah ! tu crois ? C'est dommage que je ne puisse rester jusque-là.

— C'est dommage oui. Moi j'aurais parié pour vous, Monsieur. Monsieur comment... ?

— Jean Borotra.

Il me pinça affectueusement et partit en me recommandant : « Tiens bien ta raquette, c'est très important. »

Je ne trouvai pas la force de répondre. Je restai pétrifié. Soudain, je fondis en larmes. Je m'en voulais atrocement. Comment ! j'avais eu à côté de moi Jean Borotra, le grand Borotra, une de mes chères idoles, et je ne l'avais pas reconnu ? Je demeurai là, inconsolable, désemparé.

J'eus une furieuse envie de courir après lui et de lui dire toute l'admiration que je lui vouais, lui montrer toutes les photos de lui découpées dans les journaux, et que je collais sur un cahier avec celles d'Adolphe Jauréguy, de Georges Carpentier, de Jules Ladoumègue et quelques autres dieux de mon Olympe personnel. Mais je ne pus bouger, je restai cloué au sol avec mon énorme déception. Quand je réussis à vaincre cet étrange sentiment de trahison, je courus à l'hôtel. Mais Jean Borotra avait déjà disparu, il était parti rendre visite à son ami M. Mercier, dans son château du bord de la Dordogne. Il me restait tout de même l'immense fierté d'avoir eu droit à une leçon particulière du fameux « Basque bondissant ».

Avec Jean Borotra et Georges Carpentier, l'une des idoles sportives de mon enfance fut Adolphe Jauréguy, un homme fin et spirituel qui resta longtemps au service du rugby français en tant que sélectionneur avant de s'en aller discrètement et de s'éteindre non moins discrètement.

Il est vrai que je suis né en 1918, un an avant la création de la Fédération Française de Rugby. Pour mon oncle Marcel, le plus grand rugbyman était Philippe Struxiano, capitaine du Stade Toulousain et de l'équipe de France. Il est vrai qu'il fut, dans cette folle époque de l'après-guerre, un personnage de légende, marquant le grandissement phénoménal du rugby en l'espace de quelques années après la tourmente de 14-18. Les exploits du fabuleux « Struc » me furent maintes fois contés par tonton Marcel, notre champion maison. Plus tard, j'eus la confirmation de la personnalité du leader toulousain par l'un de ses coéquipiers les plus illustres qui prit sa succession à la tête du XV de France, avant de devenir président de la Fédération : le regretté René Crabos.

Au sortir de la première guerre mondiale, le rugby français devait connaître un prodigieux essor. En 1919, il y avait 241 clubs, quatre ans après on en comptait 881. Ce fut vraiment l'âge d'or du « sport-roi ». Le rugby était le premier sport de France. D'ailleurs, face aux Britanniques, le XV de France était devenu un partenaire très valable, surtout par ses attaquants, Jauréguy, Borde, Crabos, Got, les frères Behoteguy, qui étaient justement considérés comme les meilleurs d'Europe.

En France, la capitale d'Ovalie était incontestablement Toulouse, avec sa formidable équipe du Stade Toulousain qui de 1921 à 1927 allait disputer six finales, remportant cinq titres. Philippe Struxiano, double capitaine du Stade Toulousain et de l'équipe de France, était non seulement un grand demi de mêlée mais encore une forte personnalité.

Remplaçant de l'équipe de France de football, avant de devenir un demi de mêlée légendaire, pour ses audacieuses ouvertures d'un gigantesque coup de bras, son intelligence de jeu et son autorité, Struxiano avait été champion de France avec le Stade Toulousain dès 1912 et, sans la guerre, il aurait eu un palmarès plus riche encore. Et ce n'est pas notre cher La Sélouze qui me contredira !

En 1920, ce fut, sous son capitanat, la première victoire des Tricolores, outre-Manche (15-7) sur l'Irlande. Dans la boue de Lansdowne Road, Struxiano fit si bien donner ses fameux trois-quarts que, lancés par le célèbre tandem de centres Borde-Crabos, les deux ailiers Jauréguy et Got marquèrent deux essais chacun. Quelques mois après, les Français battaient l'équipe d'Amérique à Colombes (14-5) avec encore quatre essais des lignes arrière (Got, Borde, Billac et Jauréguy).

Le Tournoi 1921 avait commencé par les deux voyages en Ecosse et au Pays de Galles. Les Français s'en étaient bien tirés, en allant vaincre pour la première fois les Ecossais chez eux (3-0) et en subissant une honorable défaite à Cardiff (12-4). Struxiano avait abandonné l'équipe de France parce que les responsables l'avaient laissé pour compte au match de sélection.

France-Angleterre qui ouvrait la saison internationale à Colombes connut un succès populaire énorme. Le stade était comble. Dans la tribune officielle, on remarquait le maréchal Foch et le général Douglas Haig.

A la mi-temps, les Anglais menaient 10-3, marquant deux essais contre un seul but de Crabos. Le public, déçu, manifesta. Ayant reconnu Struxiano sur le bord de la touche, il se mit à scander son nom sur l'air des lampions. Le maréchal Foch, très féru de rugby, fit amener le capitaine toulousain dans sa loge. Il lui demanda les raisons de sa retraite et insista pour qu'il acceptât de revenir en équipe de France. Malgré la pression de son illustre supporter, Struxiano demeura inflexible.

L'année suivante, il allait terminer une fameuse carrière en reprenant le titre de champion de France dix ans après avoir obtenu son premier succès. En triomphant de l'Aviron Bayonnais (6-0) à Bordeaux devant une foule record, l'équipe du Stade Toulousain commençait sa glorieuse épopée qui lui valut le surnom de « La Vierge Rouge ». Et comme les officiels fédéraux étaient là au grand complet, Struxiano fit un match fantastique en défense, plaquant à tour de bras, simplement parce que les sélectionneurs lui reprochaient de répugner aux placages !

Le court de l'hôtel Bellevue n'a pas été fréquenté exclusivement par des champions de légende. Un beau jour, nous vîmes arriver un élégant cycliste en costume de golf prince-de-Galles. Il avait grande allure, non seulement par la coupe de ses vêtements, mais encore à cause d'une sensationnelle mallette en duralumin qu'il avait fixée sur son porte-bagages, ainsi que des raquettes de tennis.

Nous accueillîmes M. Alexandre — c'était son nom — avec les égards qu'un hôtel réputé pour l'amabilité de son service doit apporter à un client aussi distingué, usant des meilleures manières. Ayant apprécié notre civilité, le confort de sa chambre et la saveur de la cuisine, il accepta de devenir notre pensionnaire.

D'une politesse exquise, apportant dans les discussions un humour aussi raffiné que discret, M. Alexandre, galant homme dans toute la force du terme, avait séduit tout le monde... et surtout les personnes du beau sexe. Au tennis, on se l'arrachait pour jouer des doubles mixtes. Le dimanche à la sortie de la messe, les demoiselles de tous âges et même, dit-on, de dignes épouses, roulaient des yeux de merlan frit, ou plutôt avaient pour lui le regard de Chimène, si l'on préfère une définition plus élégante. Bref, ce n'était que caquetages sur le parvis de l'église autour de M. Alexandre, le bien nommé pour son esprit de conquêtes, fussent-elles moins étendues que celles du grand Macédonien.

— On dit que ses parents ont un grand commerce à Paris...

— A ses façons l'on voit bien que c'est une personne de la haute...

— Quel beau jeune homme !

M. Alexandre vivait dans un univers velouté, fait de sourires et de soupirs. Toutes les jeunes filles, ou tout au moins celles qui se prenaient pour telles, brûlaient de partager son nom. Tous les pères qui possédaient une fille bonne à marier, ou qui l'estimaient capable d'apporter le bonheur à un honnête homme, rêvaient de faire épouser à leur héritière les millions de M. Alexandre, pensant, avec un sens aigu de l'harmonie conjugale, que, si l'argent ne fait pas le bonheur, il vaut mieux être riche et bien portant que pauvre et malade, face aux dures réalités de l'existence.

Comme M. Alexandre ne pouvait offrir son cœur qu'une fois, du moins à Souillac, il accepta, un beau dimanche, d'être reçu dans une de ces bonnes familles de chez nous, qui voient, avec une certaine panique, leurs demoiselles garder cette qualité au-delà de la majorité. M. Alexandre, très homme du monde, fit envoyer des chocolats à la mère de sa Dulcinée, celle-ci ayant eu droit à une corbeille de roses blanches. Quant à l'heureux père, s'apprêtant à bénir cette union qui faisait papoter tout Souillac, il reçut, par nos soins, une somptueuse boîte de Havanes.

Quelque peu inquiet d'un savoir-vivre aussi dispendieux, mon père estima qu'au bout d'un mois M. Alexandre ne trouverait point choquant qu'on lui présentât la note. Maman fut chargée de

cette délicate mission, car les gens du monde ont d'étranges réactions, s'enveloppant dans leur dignité froissée, dès qu'on leur
rappelle qu'ils ont une dette à régler.

M. Alexandre prit, heureusement, cette démarche timide de
maman avec la bonne humeur de l'étourdi qui plaisante lui-même
de ses impardonnables oublis. « Ne vous excusez pas, chère
Madame. C'est fort naturel. Je suis coupable d'avoir laissé traîner
ces dépenses. Je ne pars pas avant quelques jours, mais, dès
demain matin, je vous réglerai cela. »

Lorsqu'on lui monta, le lendemain matin, son thé traditionnel,
M. Alexandre n'était plus là. De la fenêtre ouverte pendaient
deux draps noués.

Mon père alla porter plainte à la gendarmerie. En pure perte.
M. Alexandre s'était évanoui avec son superbe costume de golf
prince-de-Galles, son beau vélo routier, son étonnante valise en
duralumin, et ses raquettes.

Pendant des mois, une des plus honorables familles de Souillac
se leva le dimanche dès matines, afin d'éviter les caquetages des
sorties de la grand-messe.

LE PAYS DES POÈTES

S'il est vrai qu'il y a des gens bizarres dans les trains et dans les gares, il en est de même pour les hôtels. Après le trop séduisant M. Alexandre, nous avons hérité d'un autre phénomène diamétralement opposé. Notre nouveau pensionnaire n'avait rien de l'homme du monde. Perez était Espagnol, sorti tout vivant d'une toile du Greco, avec une gueule extraordinaire et de longs cheveux bouclés. Il n'était pas du tout du genre danseur mondain, coureur de dot. C'est sans doute pourquoi, après l'effet déplorable laissé par M. Alexandre, la personnalité de ce Perez plut à mon père.

Il eût été d'une très agréable compagnie, s'il n'avait eu trois amours particulièrement exigeantes. Perez aimait les plaisirs de la table, et il est vrai qu'il mangeait comme quatre, la boisson était son péché mignon, et il péchait comme six ; enfin, son adoration c'était le bricolage sous les formes les plus audacieuses. Et là, il faut admettre qu'il aurait pu meubler tout le Concours Lépine à lui seul. « Ce Perez, c'est une fortune » disait mon père en plaisantant. Effectivement, en ne demandant que le gîte et le couvert pour paiement des services qu'il pouvait rendre, il revenait beaucoup plus cher que ce filou d'Alexandre !

Bien qu'il lui manquât deux doigts à une main, il était d'une adresse diabolique. En me fabriquant les jouets les plus insensés : des trains, des avions, des toupies automatiques et même un canon qui faisait des étincelles, il avait sidéré mon père, inventeur dans l'âme, bien qu'il n'eût jamais rien inventé en dehors de plats savamment mitonnés. Il trouva donc en Perez un complice idéal.

Mais il faut croire que leurs projets étaient particulièrement audacieux, car ils attirèrent dans leur entreprise un troisième poète génial du bricolage, Me M..., notaire près de Souillac. Aux rigueurs du notariat, Me M... préférait la sculpture sur bois. Il était, si je puis dire, passé maître de l ordre des cendriers sculptés. Son art était si généreux que tous les cendriers de l'hôtel étaient son œuvre. Il était devenu une sorte de conseiller technique de cette société secrète qu'il avait formée avec mon père et Pérez.

Pendant des semaines, ils s'enfermèrent dans ce qu'on appelait le « laboratoire », vieille remise où Perez avait décidé de camper, par crainte que quelque espion d'une puissance étrangère vînt percer leur secret. On le voyait cogner, limer, souder avec une farouche ardeur jusqu'à une heure avancée de la nuit. Dès que les obligations de son étude lui laissaient un moment de libre, Me M... accourait à l'hôtel, et on les voyait discuter tous les trois à voix basse, en se penchant sur des plans secrets.

L'affaire était si mystérieuse que, bientôt, tout Souillac sut qu'il se passait des choses pas ordinaires à l'hôtel Bellevue. Les clients, intrigués par tant de précautions, tentaient bien de percer le mur du secret, avec des questions engageantes, mine de rien : « Alors, Monsieur Couderc, ça avance ces travaux ? » Mon père prenait alors un air sérieux et confidentiel pour répondre d'une voix feutrée : « Nous sommes sur une invention exceptionnelle. Mais je ne peux pas vous en dire plus. » Les regards s'arrondissaient et toute la ville, qui n'avait pas tellement d'occasions de se passionner, était en effervescence. Au fil des jours, le triumvirat prenait des allures de conspiration. Il multipliait ses réunions, signe évident que l'aboutissement approchait. Enfin, au bout de plusieurs mois, Me M..., Perez et mon père ont sorti de la remise-laboratoire un fabuleux appareil.

C'était un incroyable assemblage de tiges et de roues, auprès duquel un mobile futuriste serait un modèle de simplicité. Rapidement, le restaurant fut plein à craquer pour admirer la chose. C'était, tout simplement, la machine du mouvement perpétuel !

Tout le monde trouvait cela prodigieux, car je dois dire que ce fourbi tournait sans arrêt, ce qui ne manquait pas d'être assez impressionnant. Jamais l'hôtel n'avait reçu autant de visites. On venait de plusieurs lieues à la ronde s'ébahir devant cet engin inquiétant. Jamais mon père n'eut tant de besogne qu'en cette heure où l'aile de la renommée vint toucher l'hôtel Bellevue. Jamais Perez ne s'était vu offrir autant de tournées. Jamais, enfin, Me M... n'avait accumulé autant de travail à son étude : il jetait les bases de la Société de l'Exploitation de la Machine Créant le Mouvement Perpétuel, dont lui-même, Perez, et mon père seraient les actionnaires. Et chacun, autour de l'engin, suggérait les utilisations les plus insensées. Je voyais déjà la machine répandant le bonheur en se multipliant dans le monde entier.

Mon père n'était pas le moins enthousiaste. Me M... écrivit à la Société des Inventeurs de France afin que le brevet fût agréé officiellement. On attendit un bon bout de temps. Enfin, un beau matin, Me M... accourut tout essoufflé, une lettre à la main. Nos inventeurs étaient convoqués à Paris ! Cette annonce provoqua une explosion de joie, un boum dans tout Souillac !

Au train du matin, ce fut le départ pour la gloire de notre trio qui entourait de mille soins une malle où la machine était démontée.

Six jours plus tard, au train du soir, Souillac était encore là pour connaître le résultat. Il n'y avait même qu'un mot à dire pour que la fanfare accourût. Mais il n'y eut point de discours. Simplement trois mines renfrognées. A l'hôtel on ne parlait plus, on chuchotait, pour ne point troubler cette désolation. Le premier, Perez tonna que les savants de Paris n'étaient que des pleutres, des foutriquets, des salopards, des... enfin, bref, des pas grand-chose, et que lui, Perez, restait scandaleusement un incompris. Pressé de questions, mon père s'indigna à son tour. « Ils se sont foutus de nous ! On leur amène le mouvement perpétuel, ils l'examinent et ils nous répondent, la bouche en cul de poule, que c'est très ingénieux et que, bien adapté, ça pourrait faire un joli jouet d'enfant. »

Evidemment, partir avec le mouvement perpétuel et revenir avec un article de bazar, c'est dur à digérer ! On parla longtemps à l'hôtel Bellevue de la misère honteuse dans laquelle la France, marâtre patrie, laissait ses inventeurs ; du scandale permanent qu'offraient aux yeux de l'humanité ces malheureux chercheurs obligés d'aller vendre leurs brevets à l'étranger ; des jean-foutre du gouvernement qui ne pensaient qu'à s'en mettre plein les poches, etc.

Le premier à passer à l'action fut une fois encore Perez. Poussé par son génie créateur, il avait décidé de s'attaquer... aux explosifs !

Il commença par fabriquer des pétards, des feux d'artifice remarquables, bleus, rouges, blancs, verts. Une fois de plus, il croyait toucher à la réussite. Et puis, un dimanche après-midi, il fit sauter la remise !

Dans l'aventure, il avait laissé beaucoup de ses illusions, mais, hélas ! aussi, deux doigts de sa main droite, les mêmes qu'il avait perdus, déjà, à la main gauche. Il resta chez nous, le temps d'être guéri de sa blessure et surtout de son échec. Un beau matin, il se volatilisa, partant proposer la Machine du Mouvement Perpétuel au Venezuela ou à l'Abyssinie...

Apparemment, il n'a pas encore réussi !

Souillac doit avoir un air spécial qui inspire les « vocations créatrices ». Après le trio de chercheurs qui avait manqué de peu la destruction complète de l'hôtel, il y eut les exploits de Pecouyoul, le maçon-poète.

L'été, à l'heure de l'apéritif, il venait devant la terrasse de l'hôtel, comme d'autres vont à la pêche. Une différence importante à signaler : avec Pecouyoul, ça mordait toujours ! Ce qu'il visait, c'était les riches touristes. Américains, Anglais, Allemands ou Parisiens, il les prenait tous. Il avait un fameux hameçon : sa mine attendrissante de clochard bon enfant qui accrochait invariablement.

Il engageait la conversation, que son auditoire fût ou non de langue française et, invariablement, on lui payait le coup. Les bonnes âmes qui remettaient ça avaient droit à Cyrano de Bergerac, la tirade du nez, le morceau de bravoure de Pecouyoul. Les généreux, les opulents, ceux qui après avoir goûté le nez de Cyrano — tant est que l'on puisse associer le goût et l'odorat — faisaient emplir son verre une troisième fois ; ces personnes de grande délicatesse bénéficiaient de l'œuvre poétique et originale de Pecouyoul. Ça, c'était le fin du fin !

A un touriste qui n'avait guère apprécié ses œuvres, au point de lui dire qu'il se moquait des hommes de bien, Pecouyoul fit du Domenech avant la lettre en répliquant : « Mais non, mon bon monsieur, jamais je ne me moque des riches. L'on ne sait pas ce que l'on peut devenir ! »

Lorsqu'il ne rencontrait pas de vacanciers, et que sa muse lui fichait la paix, qu'il n'avait pas de crise de poésie, Pecouyoul était un excellent maçon. Il avait bâti tout seul, sa maison, avec des pierres glanées de-ci, de-là, dans les champs et du mortier prélevé modestement chez ses employeurs.

Le brave curé de Souillac, connaissant ces qualités, avait songé à Pecouyoul pour couronner les travaux de la nouvelle église, de style romano-byzantin, et dont l'édification avait émerveillé toute la population. Cette inauguration laissa à notre bon curé un aussi mauvais souvenir que ma Première Communion. Je dois dire que celle-ci fut assez ratée puisque avec mon copain Fernand Tavernier, nous y avons pris notre première cuite, affolant tous nos invités par des chansons de corps de garde, à faire rougir un international de rugby, ce qui est assez difficile. Bref, Pecouyoul avait été chargé de faire la croix qui devait couronner l'édifice. Ce devait même être l'apothéose puisqu'on devait la poser en présence de l'évêque, du préfet, du sous-préfet, du maire, de la fanfare, des pompiers, des enfants de Marie, des scouts, des dames patronnesses et de toute la population de Souillac et des environs.

Le jour de l'inauguration, tout le monde était là, massé devant le porche, tout le monde... sauf Pecouyoul ! Pourtant les voisins l'avaient vu partir de bonne heure avec sa croix dans une brouette. Tant pis, décida le curé, la cérémonie était trop belle pour qu'on la remît, simplement parce que Pecouyoul n'était pas là. Le lendemain, Pecouyoul étant toujours absent de chez lui, on s'inquiéta et l'on partit à sa recherche. Peine perdue. Enfin, le surlendemain, on le découvrit, lui, sa brouette, sa croix de pierre et un restant de gueule de bois, dans un profond fossé, sous le viaduc.

Que s'était-il donc passé ? Eh bien, une fois son travail sacré terminé, Pecouyoul avait juché la croix dans une brouette. Comme tout artiste qui se respecte doit arroser son œuvre, notre sculpteur avait mené son chargement devant le premier bistrot. Lorsqu'il reprit sa route, il était fauché mais il avait toujours la gorge sèche. Il se dit alors que, puisqu'il avait une sacrée soif, il pouvait bien lever un petit « denier à Dieu » personnel.

Devant chaque maison, il arrêtait sa brouette en disant : « Voilà ! je suis chargé par le curé de faire la quête pour la grande cérémonie de l'inauguration de l'église. Voyez, c'est moi qui ai taillé la croix et je dois la monter tout à l'heure. Le curé voudrait que vous participiez à la cérémonie, alors versez votre obole. » Ça marchait si bien qu'il n'eut pas besoin de faire le tour du pays. Au bout de quelques hectomètres, il eut assez de ressources pour boire tout son saoul. Au troisième estaminet, l'irréparable fut, lui aussi, consommé. Pecouyoul repartit du mauvais pied, ce qui est toujours à déconseiller. Ne soyons pas surpris s'il buta sur une pierre perfide, de celles qui ne servent pas à bâtir les églises. Ayant trop longtemps porté sa croix sur le chemin, il descendit aux enfers avec sa brouette, son calvaire, son péché et une cuite d'une espèce rarissime !

Mais le Bon Dieu a une infinie tendresse pour les poètes de grande qualité !

Et Pecouyoul ressuscita le deuxième jour !

Mes débuts dans le journalisme furent assez précoces, je les ai faits à quatorze ans. Mon premier directeur était assez spécial. C'était le docteur Vialle qui venait de Brive deux fois par mois, les jours de foire. A la fois bon médecin et vaguement rebouteux, sa grande spécialité c'était les jambes et les bras cassés ou démis. Il recevait ses éclopés à l'hôtel, au rez-de-chaussée, et j'étais chargé de lui gâcher le plâtre.

Le docteur Vialle se montrait assez content de moi et comme il était, lui aussi, un poète, il m'embaucha — très peu de temps, il est vrai — comme critique cinématographique pour le journal qu'il éditait la Brise. Je n'étais évidemment pas rétribué, ce qui m'empêche de dire qu'il en avait pour son argent, car il faut vous avouer que je ne lésinais pas sur la critique. Ah ! mes enfants ! un vrai massacre. Aussi, quand j'en prends aujourd'hui, à mon tour, un bon coup derrière les oreilles, je me dis que ce sont peut-être mes diatribes de jeunesse qui reviennent en boomerang par une voie céleste. Mes écrits étaient diversement appréciés, mais ils ne déplaisaient pas au gendre du docteur Vialle, M. Michelet, qui avait la bonté de les trouver parfois drôles. M. Michelet allait être ministre après la guerre. Pas moi.

Souillac, je vous l'ai dit, était une ville de poètes, d'artistes qui s'ignoraient. Louis-Jean Malvy avait décidé la municipalité à faire venir le grand acteur Victor Boucher, l'immortel interprète des *Vignes du Seigneur*, pour l'inauguration du théâtre aménagé dans l'ancienne abbaye. Cette représentation fut quelque chose de fastueux pour nous autres provinciaux, peu habitués aux soirées parisiennes. Ce qui m'avait frappé, c'était que Victor Boucher, qui logeait à l'hôtel, n'avait pas voulu dîner avant la représentation. Il avait soupé après et j'étais sidéré de le voir ainsi manger à près d'une heure du matin ; je n'avais jamais vu ça !

Après ce coup d'éclat, le théâtre avait périclité. Il y venait bien des tournées, mais ce n'étaient que des troupes misérables. Décors fanés, pauvres costumes élimés, rapiécés, acteurs faméliques et pièces manquées. L'une d'elles débarqua pour y jouer la *Passion*, mais elle n'avait que quelques comédiens. Il lui fallut donc recruter, sur place, des figurants. Ce fut assez facile, les jeunes du pays étant tout heureux de se grimer. Le directeur y trouvait d'ailleurs doublement son bénéfice, car les parents et les amis venaient voir le « petit » en légionnaire romain ou en pharisien.

Tout était paré, il ne manquait que le Christ. Or vous devez imaginer, même en n'ayant pas vu cette pièce-là, qu'on ne fait pas une vraie Passion sans le Christ. Après bien des recherches, on dégota un pauvre gueux de braconnier, barbu, qui voulut bien tenir le rôle. On le déshabilla pour voir s'il était présentable en public et, l'examen ayant été concluant, on l'embaucha.

Ce fut une fameuse histoire pour le crucifier. On le fixa, tant bien que mal, avec des ficelles, par les pieds, sous les aisselles, et il fit un Christ très saisissant. Lorsque le rideau se leva, la foule des Souillaguais fit le chœur antique par un Oh ! de profond étonnement. Le spectacle était pathétique, mais voilà qu'au beau milieu d'une scène poignante les ficelles cédèrent, et notre Christ dégringola dans un fracas de cataclysme. Tout était pêle-mêle sur la scène, puis tomba sur cette catastrophe un silence — religieux bien sûr — et dans l'ahurissement général on vit le Christ se relever en geignant, et lancer à la cantonade : « Nom de Dieu ! que je me suis fait mal, j'ai dû me péter une côte. »

L'hôtel Bellevue a connu des pensionnaires célèbres. L'un d'eux était même un ami de la famille, il s'agit de Roger Vitrac, l'auteur célèbre de nombreuses pièces de théâtre, notamment de *Victor, ou les Enfants au pouvoir*. Roger Vitrac, que Jean Anouilh tient en la plus haute estime, habitait à Pinsac, petit village proche de Souillac. D'un esprit très indépendant, il se brouilla un certain temps avec ses parents et vint s'installer alors chez nous. Nos deux familles étaient d'ailleurs amies, et le père de Roger Vitrac venait souvent à la maison faire avec papa des parties de poker effrénées.

Roger avait, depuis longtemps, une fameuse envie de s'acheter une motocyclette. Il s'en offrit donc une, modèle grand sport, avec des chromes partout. Pourtant, Roger n'était pas du tout du genre Marlon Brando dans *l'Equipée sauvage*, non seulement parce que la mode n'était pas encore aux blousons noirs avec des aigles dans le dos, mais parce que le désir de chevaucher une pareille moto était singulièrement freiné par une prudence de clergyman. Connaissant la passion que mon père portait à tout ce qui touchait la mécanique, il estima plus raisonnable de lui offrir l'honneur d'essayer son bolide.

Malgré tout mon respect filial, je dois à la vérité de dire que mon père, s'il avait été agent motocycliste pendant la guerre de 1914-1918, avait une fâcheuse tendance à se prendre pour le Fangio de la moto. Quand Roger Vitrac lui fit cette offre, papa accepta avec l'empressement que je redoutais. Il flaira le bolide sous tous ses angles, nous fit un cours sur les culbuteurs, les arbres à came et la compression, qui laissa tous les béotiens de l'endroit béats d'admiration, d'autant plus qu'il nous offrit, en prime, quelques exploits motocyclistes par lui accomplis à des moyennes effarantes pendant la Grande Guerre. L'essai qu'il allait faire était déjà porté aux événements de la localité. Devant l'hôtel, toute la marmaille du quartier était agglutinée ainsi que quelques conducteurs d'attelages, découvrant soudain les griseries vertigineuses de la motorisation.

— Ça, mon petit Roger, disait papa Couderc avec un air connaisseur, c'est de la moto ! Sur la grand-route, tu dois facilement dépasser le 80...

Devant de si prodigieuses révélations, les vieux hochèrent la tête d'un air ahuri par l'importance de la performance, tandis que les gosses firent des yeux ronds d'admiration, les plus turbulents d'entre nous singeant les pilotes grâce à quelques bruits de bouche imitant avec un fidèle réalisme les pétarades motocyclistes.

Instinctivement, le cercle s'élargit lorsque mon père enfourcha la machine. Très cambré, il fit partir le moteur d'un nerveux coup de jarret sur la pédale du démarreur. Pour tous les enfants de mon âge, pressés en cercle, il prenait, à cet instant-là, des allures de Tom Mix, le roi du Far-West de l'époque.

Jouant avec autorité des manettes, faisant cracher un nuage noirâtre, papa avait fière allure. Il partit, dans un bruit infernal, en direction de la ville par le grand virage de la gare.

C'était pour moi une formidable opération de prestige. Pensez donc, mon père as de la moto, ça vous classait un homme ! Il disparut au virage et le vacarme s'évanouit. La foule, sous le charme d'une telle envolée, commentait l'exploit avec force enthousiasme. Je me rengorgeais, sûr qu'on allait accueillir mon champion de père tel Blériot lorsqu'il traversa la Manche... La pétarade enfla et nous étions tous là, impatients de voir revenir le héros du jour, quand, tout à coup, nous n'entendîmes plus rien. Roger Vitrac, que sa nature prudente poussait à prévoir toujours le pire, donna le signal de la ruée.

Roger avait deviné juste. La moto était partie dans le fossé, laissant mon père en piteux état, les bras en croix, au milieu de la route. Tandis qu'on le ranimait, Roger Vitrac dit avec un flegme tout britannique : « Et dire que ça aurait pu être moi ! »

On ramena mon père sur une civière à l'hôtel, car il était assez mal en point. Vous parlez d'un retour ! Maman était aux quatre cents coups, traitant Roger Vitrac d'assassin, lui reprochant d'avoir lancé mon père sur des engins de mort. Bref, pendant qu'on rafistolait papa avec des bandes Velpeau et du sparadrap, le transformant en momie égyptienne, Roger s'éclipsa. Il attendit pour revenir que papa se fût défait de ses bandelettes et maman de son courroux...

Quinze jours plus tard, il était de retour. Il vint déjeuner avec un étrange personnage, M. L..., un Danois, qui par je ne sais quel concours de circonstances, était devenu technicien de la conserve de truffes à l'usine Bizac. Ce brave Danois n'était pas un tourmenté, il appréciait le soleil, la bonne chère et le farniente, toutes choses dont Souillac n'est pas avare. Il n'était pas pressé, semblait-il, de revoir les brumes scandinaves.

Roger, à la fin du repas, lui demanda :

— Est-ce qu'Hamlet, ça vous dit quelque chose ?

— Non, rien du tout, répliqua le Danois.

— Ah ! Alors, restez dans les truffes !

Roger Vitrac est un étonnant pince-sans-rire, plein d'humour, mais, à cette époque, il avait un esprit particulièrement farfelu. J'étais encore un gamin curieux, toujours prêt à tenter de scabreuses aventures, lorsqu'un jour il me demanda à brûle-pourpoint :

— Tu veux faire des bulles, Zézé ?

Apparemment, c'était tentant... Aussi asquiesçai-je, intrigué par cette étrange question.

— C'est bien simple, tu vois ce savon, il faut que tu en manges un bon morceau, m'ordonna-t-il, en me désignant un énorme pain de savon de Marseille.

Prenant un couteau, il en tailla une belle tranche. Je ne sais si, poussé par un quelconque Roger Vitrac, vous avez jamais songé à remplacer votre fromage préféré par un morceau de savonnette. Si cela ne vous est pas encore arrivé — cas le plus vraisemblable, j'imagine —, je vous déconseille vivement de le faire, même si le savon est d'essence supérieure, parfumé, purifié et empaqueté. C'est tout simplement affreux, même en vous rinçant la glotte avec un armagnac de qualité ou un cognac étoilé.

J'eus d'abord un épouvantable dégoût dans la bouche. Mon cœur jouait au ludion à l'intérieur. Puis vinrent des gargouillis en profondeur, du côté du ventre. Tandis que je prenais un visage verdâtre, déformé par d'horribles grimaces, Roger me dit d'un ton sentencieux :

« Je sais bien qu'avaler du savon ce n'est pas bon mais, pour le commun des mortels, c'est le seul moyen de faire des bulles. »

Je courus vers maman en pleurnichant et, tandis qu'on me

faisait avaler à la cuisine un grand verre de lait — dans nos campagnes, c'est toujours considéré comme le numéro un des contrepoisons —, maman se mit en demeure d'administrer à Roger Vitrac un bon savon. C'était bien son tour !

— Comment vous vient-il des idées pareilles ! hurlait-elle. Mais vous êtes Satan en personne ! Non seulement vous avez failli faire tuer mon mari, mais voilà que vous voulez empoisonner mon fils !

— Mais, madame Couderc, si votre fils veut faire des bulles, il faut bien qu'il mange du savon. Il en mangera du savon, allez, et il ne viendra pas toujours de Marseille !

Trop préoccupé par mes « querelles intestinales », je ne compris point, sur le coup, le sens de ses paroles. Mais Roger Vitrac avait raison, la vie se charge bien de vous faire avaler son savon quotidien et elle ne vous permet pas souvent de faire des bulles...

Je ne sais si vous êtes comme moi, mais je trouve qu'un des plus pénibles moments de l'existence est le passage de l'enfance à l'adolescence, à travers ce qu'on appelle l'« âge bête ».

Quitter la communale pour le lycée, comprendre tout à coup que, si l'on n'est plus un enfant, on n'arrive pas encore à être un homme, bien que l'on essaye de se donner de l'importance en fumant en cachette des cigarettes, blondes de préférence, cela laisse une déprimante sensation de nager entre deux eaux. C'est avec le fils du pharmacien, Jacques Bedène, mon ancien associé dans l'élevage des têtards et mon ami de toujours, que je partis au lycée Gambetta à Cahors en 1932. Cette même année, mon enfance changeait brutalement de décor, puisque mes parents vendaient le vieil hôtel Bellevue pour prendre le Grand Hôtel, beaucoup plus grand et plus sélect et niché au milieu des platanes sur la place des Promenades.

Le rugby français aussi changeait — hélas ! — d'école. Après la glorieuse époque du Stade Toulousain, le championnat de France avait donné lieu à de terribles excès, surtout dans le Languedoc où régnait une terrible rivalité locale opposant Béziers, Perpignan, Narbonne, Carcassonne, Lézignan et Quillan. Il était plus difficile d'être champion du Languedoc-Roussillon que de conquérir le titre national !

Avec la terrible finale de 1929 Quillan-Lézignan, la cote d'alerte fut atteinte. Le racolage, l'amateurisme marron et la brutalité se développaient comme un cancer.

Jules Cadenat, le bon et célèbre tribun biterrois, qui n'était pas un tendre, me l'avait maintes fois confirmé :

« Les matches de championnat devenaient d'épouvantables parties de mandoline ! Nous étions loin du jeu d'universitaires que j'avais connu à l'origine, avant la guerre de 1914-18, au S.C.U.F.

Selon moi, le rugby avait grandi trop vite. Il y avait ainsi beaucoup trop d'abrutis qui n'avaient rien à faire sur un terrain de rugby. C'est ainsi qu'en 1929, où Béziers fut éliminé par Lézignan, en demi-finale du championnat, les avants lézignanais, de véritables "fondus" — excepté mon ami André Clady qui m'a succédé il y a quelques années à la commission de sélection —, ont voulu arracher un œil à notre talonneur Bertrand ! Devant de tels actes, nous avons écrit à la Fédération que nous refuserions désormais de jouer contre Lézignan. Mais notre appel ne servit pas à grand-chose car on ne nous écouta pas. »

Cette ambiance trouble où baignait le rugby, je m'en souviens très bien. A Souillac, ce fut un coup de tonnerre quand, en 1930, des clubs parmi les plus illustres, tels que le Stade Toulousain, le Stade Français, l'A.S. Carcassonnaise, le Stade Bordelais, la Section Paloise, l'Aviron Bayonnais, l'U.S. Perpignannaise, etc., décidèrent de rompre avec la Fédération Française de Rugby pour fonder l'U.F.R.A.

Il y avait une atmosphère de guerre civile, tant la division était grande. Et puis, le 6 avril 1931, en même temps que la France battait l'Angleterre, découvrant à la mêlée un jeune prodige nommé Max Rousié, on apprenait une nouvelle à laquelle on ne voulait pas croire. Lassés par nos divisions et nos excès, les Britanniques décidaient de ne plus nous rencontrer !

Ceux qui, aujourd'hui, estiment que l'on peut se passer des matches avec les Britanniques ont la mémoire courte. Ils oublient que, dans l'espace de huit années noires, le nombre des clubs fondit comme neige au soleil, passant de 784 à 473 !

M. Bedène avait pour grand ami le fameux journaliste pamphlétaire La Fouchardière. Celui-ci aimait beaucoup venir se reposer dans l'atmosphère calme de Souillac. Nous l'avons eu plusieurs années comme pensionnaire. C'est sur notre terrasse qu'il écrivait ses terribles éditoriaux de *l'Œuvre*.

Il venait chaque matin s'y installer à l'ombre d'un platane, car il prétendait que l'ombre de ce platane était la meilleure de toutes. Il avait horreur du stylo. Il estimait cet engin tout juste bon pour permettre aux docteurs de gribouiller leurs ordonnances, mais prétendait qu'il était absolument impropre à produire un texte destiné à véhiculer la pensée. La plume d'oie était d'un usage trop onéreux, il s'était contenté d'écrire comme un écolier, avec la classique plume Sergent-Major. Muni d'une vieille écritoire, où un encrier se balançait au bout d'une ficelle, il rédigeait des articles qui provoquaient un certain « schproum » dans la capitale.

L'un de ces éditoriaux eut pour sujet une aventure cocasse qui se déroula à Souillac. Quelques chercheurs de ma bonne ville avaient réussi à convaincre la docte assemblée du conseil municipal qu'une manne céleste allait s'abattre sur la commune. Le projet, qui ne manquait point de grandeur, visait tout simplement à exploiter une source d'eau minérale.

La chose eût été aisée s'il ne s'était agi que d'embouteiller, de capsuler, d'étiqueter et d'expédier aux hépatiques, aux graveleux, aux rhumatisants, aux constipés, aux congestionnés de toute sorte, de France, de Navarre et des alentours, cette eau de jouvence. D'ailleurs, je suis convaincu que l'eau du Quercy n'est pas moins purgative, ni plus désagréable au palais, que toutes celles qui jouissent d'appellations contrôlées. L'audacieux de l'affaire, c'était, qu'avant de devenir la concurrente de Vichy, d'Evian ou de Vittel, Souillac devait se transformer en Texas, en Koweït ou en Hassi-Messaoud. Le projet exigeait, en effet, que l'on allât chercher l'eau bienfaitrice là où elle se trouvait, et le difficultueux de la chose provenait du fait que ce n'était pas sur les bords ombreux de la Dordogne, mais à cent pieds sous terre et au beau mitan de la place du Foirail !

Tout Souillac était en proie à la fièvre de l'eau. Et l'on peut dire que c'était une source infinie de querelles. Au conseil municipal, mon oncle Urbain, le forgeron, avait dit que c'était une occasion nouvelle pour engraisser quelques profiteurs, que les affameurs du peuple allaient encore s'en mettre plein les poches. Quelques-uns le suivirent. Il y eut de belles discussions entre ceux qui voulaient voir la renommée de Souillac jaillir de cette source, et ceux qui disaient que tout cela n'allait que faire augmenter le prix de la viande.

De fait, les commerçants commençaient à se frotter les mains en pensant au flot des curistes et des curieux qui feraient augmenter leurs affaires. Mais le gros de la population voyait surtout une superbe occasion de discuter tout l'été pendant que le rugby faisait relâche.

Un beau matin, ce fut un fameux remue-ménage. Des ingénieurs arrivèrent pour repérer la source avec de mystérieux engins. Puis on échafauda un véritable derrick. Tout le monde était aux aguets. Ah ! quel bel été ! Toute la ville était en effervescence. Certains prétendaient que tout cela était louche, que de l'eau bonne pour la goutte ou la constipation il y en avait bien assez dans la Dordogne et qu'on les avait menés, si l'on peut dire, en bateau avec cette mystérieuse affaire de flotte et qu'en fait on recherchait du pétrole.

Lorsque les premiers sondages furent entrepris, on vit la valeur des terrains prendre l'ascenseur express. On négocia à prix d'or des lopins minables, rien ne semblait pouvoir étancher cette fièvre de l'eau minérale. Une société se forma pour exploiter cette source de revenus. Papa, repris une fois de plus par son goût de l'aventure, acheta des actions. Elles devaient bientôt aller rejoindre, dans la malle du grenier, les fameux Emprunts russes.

On creusa, place du Foirail, pendant de longs mois et je ne sais pas si, en fin de compte, ils ne sont pas sortis en Nouvelle-Zélande, du côté de mon ami Don Clarke, mais une chose est certaine : les habitants du quartier dorment tranquilles depuis, il n'y a pas la moindre nappe d'eau place du Foirail.

La Fouchardière s'était, on le pense bien, régalé avec cette recherche de l'eau minérale. Mais, dans le fond, les Souillaguais avaient fort bien pris ses critiques. D'ailleurs, lorsque l'aventure échoua piteusement, tout Souillac avait rejoint tonton Urbain dans la révolte contre « les puissances d'argent ». Ce qu'ils prirent moins bien, ce fut son attaque contre la statue de Verninac, monument qui, sans qu'ils sussent pourquoi, était une gloire de la ville.

L'histoire de Souillac est d'une telle pureté qu'elle frise le dépouillement. Alors, les monuments sont rares. Personnellement, je trouve ça parfait, une ville dont les rues et les places ne sont pas un répertoire de morts bien souvent inconnus. J'estime agréable, reposant, les noms fleurant bon le bon vieux temps, un passé, hélas ! trépassé, par notre vilaine fièvre contemporaine produisant des générations d'agités. Or donc, Souillac, ayant eu peu d'hommes historiques, n'en a négligé aucun d'eux.

C'est le cas de l'amiral de Verninac. Vous connaissez ? Chrono-mètre partez, comme dirait mon ami Pierre Bellemare, et si vous trouvez dans une minute je vous paye l'apéro. Mais comme je devine que cet amiral, né au cœur de la France, n'a jamais mis l'ancre dans votre mémoire, je vous apprendrai donc que le fait le plus notable de sa carrière maritime fut d'avoir ramené d'Egypte l'Obélisque planté à Paris, place de la Concorde. Vous me rétor-querez, peut-être, que ladite place n'est pas défigurée pour autant, et qu'il a mieux valu y poser l'obélisque que d'y avoir laissé la guillotine. Je suis d'accord. Mais pour avoir ramené un bloc de pierre, fût-il pharamineux et pharaonique, il n'y a pas beaucoup de villes qui eussent pu s'offrir le luxe d'une plaqué au coin d'une ruelle. Souillac, moins sollicitée par le Petit Larousse, érigea une statue et, qui plus est, équestre avec ça, ce qui est assez exception-nel pour un amiral... eût-il l'habitude de monter sur ses grands chevaux !

Mais La Fouchardière, antimilitariste forcené, agacé par cette gloire martiale distribuée à l'amiral avait, si l'on peut risquer ces images, tiré à boulets rouges sur la statue et descendu en flammes la sculpture de bronze. Pour les Souillaguais, qui étaient assez fiers de leur grand homme, bien que la plupart ignorassent ses « exploits », ce fut dur d'apprendre que cette statue n'avait d'uti-lité que dans la mesure où elle permettait aux chiens de Souillac de satisfaire leurs naturels besoins.

J'ai gardé comme un pieux souvenir un livre de La Fouchardière, « Didi, Niquette et Cie », où ses héros étaient tout simplement ses enfants, Didi et Niquette. Il me l'avait offert avec cette dédicace : « A Zézé, qui grandira, hélas !... comme Didi et Niquette ont grandi... » Cher « La Fourche », disparu dans les brouillards de la nuit du passé...

Avec La Fouchardière, j'ai connu à notre hôtel une foule de personnages célèbres, de grands hommes politiques comme les présidents Edouard Herriot et Vincent Auriol, des as de l'aviation tels que Doret et Detroyat, ou des vedettes inoubliables, par exemple Françoise Rosay ou Charles Vanel.

Papa m'a raconté à ce sujet une histoire qui s'est déroulée à l'hôtel dans les années 30. Une personnalité politique venait souvent de Paris et descendait chez nous, c'était Léon Blum, futur président du Conseil. Léon Blum prenait toujours la chambre 17 donnant sur la Dordogne. Il rendait visite à son ami Louis-Jean Malvy. Un jour, ils réservèrent le salon pour un dîner en tête à tête. Un client ayant appris que Léon Blum et Louis-Jean Malvy avaient cette importante conversation, insista auprès de mon père afin qu'il fût reçu par ces messieurs. « Bon, qu'il attende un moment, répliqua Malvy, nous n'avons pas le temps. »

Une demi-heure après, le client risqua une nouvelle démarche en s'adressant à mon père : « Dites-moi, pouvez-vous voir s'ils ne m'ont pas oublié... »

Très ennuyé, papa alla retrouver Blum et Malvy :

— Il y a toujours ce monsieur qui attend, ça m'ennuie beaucoup, que dois-je faire ?

— Ecoutez, monsieur Couderc, répondit Léon Blum, pour vous être agréable, nous allons le recevoir quelques minutes.

C'est ainsi que Vincent Auriol eut son audience.

Devenu Président de la République, il eut la bonté de s'en souvenir...

LE RUGBY CHAMPETRE

Le rugby, je vous l'ai dit, était une de mes raisons de vivre. D'ailleurs, deux de mes amis d'enfance allaient devenir deux des plus grands joueurs de l'après-guerre : Jacky Merquey et Guy Augey. Jacky reste pour moi avec Jean Dauger, le meilleur centre français de l'après-guerre...

C'est peut-être un sacrilège pour les jeunes générations de parler ainsi de Merquey et de Dauger dans un pays qui a connu avec les frères Boniface, Jacky Bouquet, Jo Maso, Jean Trillo, Claude Dourthe, Jean-Pierre Lux, Roland Bertranne et, à l'heure actuelle, Didier Codorniou ou Christian Belascain, tant de grands centres. Mais je pense vraiment ce que j'affirme...

D'une prodigieuse intelligence, doté d'une accélération fulgurante et d'une « vista » exceptionnelle, Merquey a mené de pair une carrière de quinze ans largement remplie et une réussite sociale de premier ordre, puisqu'il est solidement installé pharmacien à Villeneuve-sur-Lot. International à XV et à XIII à 39 reprises, il a été un génie de l'attaque.

Quant à Guy Augey, sélectionné à XV, international à XIII, troisième ligne ou deuxième ligne sous les couleurs du CA Brive et de Lyon XIII, il fut le maître à jouer de la fameuse ligne d'avants lyonnaise forte des internationaux Brousse, Duffort, Montrucolis, Audoubert, Krawzyck et Vanel. Malgré sa force étonnante, Guy a toujours été d'une correction exemplaire et un modèle pour tous les avants de France. Il était également un joueur de tennis remarquable, ce qui permit de battre en double mon frère et Charles Malvy.

La douceur et la gentillesse de Guy ne suffisaient point pour garder à nos matches un caractère décent. Rituellement, le quartier de la gare s'associait avec le hameau de Présignac pour se mesurer à Souillac. Cette rivalité, qui allait bien au-delà d'une simple opposition rugbystique, se liquidait à un kilomètre environ de la ville sur le pré du père Delmas, sous le viaduc. Il y avait deux difficultés majeures dans ce genre de confrontations. D'abord, il fallait rassembler quinze gosses dans chaque camp. Parfois, nous tombions juste mais, le plus souvent, nous opérions à douze ou quatorze. Quant aux jours d'abondance, nous nous mettions à seize et même dix-sept par équipe, car nous avions des idées beaucoup plus larges que la fédération. Ces confrontations posaient à chaque fois des problèmes cornéliens à mon bon copain Fernand Tavernier qui habitait entre Souillac et Présignac. Alors, au gré de nos querelles et de ses affections, il opérait dans l'un ou l'autre camp, ce qui permettait d'équilibrer les forces.

En dehors de cette délicate question des effectifs, la deuxième difficulté qu'il nous était donné de vaincre, c'était la préparation du champ de bataille. Malgré notre art consommé pour pousser les vaches vers d'autres verts pâturages, celles-ci avaient l'habitude de revenir sur leur terrain favori, au beau milieu d'une descente de trois-quarts ou un déboulé d'avants, ce qui ajoutait à la confusion générale où baignaient nos matches.

La tâche la plus ingrate revenait déjà à l'arbitre, tiré au sort parmi les invalides. Le malheureux « homme seul » n'arrivait jamais à obtenir l'accord de tout le monde. Et, invariablement, il devait affronter quelque plaideur particulièrement récalcitrant qui lui « balançait une pigne ». Alors l'arbitre jetait son sifflet et partait en geignant et il fallait trouver un autre volontaire, généralement réquisitionné. Nous avons ainsi consommé une énorme quantité d'arbitres, jusqu'à trois ou quatre certains matches de gala, où nous finissions par nous battre tous à coups de bouses de vache. Sèches, elles devenaient de magnifiques projectiles, mais, fraîchement produites, elles multipliaient les difficultés. C'était notre cauchemar et plus d'un attaquant a vu s'envoler un mémorable essai, la galoche glissant sur une bouse traîtresse, ou bien a changé de visage en y plongeant le nez sous la pression adverse.

Remarquez, il n'y avait là rien de dramatique. Sans doute recevions-nous plus de torgnoles que de caramels, lorsque nous arrivions à la maison pareillement souillés, crottés, griffés, trempés, dépenaillés, épuisés, mais pour les soins urgents nous avions un remède de premier ordre. Au milieu d'un bosquet, dans les lacets qui descendaient vers les prés, il y avait une source délicieuse, toute tapissée de cresson et habitée de têtards. On l'appelait la « Source miraculeuse », car la légende du pays voulait qu'elle eût le pouvoir de guérir tous les maux. Les grands de l'Union Sportive de Souillac, à l'époque où ils jouaient sur le terrain du père Linard, venaient parfois y chercher des forces mystérieuses, et l'éponge-miracle qui, depuis des générations, sur tous les terrains de rugby, soigne toutes les blessures, du saignement de nez jusqu'à l'entorse de la cheville, cette éponge, première thérapeutique dans toutes les urgences rugbystiques, trempait en permanence sur le bord de la touche dans un seau d'eau puisé dans ce potage pastoral. Mais, comme dirait Amédée Domenech, le tout « c'était d'y croire », et comme nous y croyions avec toute la foi de nos dix ans, nous ramenions les marques de nos « castagnes » comme des décorations de guerre.

Avec Jo Maso, ce prince de l'attaque,
aussi élégant à la ville que sur le terrain...

Je crois bien que c'est ce bon rugby qui m'a permis de passer le cap difficile de l'adolescence où la vie nous entraîne comme un fleuve tumultueux, sans que rien puisse vous faire remonter le courant. De dix à quatre-vingts ans, on a pour lui le même âge, celui de l'enthousiasme, de la fraternité. Partout où je suis allé, il m'a donné des amis, des frères. Une équipe de rugby, c'est une véritable famille adoptive.

Elle me réconforta d'abord à Montauban, cette grande famille de l'ovale. On m'avait placé interne, au lycée Ingres, afin que je prisse de l'instruction. Loin de papa, maman, la vie m'aurait semblé soudainement désespérante, si le rugby n'avait rameuté autour de moi de nouveaux copains. Ce sont eux, mon oncle Emile et mon cousin Jeannot, qui m'ont permis de passer le cap délicat de la première séparation. Tonton Emile et tante Nathalie, « tata Nini » comme nous l'appelions tous, étaient mes correspondants à Montauban. Eux seuls avaient la permission de me faire sortir du lycée le jeudi et le dimanche.

Ils habitaient, faubourg Toulousain, un étrange appartement. C'étaient deux poètes. Tata Nini élevait des poules et des lapins sur le balcon, tandis que tonton Emile, maître d'armes en retraite, essayait de convertir tout le monde aux nobles beautés de l'escrime. Il avait déjà inoculé le virus à mon père, qu'il avait eu sous ses ordres pendant la guerre, et papa était devenu prévôt d'armes : il voulait donc me convaincre à mon tour.

Moustache en croc, grande allure, beaucoup de noblesse, tonton Emile était le type parfait du bretteur Belle Epoque. La salle à manger fut ainsi transformée en salle d'armes et je devins un élève docile, mais pas très doué, de ce d'Artagnan qui s'était trompé de siècle. Pour me prouver la nécessité vitale de ce dur apprentissage, il avait cette formule : « Mon petit Zézé, savoir donner un bon coup d'épée, ça peut toujours servir dans la vie. » Avec le recul, je me demande quel bon usage on peut tirer, dans la vie de tous les jours, du fait que l'on sache larder une bedaine !

Je n'ai pas pu approfondir plus longtemps cette maxime, car mes parents eurent d'idée de me mettre interne au lycée Gambetta, à Cahors.

C'est là que je devais connaître un des hommes les plus étonnants du monde de l'ovale : André Melet. Joueur prodigieux, l'un des tout premiers arrières offensifs, champion de France et vainqueur de la Coupe en 1947 dans la formidable constellation du Stade Toulousain — l'une des plus belles de toute l'histoire du rugby français — commandée par Robert Barran, forte des Bergougnan, Brouat, Lassègue, Dutrain, Gaussens, Brané, Fabre, Caraguel, etc.

Partisan acharné de l'attaque, du panache, Dédé Melet, avant de revenir à Cahors et de faire du Stade Cadurcien une des grandes équipes de Première Division avec Roques, Momméjat,

Lavau, Agasse et Cie, des joueurs que personne n'a oubliés, avait mené une existence agitée.

Se couchant tard, il savait récupérer en dormant de-ci, de-là, au gré de sa volonté et de sa fantaisie. Il avait l'étonnante faculté de décider, sur-le-champ, qu'il voulait dormir et il pouvait ainsi s'assoupir sur un coin de table en une minute. Une demi-heure après, il était debout, frais comme l'œil. Dans les déplacements avec le Stade Toulousain, il était le grand animateur, aimant la compagnie des costauds de la ligne d'avants pour leur calme présence et les sacs confortablement garnis en saucissons, pâtés jambons et litres de rouge de Larzabal, Lopez, Caraguel et autres Noë. Et le soir il allait se nicher dans le filet aux bagages, c'est là qu'il passait ses meilleures nuits.

Au lycée déjà, Dédé était une flamme contagieuse. Nous brulions tous du désir de l'imiter. Il n'est pas exagéré de dire que ce diable d'homme était, dans son genre, un magnifique apôtre.

Il n'est plus des nôtres. Mais je pense à lui. Souvent. Comme à son ancien capitaine du Stade Toulousain, Robert Barran.

Avec Dédé, la providence m'avait donné un guide d'un autre genre qui me permit de faire un bon apprentissage dans la vie des hommes. C'était Georges Duvaux, mon professeur de français. Anarchiste tendre, érudit remarquable, auteur de plusieurs ouvrages poétiques, il portait un grand feutre noir et une splendide cravate lavallière.

Notre prise de contact fut plutôt sévère. La vie d'interne, pour un gosse qui entre en sixième, a quelque chose de déchirant. Le soir, je pleurais dans mon lit, n'arrivant pas à me consoler d'avoir quitté papa et maman. J'étais tout seul, noyé dans mon chagrin, et, la première fois que M. Duvaux m'interrogea, j'étais tellement paniqué que je répondis : « Oui, monsieur Dubœuf... » Il prit cela pour de l'insolence et me flanqua une bonne gifle. Je fondis en larmes. Devant mon chagrin sincère, il comprit qu'il venait de commettre une injustice. Le soir, tout retourné, le brave homme vint vers moi, me pressa contre lui en me disant : « Pardonne-moi, petit. Tu vois, dans la vie, tu recevras des gifles morales qui te feront beaucoup plus de mal que celle-là. Elles seront tout aussi imméritées, mais ceux qui te les donneront ne chercheront pas à se faire pardonner. »

Grâce à Georges Duvaux, l'internat ne fut plus pour moi une prison. Avec lui, j'appris à aimer Rimbaud, Baudelaire ou Gérard de Nerval, tant il savait communiquer à ses élèves ses propres passions. Etrange professeur, dont les idées révolutionnaires faisaient frémir la bourgeoisie de Cahors, Georges Duvaux était tout simplement un grand poète et il n'y a rien de tel qu'un poète pour vous faire découvrir le monde. La poésie est partout. Il suffit de la chercher !

Avec Paulo Aïzpiri, une si longue et si fidèle amitié...

PRENEZ GARDE
A LA PEINTURE !

C'est sans doute mon bon maître Georges Duvaux qui avait fait naître en moi une vocation de peintre. N'ayant aucune disposition pour devenir professeur, avocat ou médecin, carrières qui séduisaient tant ma famille (mon frère est pharmacien), je parlais tant et si bien de la grandeur de la vie d'artiste qu'à seize ans et demi j'eus l'heureuse surprise de voir mon père m'accorder la permission d'aller tenter, seul, la grande aventure à Paris.

Je croyais rêver. Préparer les Beaux-Arts à Paris n'était-ce point magnifique ? Pendant quelques mois, j'ai logé à la Cité Universitaire puis, sur les conseils de mes amis, je pris un petit atelier rue des Plantes. J'avais très peu d'argent, un lit d'enfant, je me nourrissais le plus souvent de sandwiches, mais cette bohème, dans un Paris qui prenait encore le temps de vivre, c'était merveilleux ! J'y ai découvert des copains formidables, notamment un Albanais qui s'appelait Sadik et qui est devenu, m'a-t-on dit, quelque chose comme directeur de l'Ecole des Beaux-Arts de Tirana. Il parlait très mal le français, le brave Sadik. Tout ce qu'il savait dire correctement, c'était : « Roger ! est-ce que tu as encore du pinard ? » Mais ça, il le savait bien !

L'admission des nouveaux, le « bizutage », a toujours été quelque chose d'épouvantable aux Beaux-Arts, surtout en cette heureuse époque d'avant-guerre. Je n'échappai pas à la règle. Le jour sacré de la réception des bleus, les anciens, commandés par Albert Remy qui devint acteur et partenaire de Gilles Margaritis à ses débuts, nous saisirent, Maurice Verdier et moi, et, en moins de temps qu'il ne faut pour l'écrire, nous étions tous deux nus comme des vers. C'est une tradition ancestrale qui veut qu'un bizuth arrive devant ses juges à poil, comme pour le Jugement dernier. Le grand maître Remy ordonna que l'on m'enduisît les fesses de peinture bleue et que celles de mon ami Verdier fussent abondamment recouvertes de jaune. Une fois coloriés selon les ordres, on nous lâcha dans le plus simple appareil au milieu d'un cercle très intéressé de garçons et de filles, et, au son d'une rumba jouée par la célèbre fanfare de l'école, il nous fallut nous frotter le derrière par mouvements giratoires, jusqu'à ce que le bleu de l'un et le jaune de l'autre eussent produit du vert ! Je n'ai jamais depuis préparé du vert pour une de mes modestes toiles sans revoir cette scène grotesque...

A l'école, je devins également l'ami du grand chanteur Armand Mestral, à l'atelier Sabathé. Il avait cette belle voix grave qui fit sa renommée. Sous prétexte de travailler à des paysages, d'aller au « motif » comme nous disions, nous filions jusqu'aux bords de la Seine où nous cassions la croûte en sifflant quelques bouteilles et en chantant avec Armand Mestral tout le répertoire rabelaisien du quartier Latin.

Voulant toujours m'élever, je pris un nouvel atelier rue Bonnier, près d'Alésia... au huitième étage, sans ascenseur, bien entendu. Le confort des lieux était supérieur à celui de la rue des Plantes, car il y avait un poêle. Un fameux poêle, d'ailleurs. Au début, j'essayai de le faire fonctionner mais ne parvins qu'à en tirer une âcre fumée qui emplissait toute la pièce au risque de m'asphyxier. Après trois ou quatre tentatives infructueuses, je renonçai. Pendant deux hivers, je vécus avec un lavabo empli de stalactites, et le meilleur moyen de me réchauffer consistait à descendre chercher des cigarettes au tabac voisin et à remonter les huit étages en courant !

Rapidement, nous nous sommes dégagés de l'École des Beaux-Arts. Estimant sans doute que nous pouvions nous passer de cours, nous avons fréquenté surtout les soirées de Montparnasse qui finissait de vivre ses folles nuits. Entre le Dôme et la Rotonde, rendez-vous des derniers « Montparnos », nous nous sommes affiliés à un groupe étrange qui s'appelait « La Horde ». Parfois, que ce fût pour Van Gogh, pour Gauguin, pour Picasso ou pour rien du tout, on se battait.

Dans cette faune de grands chercheurs et d'authentiques parasites, il y avait notamment un type étrange nommé... disons Gaspard... Un jour, il arriva au Dôme avec un tas d'affiches qu'il venait de faire lui-même. On pouvait y lire : « Venez tous ce soir à une séance exceptionnelle : une nouvelle forme de l'art. » Un quart d'heure plus tard, nous les avions placardées aux quatre coins de Montparnasse.

Ce fut effectivement une soirée formidable. Tous les curieux s'étaient précipités, la télévision ne meublant pas, en ce temps-là, les veillées. Pour entrer dans la salle, on devait glisser son obole dans un tronc disposé à cet effet à l'entrée, trois ou cinq francs selon les signes extérieurs de richesse. Quand la salle fut bien pleine, Gaspard arriva avec une lanterne magique et se mit à projeter sur un écran des rosaces en couleurs dénuées de tout intérêt.

Au bout d'un quart d'heure d'attention pour cette « nouvelle forme de l'art », l'assistance se mit à trépigner, à siffler, à chahuter.

Un spectateur plus excité que les autres — il devait avoir payé cent sous — s'écria : « C'est une honte, c'est un vol manifeste, il n'y a pas plus d'art là-dedans que de beurre au c... » C'en était assez pour déclencher une révolution. Gaspard et sa lanterne furent emportés par la tourmente. On fit le coup de poing au milieu des passions déchaînées, mais, bien qu'enseveli sous la masse des mécontents, Gaspard hurla : « Sauvez le tronc ! Sauvez le tronc surtout ! » Un ami téméraire sauva l'essentiel de la soirée : la recette. Et Gaspard, grâce à cela, put vivre bourgeoisement pendant quelques jours, tout en travaillant à de nouvelles formes de l'art !

Nous aimions aussi nous retrouver à l'Equipe, une galerie de peinture tenue par un Belge, où nous chantions sous la conduite d'un Russe qui jouait du violon. Et le fameux bal des Quat' z'arts ! Ah ! les Bambaras ! C'était alors quelque chose d'hallucinant. Le matin, nous nous retrouvions, on ne sait trop comment, à moitié nus, peints en nègres, sur les bords de la Seine et, immanquablement, certains énergumènes terminaient par l'intermède sportif qui consistait à traverser la Seine à la nage, au risque de se faire couper en deux par les remorqueurs !

Les déguisements étaient très en vogue à l'époque. Outre les exhibitions que nous faisions en tenue d'Adam chez Michon, nous aimions sortir le soir affublés d'invraisemblables oripeaux. Une nuit de carnaval, avec Rino, un champion de gymnastique sorti ébéniste de l'école Boule, nous sommes partis en goguette. Rino était en prêtre du XVIIIe siècle, Paulo en poète romantique, un vrai Musset, et moi en mousquetaire de Louis XIII. Après nous être exhibés sur les manèges de la fête, à Pasteur, nous avons échoué au Moulin de la Galette, sans trop savoir comment nous étions là. Mais nous ne cherchions guère à nous appesantir sur le pourquoi et le comment de notre arrivée montmartroise. Nous étions là, tous les trois, c'était bien l'essentiel. Et comme justement il y avait un concours de costumes, nous avons tenu à y prendre part, suivant là le précepte olympique du baron Pierre de Coubertin voulant que « l'essentiel soit de participer »... Avec une audace que seul notre état d'imbibation peut expliquer, nous sommes parvenus sur la scène. Encouragés par les uns, hués par les autres, nous nous sommes livrés à une pantomime d'un genre révolutionnaire... Du Hallyday avant la lettre ! Ce fut un tel scandale qu'on nous jeta dehors. Nous avons donc regagné notre repaire en décrétant qu'il n'y avait plus rien de vivable à Paris en dehors de Montparnasse. En réalité, nous avions vingt ans d'avance dans la danse moderne !

Bien que notre situation financière fût précaire, nous traînions dans tous les bals. A la Boule Blanche, la Boule Noire, le Mikado

— mais oui, mon cher Léo Ferré —, le Tango du Chat ou la Coupole, on ne connaissait que nous. Un jour, je fis la connaissance d'une petite midinette, une rousse très accorte qui appréciait mes talents de danseur. Elle me confia qu'elle avait une sœur, je lui dis que j'avais un bon copain, et que nous pourrions peut-être sortir tous les quatre. Elle acquiesça. Le samedi suivant, nous sortîmes donc ensemble. Après le bal j'invitai tout le monde à boire un verre dans mon huitième de la rue Bonnier.

Habitué à vivre au gré du temps, j'avais tout simplement oublié le désordre indescriptible qui régnait dans mon atelier. En poussant la porte, j'eus quelque peu honte. Depuis deux ans, je n'avais pas balayé, le lit misérable qui était le seul mobilier disparaissait sous un affreux désordre de linge sale que j'envoyais, selon une déplorable habitude, se faire laver à Souillac. Le sol était jonché de vieilles revues, de chaussures ; aux murs j'avais accroché ma faible production de toiles. Il régnait par-dessus tout ça une forte odeur de peinture. La seule chose agréable était une petite chatte qu'une charmante amie m'avait laissée avec ce mot : « Je pars, mais je te laisse Negra. » Léa, où es-tu ? Te souviens-tu ?

Paulo Aïzpiri fit s'asseoir comme elles le pouvaient nos deux charmantes invitées et je partis dans les décombres chercher quatre verres pas trop sales et une bouteille de liqueur. C'était un flacon raffiné de kummel avec des plantes nageant dans le liquide. C'était tout ce qu'il y avait de convenable dans ce taudis. J'étais un peu vexé de recevoir ainsi deux jeunes filles dans cette misérable garçonnière, mais les deux sœurs devaient en baver bien plus que moi, car la gentille petite rousse dit à sa cadette avec une pointe de fierté : « Tu vois, c'est ça la vie de riche ! » Et je jure que tout cela est vrai !

A peine le temps de mener encore quelques mois cette belle chienne de vie de bohèmes fauchés, de connaître cet incomparable temps des copains où l'on se sent bien au chaud au creux de l'amitié, de nous enthousiasmer avec les chansons pleines de fraîcheur et de poésie à l'état brut d'un débutant nommé Charles Trenet, et il me fallut à mon tour pénétrer dans la terrible mêlée des hommes.

COUDERC ROULETABILLE

C'est ainsi qu'au début de 1938 je suis entré à l'Agence Fournier, grâce à mes vieux amis Jukiewenski... Une rude école pour un élève journaliste, mais une bonne école aussi. Comme j'étais le plus jeune, on me mettait à toutes les sauces : les chiens écrasés, les reportages, les réceptions mondaines, les sports, tout y passait. Et avec mon tempérament enthousiaste, je fonçais à ma manière comme Imbernon, Joinel ou Dintrans au milieu d'un paquet d'adversaires du Tournoi des Cinq Nations. Le monde du journalisme a toujours été une faune étrange, il y a bien sûr de dangereux requins, toujours prêts à dévorer une proie pour se donner un peu de ventre, mais on y trouve aussi des êtres merveilleux.

Dans cette insouciante avant-guerre, davantage qu'aujourd'hui où le journalisme est devenu plus absorbant, à l'image d'un monde qui fait 39° de fièvre du premier de l'An à la Saint-Sylvestre, on y trouvait des hommes formidables ayant autant de classe que d'insouciance devant la vie. Parmi eux figurait à l'Agence Fournier un grand reporter, le plus grand peut-être que j'aie connu. On l'appelait le père Fauverge. Très digne, il ne manquait ni de saveur... ni d'odeur. A dire vrai, le père Fauverge sentait mauvais, car les ablutions matinales étaient le cadet de ses soucis et s'il se rinçait les dents et le gosier, c'était avec un bon verre de médoc, et comme il portait le bouc il n'avait point besoin de se raser. Il était enfoui dans un tel accoutrement qu'on l'eût dit sortant d'une cour des miracles. Son vieux manteau râpé, d'une couleur indéfinissable, lui tombait jusqu'à ses bottines et il possédait sur lui un tel attirail que si on lui avait demandé une lampe à souder nous n'aurions pas été surpris de le voir l'extirper de sa poche intérieure gauche.

Malgré ses aspects extérieurs peu reluisants, le père Fauverge était un écrivain de talent, un esprit subtil, un homme d'une prodigieuse érudition, et un cœur étonnamment vibrant sous sa carapace de vieux célibataire. Il m'avait pris sous sa coupe et il fut pour moi un maître exemplaire. Lorsqu'il me voyait partir comme un chien fou, il aimait me lancer avec le ton faussement important : « N'oublie pas, petit, que dans un reportage l'essentiel est de ne pas se tromper de porte. »

Il voulait par là faire allusion à une fameuse aventure dont il avait été victime. Dans le train qui l'emmenait à Marseille, je crois, où il devait faire un reportage, il eut en pleine nuit le besoin bien légitime de « faire de l'eau », selon sa propre expression. A moitié endormi, il confondit la porte des W.-C. avec la portière. Il tomba sur les rails, ce qui n'est pas le meilleur moyen de soulager une envie pressante. Sérieusement amoché, il échappa par miracle à la mort. Sauvé au petit jour par un cheminot, il se retrouva à l'hôpital où on lui administra quelques drogues pour qu'il ne souffrît pas trop. Ayant appris le traitement qu'on avait dû lui administrer, il fit aussitôt envoyer à l'Agence un télégramme conçu avec beaucoup d'humour : « Ça n'est rien, je ne suis pas mort, reportage continue. »

Pour moi les reportages se succédaient. La fin de la guerre d'Espagne me bouleversa, mais je crois n'avoir jamais vécu un moment plus pénible que lorsqu'il me fallut assister à l'exécution fameuse de l'assassin allemand Weidmann. C'était atroce, lamentable, j'avais le cœur à fleur de bouche. Ces gens qui se pressaient comme à une grande « première » me donnaient la nausée. Mais je faillis m'effondrer quand, au moment où l'on amenait Weidmann, un petit oiseau se posa sur la guillotine et se mit à chanter !

Dieu merci, le carnet du reporter à côté de pages blafardes possède aussi ses pages roses. Ainsi, un jour, M. Stirn, chef des Informations, devenu préfet depuis, m'envoya à un gala présidé par Edouard Daladier, Premier ministre. Pour la circonstance, je dus me faire confectionner un habit. C'était urgent. A l'essayage, les manches étant bien trop longues, je demandai au tailleur qu'il les raccourcît de dix centimètres. Il avait juste le temps de le faire pour me livrer ma « queue de pie » quelques heures seulement avant la cérémonie.

Toujours pressé, j'arrivai chez moi pour passer ma grande tenue une demi-heure avant le rendez-vous. Je passai le pantalon. Parfait. Avec mes souliers vernis, mon plastron, mon col à manger de la tarte et mon nœud papillon, je me trouvais beau comme un ambassadeur. Hélas ! cela ne dura pas. La veste enfilée, je ressemblais plutôt à un épouvantail à moineaux ! Le malheureux fripier de service avait fait encore allonger les manches de dix centimètres, au lieu de les raccourcir, et l'on ne voyait plus mes mains !

Catastrophe, damnation, ils commençaient bien, mes débuts dans la haute société ! Impossible pourtant de reculer, le devoir m'appelait, je partis au feu sans casoar ni gants blancs, ceux-ci étant complètement dévorés par les immenses boas noirs qu'étaient devenues mes manches. Dans le taxi, j'essayai de mettre un peu d'ordre dans cette gigantesque élongation. Avec quelque adresse je réussis à replier à l'intérieur vingt bons centimètres excédentaires. Ce n'était pas joli joli, comme aurait pu dire Amédée Domenech, « c'était du prêt à jeter » mais, enfin, je ne jouais plus l'homme serpent ou Valentin le Désossé. Faute d'être élégant, du moins je n'étais pas ridicule.

Au milieu de toutes ces célébrités, j'essayai de prendre un air dégagé en tenant mes mains derrière le dos. Tout aurait bien marché si l'on ne m'avait offert un cigare et si j'avais eu le courage de refuser ce havane. Pendant une minute environ, tout alla bien. Mais les cendres s'accumulant dangereusement, je pris l'initiative malencontreuse d'aller les poser sur un cendrier, lui-même installé sur une de ces maudites tables basses de salon. Ce fut affreux.

En tendant mon bras, je ne sais comment la manche se déroula et tomba, avalant tout sur son passage, poignet-mousquetaire, montre-bracelet, main, doigts et même ce fichu havane. Mes voisins étaient éberlués par ce numéro surprenant de comique de caf'conc'. Ils furent affolés quand le cigare, courroucé peut-être d'être ainsi enfermé, se mit en devoir de brûler cette maudite manche qui l'emprisonnait. Devant le péril, je sortis de ma poche mon autre main, la droite, pour éteindre le feu et mettre de l'ordre dans ma tenue. Las ! nouveau drame, ma seconde manche glissa comme la première et me voilà manchot à la stupeur générale avec la manche gauche fumant dans une affreuse odeur de roussi. On vint à mon secours, on m'aspergea avec un siphon d'eau de Seltz et je sortis brûlé, et mort de honte. Indiscutablement, j'avais perdu ma première manche...

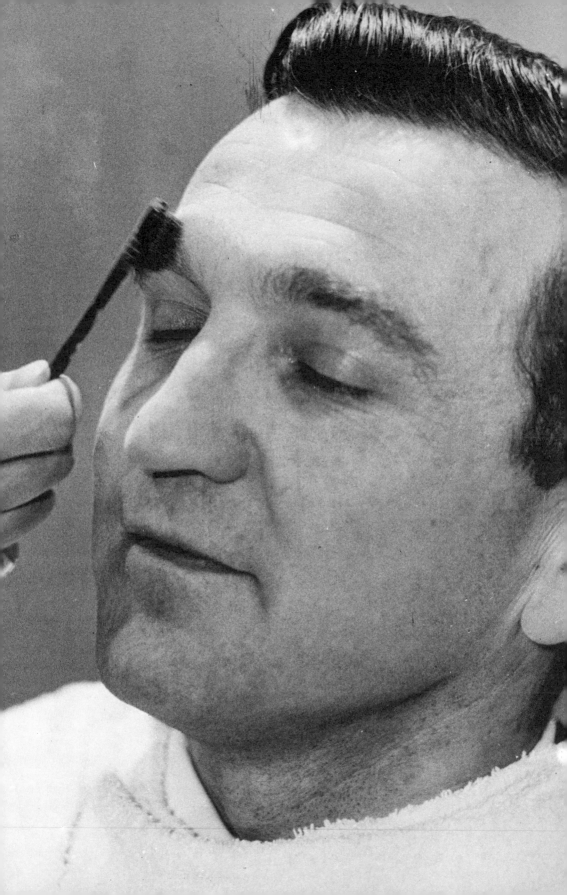

LES SAISONS AMERES

J'ai bien failli perdre également la deuxième manche dans une tout autre cérémonie. Je fus mobilisé en 1939, à la déclaration de guerre. On m'envoya à Agen au 12e régiment d'artillerie coloniale. Le temps était passé où l'on descendait en bandes joyeuses chantant « Vive les artilleurs ! ma mère ». Malgré l'été adorable sur les rives de la Garonne, on ne voyait que les visages graves, inquiets, apeurés. On se souvenait trop de la « der des der » pour mettre une fleur à son fusil. Et puis, un matin de septembre, au beau moment où le rugby devait renaître après la torpeur de l'été, nous avons été rassemblés pour une tout autre mêlée.

A côté de moi, au rassemblement dans la cour de la caserne, se tenait un beau garçon dont le visage ne m'était pas inconnu. Il avait grande allure au milieu de nous, avec de belles chaussures de cuir fauve et un splendide calot. Comme nous n'avions que de vieux godillots, ses chaussures m'intriguaient et je n'arrivais pas à mettre un nom sur son visage. A l'appel, il répondit d'une voix superbe et c'est là que je le reconnus : c'était Charles Boyer, un des grands séducteurs de l'époque, une vedette à part entière que Hollywood et la France se disputaient. Il est resté inoubliable, lui aussi...

Pour ne pas être trop vite séparée de lui, sa femme qui était Américaine s'était installée dans un petit hôtel d'Agen. Je l'ai revu une ou deux fois, puis nous avons été séparés. Aussitôt nos classes terminées, on nous a envoyés au camp de Gers, près de Tarbes, puis de là à Bordeaux, au camp de Souge. Dès que notre régiment a été formé, on nous a fait monter en ligne. Il y avait surtout des Sénégalais qui, juchés sur des chevaux, tiraient des canons de 155. C'est au-delà de Forges-les-Eaux que nous devions subir notre baptême du feu. Affreuse cérémonie.

Des avions allemands nous mitraillaient en rase-mottes comme des bêtes. Terrés dans les fossés, nous ne pouvions qu'attendre la fin de l'attaque. Tout à coup, je vis mon bras tout ensanglanté. Je crus que j'étais blessé, puis je sentis du sang chaud sur ma figure. C'était un pauvre cheval éventré dont la vie s'évanouissait dans un ruisseau de sang qui coulait au-dessus de moi. Derrière les chasseurs déboucha une vague de bombardiers qui fit tout sauter, les chevaux, les canons, les chariots et les munitions. Quand le pilonnage prit fin, ce fut la panique, la débandade.

Pendant des jours, nous avons marché de jour, de nuit sans manger. Nous tirions nos chevaux qui n'en pouvaient plus. Le mien s'effondra, je l'abandonnai sur le bord de la route. Mais il fit encore des efforts désespérés pour me suivre. C'était atroce et bouleversant ; bien que j'en eusse le cœur soulevé, je dus tirer mon revolver et l'abattre afin qu'il ne souffrît plus. Un peu plus loin, j'ai été fait prisonnier. Nous avons été rassemblés à Laval d'où l'on nous expédia à Nuremberg.

Par une étrange dérision, le fameux stade géant où Hitler avait prononcé ses principaux discours nous servait de prison. Énorme caravansérail où l'on nous occupait à transporter des briques. C'est là, au fond de la misère humaine, que je devais découvrir une sorte de génie de la débrouillardise des Français.

Nous n'avions droit, en tout et pour tout, qu'à une assiettée épouvantable de soupe aux rutabagas. Ce n'était pas fameux mais, au bout d'une journée harassante, nous nous jetions dessus avidement. Hélas ! ce n'était qu'une assiettée et rien de plus. D'ailleurs, les officiers allemands commandant ce Stalag XIII-A nous remettaient un ticket par personne, afin qu'on n'allât point en dévorer plusieurs assiettes. Au bout de 24 heures, quelques copains avaient déjà trouvé la combine pour avoir double ration. En passant devant la popote on posait le ticket dans une assiette et l'on nous donnait une louche de soupe aux rutabagas. Pas de ticket, pas de soupe : alors on reliait le ticket par un élastique à l'intérieur de la manche et, à peine posé sur l'assiette devant le « posten » de service, le ticket filait sous le bras. Ça marchait à merveille. Nous repassions deux et trois fois avec le même ticket. C'était le seul moyen pour ne pas crever de faim. Malheureusement, un gars trop pressé exécuta trop vite sa manœuvre et le « posten » vit le ticket filer sous la manche. Son ébahissement passé, il fit fouiller notre homme et découvrit, bien entendu, la supercherie.

On nous changea alors la couleur des tickets. Les verts donnaient droit à la soupe et les blancs à un morceau de pain tellement dur, tellement noir, qu'il semblait fait avec de la sciure de bois. Comme personne n'arrivait à manger ce pain, on broya des herbes pour teindre les tickets blancs et avoir droit à deux assiettes de soupe. Pendant quelques jours, les « posten » furent étonnés de voir qu'il n'y avait jamais assez de soupe. Mais, une fois encore, ils découvrirent notre manœuvre et ils percèrent des trous dans les tickets. Là encore, nous avons trouvé la parade. Avec du savon à barbe, on ramassait les petits confettis et on les recollait. Finalement, les Allemands durent se résoudre à disperser ce « commando... du système D » !

L'hiver fut terrible. Il faisait régulièrement — 20° et nous n'avions pas de souliers — ou si peu ! —, nous nous enveloppions les pieds avec de vieux chiffons. La population ne nous était même pas hostile, simplement indifférente. C'était peut-être pire... Les gens regardaient passer notre colonne de bagnards faméliques et en guenilles sans y prêter attention, comme s'il se fût agi d'un simple troupeau de moutons. Et, chaque jour, nous allions au stade transporter nos briques et, en voyant cette magnifique arène où la jeunesse et la vie auraient dû s'épanouir, j'avais un terrible coup de cafard. Je revoyais mes parents, mes amis, le pré du père Linard, le viaduc de Souillac, les Ponts-Jumeaux de Toulouse, le Parc des Princes, Colombes... Comme la vie serait limpide et belle, pensais-je, si les seules batailles des hommes étaient celles des stades et si les stades ne servaient jamais de prisons !

Dans le grand stadium, nous devions vivre un matin une scène tragi-comique.

Les « posten » n'étaient pas tous des gardes-chiourme. Il y avait notamment un brave type des Sudètes, cette région de Tchécoslovaquie revendiquée par l'Allemagne. Il était « posten » par obligation mais ce n'était ni un fiévreux ni un zélé, je crois même qu'il nous avait en pitié. Pour nous le montrer, il s'installa dans la loge d'où Hitler haranguait la foule. Pour nous faire rire un peu, il se mit à faire une imitation du Führer à la Charlot. Casque de travers, il s'agitait, saluait à l'hitlérienne, s'emportait devant un micro fictif. Nous rigolions un brin, mais tout à coup nous vîmes apparaître en haut du stade un officier botté, en grande tenue, avec sa vaste cape.

Il descendait lentement les marches qui menaient à la loge. On essaya d'alerter notre « posten », mais il prenait nos avertissements pour des signes de complicité et il essayait de charger plus encore sa pantomime. Avec un calme diabolique, l'officier tapota l'épaule du Sudète. Celui-ci fut foudroyé, comme si la mort elle-même venait de le frôler. Témoins muets et impuissants, nous avions tous la chair de poule. L'homme se retourna comme un automate pétrifié, la peur au ventre. L'officier l'observa avec un sourire atroce et explosa en injures et en menaces. Le lendemain, le « posten » n'était plus là, on ne le revit jamais plus.

Au bout de quelque temps nous avons été à nouveau dispersés. Je me suis retrouvé ainsi à l'usine Neumeyer. Le soir nous couchions dans un baraquement, sur des planches. Par un hasard étonnant, mon voisin de lit, un dénommé Masseron, avait décidé de s'évader avec un petit tailleur de Paris dont j'ai oublié le nom et un gars terrible, un dur, nommé Couderc. Leur plan d'évasion était si vague qu'ils n'avaient pas une chance sur mille de revoir la France. Gérard, André et moi leur avions dit que c'était une folie, mais comment raisonner des hommes qui n'en peuvent plus, qui étouffent, qui sont prêts à tout risquer, tout plutôt que cette descente interminable aux enfers ? Une nuit, ils ont scié les barreaux d'une fenêtre de la baraque et ils se sont échappés. Comme on pouvait alors le craindre, ils n'ont pas été loin. Le lendemain, alors que nous prenions notre pauvre soupe, nous avons d'abord entendu des cris, des ordres furieux, inhumains, puis la porte s'est ouverte en coup de vent. On nous ramenait Masseron, Couderc et le tailleur. Nous sommes restés figés, horrifiés. Deux soldats portaient Masseron sur une civière et lorsqu'ils le posèrent à terre nous decouvrîmes qu'il était mort. Il avait été tué de trois balles. Couderc était touché à l'épaule et le sang pissait le long de son bras ; quant au petit tailleur parisien, il chantait d'une étrange voix de fausset : il était fou.

Pour nous impressionner, le feldwebel bastonna sauvagement Couderc et le tailleur et nous interdit de leur parler ou de leur donner à manger, sous peine d'être fusillés. Mais nous étions tellement révoltés que ces menaces ne nous intimidèrent point. Nous avons allongé Couderc sur un châlit. L'Allemand écumait de rage. Il hésita une seconde et il partit en claquant furieusement la porte. Couderc restait là, impassible, avec son épaule déchiquetéc, lc bras plein de sang. Les mâchoires crispées mais ne prononçant pas une plainte, tandis que nous essayions de le soigner avec quelques mouchoirs. Le tailleur chantait toujours, absent à tout ce qui se passait autour de lui, il n'était plus de ce monde.

Le lendemain matin, on a emmené Couderc et le tailleur pour une destination inconnue. A l'appel, lorsque le gardien de service a prononcé mon nom il m'a fait sortir du rang et, pour la simple raison que je m'appelais aussi Couderc, il m'a donné des coups de trique et un sacré coup de botte dans le ventre. Avec une grande politesse !

Pour vaincre la désolation qui nous abrutissait tous, nous avons organisé des parties de rugby, comme les gosses du Sud-Ouest avec de vieux chiffons ficelés. Et puis je suis devenu « directeur » de théâtre. Avec ce que nous chapardions de gauche et de droite dans l'usine, nous avons fabriqué des décors. Ce théâtre, c'était une flambée d'espoir qui nous permettait de tenir. Toute notre vie s'était cristallisée sur ces modestes tréteaux. Nous avons ainsi joué *Marius* et *Topaze* — que Pagnol nous pardonne — et certains d'entre nous qui étaient manœuvres, paysans ou boutiquiers se révélèrent d'authentiques comédiens.

Enfin, ce fut Stalingrad. Personne n'en parlait dans l'usine, on nous empêchait de recevoir des nouvelles, mais, grâce à d'étonnants bricoleurs qui avaient réussi à fabriquer des postes de T.S.F., nous étions au courant de tout. Et de Gaulle était notre espoir, à nous, les sans-gloire... Vinrent ensuite les bombardements hallucinants. De fantastiques feux d'artifice où nous étions aux premières loges, puisqu'on ne nous faisait pas descendre dans les abris. C'était à ces dantesques écroulements, à ces illuminations infernales que nous accrochions notre colère... Il était assurément écrit que notre retour à la vie se ferait par la souffrance. En 1942, je fus blessé à un genou. On me conduisit à l'hôpital du Stalag, près du Stadium.

J'eus la chance d'y trouver un homme de rugby, le médecin-commandant Lacrampe de Bagnères-de-Bigorre, et tout de suite nous avons sympathisé. Il était d'un dévouement admirable et il parvenait à faire des miracles avec des riens car il n'avait que très peu de médicaments.

— Voilà, me dit-il, je peux te réparer assez bien ton genou. En deux ou trois semaines, ce sera parfaitement guéri. Seulement, tu as une occasion unique avec cette blessure d'être classé D.U., autrement dit d'être réformé et de rentrer en France. Je te préviens que ce sera très douloureux car il faut que je te fasse, tous les matins, des infiltrations d'eau distillée dans le genou.

Je n'ai jamais aimé les piqûres, mais, à l'idée de rentrer en France, tout cela n'était que de la broutille. J'acceptai d'emblée le traitement du docteur Lacrampe. Ce ne fut pas de la petite bière que ces infiltrations d'eau distillée ! Mon genou enflait et ma jambe s'ankylosa d'autant mieux qu'elle était maintenue raide dans une gouttière. Le plan, lui, marchait à merveille.

Il était temps d'ailleurs que le traitement se terminât, car la vie dans ce lazaret était épouvantable. Près de nous, derrière des barbelés, on avait parqué des Russes, troupeau encore plus misérable que le nôtre. Le matin, on voyait sortir d'énormes charrettes transportant des monceaux de morts à demi nus. On les jetait pêle-mêle dans une fosse, avec comme unique linceul une couche de chaux vive.

Un jour, le docteur Lacrampe se précipita vers un de ces chariots et arrêta le conducteur. Quelque chose avait bougé. Dans le tas de morts il y avait aussi des vivants. Le brave commandant réussit à les extirper avant qu'ils fussent jetés dans la fosse. Il demanda qu'un rapport fût envoyé à la Croix-Rouge internationale. Cela fit une histoire de tous les diables. Mais au bout du compte on lui répondit qu'il était là pour soigner des Français et qu'il n'avait pas besoin de se préoccuper de quelle façon on enterrait les Russes. Pourtant, on lui amena un Russe à soigner, puisqu'il y tenait tant. Ce Russe avait le tétanos à la suite d'une blessure à un pouce. Le docteur Lacrampe dut lui couper le pouce. Mais, le mal gagnant encore du terrain, il fallut l'amputer de l'avant-bras. Jamais je n'ai vu un être souffrir autant que ce Russe atteint du tétanos, c'était épouvantable. Il me parlait et je ne comprenais pas. En me levant un matin, je l'ai trouvé calme, apaisé, il regardait le plafond. J'étais heureux de le voir soulagé de sa douleur quand une mouche s'est posée sur ses yeux. Pauvre camarade inconnu de la souffrance, je ne t'ai pas oublié.

A force de côtoyer la mort, la douleur, la misère, je découvris avec angoisse que toutes ces horreurs devenues notre fait quotidien finissaient par nous insensibiliser. C'est sans doute la marque la plus terrible du renoncement que de n'avoir plus de larmes.

Les médecins allemands examinèrent ma jambe et la trouvèrent si affreuse qu'ils me firent classer D.U., pensant peut-être qu'en France il me faudrait remplacer cette jambe si moche par un solide pilon de bois. Pour un peu, j'aurais dansé de joie, mais ce n'était pas le moment. Ce le fut d'autant moins que l'évasion du général Giraud allait supprimer tous les trains de rapatriés.

En attendant, on m'expédia dans un centre de prisonniers en piteux état attendant, comme moi, de rentrer en France. Parmi nous il y avait de grands malades qui n'avaient pas tenu à ce régime, mais j'y retrouvai aussi des gars dans mon cas qui soignaient leurs maux avec une fameuse attention, craignant surtout d'aller mieux. J'ai vu, par exemple, arriver un paysan savoyard que le cafard avait rendu à moitié fou, à tel point que pour être réformé il n'avait pas hésité à se trancher quatre doigts de la main gauche avec une hachette, il ne lui restait que le pouce. J'avais aussi pour voisin un pharmacien nommé Maclouf. Son œil droit était devenu une écœurante bouillie à force d'y passer un grain de Vals coupé en deux. A la fin, cela lui faisait tellement mal, qu'il m'avait chargé de cet affreux traitement. En échange de ce service, il me malaxait le genou afin qu'il ne désenflât pas. Et c'est ainsi, lui à moitié aveugle et moi à demi paralytique, que nous avons regagné la France au mois de mars 1943.

Se souvient-on encore aujourd'hui des prisonniers de guerre, de cet immense troupeau de victimes de toute une époque, de ces deux millions d'hommes jetés, pendant cinq ans, dans la plus sombre des nuits ? Cinq ans... toute une jeunesse perdue... Et comme ces hommes encombrants et sans gloire représentent la mauvaise conscience de la France en 40, l'on préfère les oublier ! Et l'oubli est bien la pire des injustices ! Je sais, les héros sont toujours plus respectés que les victimes. C'est normal. Mais, que voulez-vous, tout le monde ne pouvait pas être à Londres, en 1940...

Et moi, ce ne fut que grâce au rugby, par la suite, que je suis souvent allé à Londres et dans le reste de la Grande-Bretagne. Pour une autre guerre, celle du rugby, qui, elle, était bien jolie...

RENAISSANCE A LA VIE...
ET AU RUGBY

J'avais quitté un Paris fiévreux, grouillant, vivant de toutes ses forces. Je retrouvais une ville silencieuse, terrée dans sa crainte, ensevelie dans une atmosphère ouatée. Les lumières et les rires avaient fait place à l'ombre et au silence. Les réclames engageantes des jours heureux étaient recouvertes par les placards menaçants de l'occupation. A la gare, mon frère pharmacien, ma belle-sœur et la petite Françoise, que je ne connaissais pas encore, m'attendaient. Dans mes pauvres ballots de captivité je ne ramenais qu'une seule chose précieuse ; une poupée que j'avais achetée à Nuremberg pour ma petite nièce, et qui m'avait suivi partout.

Deux jours après, j'étais à Souillac. Des soldats allemands étaient les seuls pensionnaires de ce cher hôtel Bellevue de mon enfance. Mon père me parla des collabos, des miliciens, de la Résistance. Mon père faisait partie d'un réseau de Résistance. Je me sentais déraciné, car dans mon Stalag je n'imaginais pas la France divisée, menant une vie dure et triste.

Heureusement, mon ami Albert Vilatte qui préparait une licence en droit à Toulouse, vint me présenter sa fiancée. C'est curieux comme les choses importantes dépendent de tout petits faits. Quel aurait été mon destin si, ce jour-là, Mimi, la douce fiancée d'Albert, n'avait amené sa sœur à Souillac ? Elle s'appelait Noune. Petite, brune, jolie, avec des yeux pétillants, elle m'a redonné goût à la vie. Ma petite Noune a été mon grand amour. La preuve, c'est que, trois mois après, Noune, de Mauvezin, dans le Gers, devenait ma femme.

Depuis, Mauvezin et Souillac sont mes deux amours de province. Il n'y a pas de train à Mauvezin. La Compagnie du Midi avait bien édifié quelques gares sur le tracé de la ligne qui devait mener le chemin de fer et le progrès social jusque-là, mais on ne posa jamais les rails, si bien qu'au bout de plusieurs années la Compagnie loua ses gares fermiers des environs. Et si, aujourd'hui, il y a quelques bêtes à cornes dans ce qui devait être le bureau du chef de gare, il n'y faut voir qu'une coïncidence fortuite. Bref, je devins citoyen de Mauvezin par adoption. J'habitais chez mon beau-père, M. Gilard, industriel en confection.

111

Bientôt, j'entrai dans un réseau de Résistance, et, sans doute eu égard à mes années de captivité, on me nomma chef d'un groupe de six hommes où je retrouvai mon cousin Coco, et Doudou, un Alsacien réfugié, un type formidable. D'ailleurs, notre réseau, c'était en somme la réplique de notre équipe de rugby. La vie entière de Mauvezin tournait autour de la R.S.M. (Renaissance Sportive Mauvezinoise), porte-fanion glorieux de la ville depuis qu'il avait conquis le titre de champion de France de deuxième série, commandé par l'extraordinaire Pierre Lasmegas !

Dans une petite ville comme celle-là, le rugby est avant tout une question de clocher et une affaire de famille. Par exemple, cinq cousins — n'est-ce pas, Coco, Guy, André, Didier et Roger ? —ont joué à la R.S.M. et le stade porte le nom de mon beau-père. Et ma grande fierté est d'être, aujourd'hui, le président d'honneur de ce club qui a, pour moi, le parfum de la France et du royaume d'Ovalie réunis...

Comment ne pas être chauvin, exagérément et merveilleusement chauvin, quand les membres de la terrible phalange de l'équipe première sont vos fils, vos neveux, vos cousins ou vos voisins ? La sportivité magnanime, le fair play, une lucide vision des choses, c'est bon à Paris où le talonneur, qui a pris un pet dans l'œil ou un coup de pied « oculte », ne vous conte pas ses malheurs devant le zinc et un canon de vin nouveau, où le deuxième ligne ne peut pas vous expliquer toutes les entourloupettes qu'il a pu faire à ceux qui voulaient l'empêcher de sauter à la touche ! Avec ses confidences, vous n'êtes plus le spectateur anonyme qui s'énerve ou siffle sans des raisons valables. Ce supporter inconnu ne trouve engagés dans un match que ses préférences et peut-être son sens de la justice, mais jamais son propre honneur !

Le supporter mauvezinois ne sort point d'un traité oxonien de méthode éducative, il arrive en droite ligne d'un bouquin de Racine. Or, comme disait mon prof de français, Racine peint les hommes tels qu'ils sont, alors que son ami Corneille les peint tels qu'ils devraient être. Encore que je ne sois pas tout à fait d'accord avec le père Horace, il faut bien admettre que le supporter de Mauvezin a des tourments raciniens et des problèmes cornéliens. S'il hurle trop souvent au hors-jeu de l'adversaire, s'il affuble l'arbitre de noms que la bienséance réprouve et que l'éditeur refuse d'imprimer, c'est parce qu'il est en proie à un conflit interne où les raisons du cœur l'emportent toujours sur le chœur de la raison, de l'impartialité et de la justice. Comment rester insensible, sereinement juste, quand, devant vos yeux, votre cousin, le fils du boucher, le garçon du restaurant et le marchand de vélos se font bousculer dans leurs vingt-deux mètres, ou que votre voisin vient de recevoir une belle gaufre sur le museau !

Il faut être Anglais ou Ecossais, avoir un sang plein de flegme, pour ne point porter un secours vocal aux vôtres, surtout quand ce

Noune et moi : un grand amour.

sont ceux de Gimont qui leur flanquent des pignes... Remarquez qu'avez les Gallois, c'est une autre histoire...

Sachant ces drames de conscience, vous comprendrez que les matches Mauvezin-Gimont sont des événements capables d'inspirer un auteur qui ambitionnerait d'être joué au T.N.P. Les Horace contre les Curiace, les Capulet contre les Montaigu n'auraient pu s'embrocher qu'en lever de rideau, le jour d'un Mauvezin-Gimont, surtout quand cette confrontation venait en acte II... après un Gimont-Mauvezin pas piqué des vers. Sur le terrain, ça chauffait dur, les pignes volaient bas et l'arbitre avait des trémolos dans le sifflet. Mais ce n'était rien à côté de ce qui se passait dans les tribunes. Les supporters gimontois, soutenant leur équipe avec la même ardeur que ceux de Mauvezin, pouvaient encourager la R.S.M., il y avait du sport dans les gradins. Il arrivait même que les Gimontois vidassent de la tribune les fils de Mauvezin et c'en était grande colère pendant des semaines... jusqu'à la réussite d'une expédition punitive au Stade de Gimont ! Cela dit, Mauvezinois et Gimontois sont les meilleurs amis du monde. Mais jamais le dimanche !

Le club était, au propre et au figuré, une grande famille. Je jouais trois-quart aile, mon jeune beau-frère, Maurice, opérait à la mêlée, mon autre beau-frère, licencié en droit, exerçait en troisième ligne, mon cousin Jacques, dit Coco, officiait à l'ouverture, enfin Doudou, l'Alsacien que nous aimions tous comme un frère, tenait le poste de trois-quart centre à mes côtés. Le rugby, c'est avant tout une contagion, comme dirait le docteur Lucien Mias qui n'eut pas son pareil pour inoculer le virus de l'ovale à toute l'équipe de France !

Là, dans un club, on retrouve cette fraternité, cette chaleur du groupe dont l'homme a besoin pour garder ses élans de jeunesse. Faire une équipe de rugby, c'est en somme reformer, à l'âge adulte, ces bandes de gamins turbulents et généreux, unissant leurs peines et leurs espoirs. A côté de la douceur d'un foyer, en marge de l'amour maternel ou de l'amour tout court, l'homme a besoin de ces fraternelles complicités pour ne pas se dessécher dans l'égoïsme de la vie moderne qui l'enferme de plus en plus dans le petit univers du bureau et du foyer.

Il est curieux que tant de gens cherchent obstinément ces fameux cols himalayens menant à Shangri-La, le fabuleux pays de l'éternelle jeunesse. Il leur suffit pourtant d'appartenir à un club de rugby pour retrouver la fraîcheur de leur enfance et la garder toute leur existence...

On se demande pourquoi les Britanniques sont si jaloux de conserver le rugby pour eux, de ne le partager qu'avec quelques amis au nombre desquels nous avons la chance de figurer. C'est pourtant très simple ; ils ont trouvé un coin de paradis bien peinard, et ils ne veulent pas le transformer en camping municipal. J'ai fréquenté de nombreux clubs de rugby, en Angleterre, au Pays de Galles, en Afrique du Sud, en Nouvelle-Zélande, en Australie, et même aux îles Fidji et j'ai été surpris par une chose qui m'a décillé les yeux. Dans ces clubs-là, vous trouvez des superbes gaillards de vingt ans et des bonshommes cramoisis, couperosés, boudinés dans leurs blazers, gonflés par un demi-siècle d'intense consommation de bière. Eh bien, les plus jeunes, les plus gais, ceux qui vivent le plus, ce sont les ventrus, à la trogne enluminée, car ils sont imbibés de rugby ! Mais oui, de rugby...

C'est en vidant de solides pintes de bière avec eux, en entendant leurs rires, en voyant leur joie, celle de rester autour de ce même ballon ovale, longtemps après avoir quitté le champ de jeu, que j'ai compris cette belle joie que nous avions, nous aussi, d'être ensemble dans notre modeste équipe de Mauvezin. Et si je ne sens pas tomber le sable du temps qui finira par m'ensevelir comme tout le monde, c'est qu'il m'est permis de vivre autour d'un ballon ovale, symbole des jours heureux de ma jeunesse...

Avec l'équipe de Mauvezin, j'ai vécu des moments inoubliables. Ne croyez pas qu'à l'aile j'aie été, comme Darrouy, un Eliacin à réaction, ni un feu follet genre Gachassin, encore moins un ouragan du type Dupuy, ou une flèche comme ces derniers ailiers d'exception que sont les rapides Patrick Estève ou Philippe Sella...

*Des moments inoubliables avec mes vieux compagnons de l'équipe Mauvezin.
Je suis le deuxième en bas en partant de la droite...*

Oh !... non, je dois avouer modestement que j'étais de l'espèce la plus répandue, la plus méritante aussi, celle des tocards persévérants ! Je fis des débuts assez encourageants, du moins si l'on en croit les signes extérieurs de la chance.

Cela se passait à Fleurance-du-Gers dans un de ces derbys comme on n'en rencontre que dans les séries... dites inférieures. Dans la chaleur de l'action, mon jeune beau-frère, Maurice, fut le premier emporté — il ne faisait pas le poids — derrière la mêlée ! Quelques minutes plus tard, mon second beau-frère, le troisième ligne, s'avisa de faire un arrêt de volée sur une balle tapée bien haut par un adversaire. Nous appelions ça une chandelle, les fréquentations anglo-saxonnes nous ont appris que c'était un « up and under » ! Pour barbare qu'il paraisse, ce terme britannique « haut et dessus » éclaire mieux que notre chandelle gasconne sur l'objet d'un tel coup de pied. Mon beau-frère Albert, qui était un peu myope, n'eut pas le temps de cueillir le ballon qu'un gars de Fleurance lui tomba dessus comme la misère sur le pauvre monde. L'éponge-miracle qui, en rugby, a ranimé tant d'éclopés, de sonnés et d'amochés, ne suffit pas à lui faire recouvrer ses esprits et on l'emmena sur le banc de touche.

Ça sentait la déroute quand, je ne sais trop comment, mon centre « Féfé » Mauco — un sacré joueur — prit un trou, perça et m'expédia le ballon en hurlant : « Vas-y ! » La victoire étant peut-être au bout, je me lançai de toutes mes forces. Mais il faut croire que ma pointe de vitesse était émoussée car un adversaire me remonta, et alors que je n'étais qu'à quelques mètres de la ligne il me poussa désespérément. Déséquilibré, je fis un fameux vol plané avec un atterrissage sans douceur sur le sol râpé de Fleurance-du-Gers. Je m'écorchai de la tête aux pieds, mais je pénétrai avec le ballon sous moi jusque dans le but adverse, cette fameuse « Terre promise », si difficile à atteindre et je stoppai juste le nez dans une bouse de vache ! Mais dans des moments pareils, l'essai n'a pas d'odeur ! Aussi, jugez de ma révolte lorsque l'arbitre me refusa les trois points parce que, dans ma glissade, le ballon avait touché le sol avant de franchir la ligne de but. Notre directeur de jeu ignorait la règle 26, paragraphe d, qui spécifie : « Un essai est marqué : si, sur sa lancée, un joueur en possession de la balle, quoique maintenue, la pose dans l'en-but adverse et fait le premier un touché à terre, même si le ballon a touché la terre dans le champ de jeu. »

Moi aussi, d'ailleurs, je l'ignorais, mais j'avais tellement le sentiment d'être volé, que je me mis à rouspéter comme un dément. Cela ne manquait pas d'être impressionnant tant j'étais barbouillé d'un étrange mélange de sang et de bouse de vache ! On échangea quelques « pignes » avec ceux de Fleurance, histoire de montrer que le match nous passionnait, puis nous reprîmes le jeu. Quand je dis nous, j'exagère car, par cette noble incertitude du sport, les quatre représentants de notre famille, mes deux beaux-frères, le cousin Coco et moi-même, étions sur le terrain avec autant d'entrain que quatre grognards qui viennent de perdre leurs bottes dans la Berezina... Et pourtant... c'était le bon temps, oui, sacré bonsoir, c'était le bon temps !

Chaque village a ses rêveurs, des personnages un peu farfelus que l'on prend pour des simplets mais qui sont, en fait, d'adorables poètes. A côté de Mauvezin, il en était un qui voulait devenir homme-oiseau. Avec une vieille bécane, des branches et des draps, il avait inventé l'aérocycle qui devait, selon lui, révolutionner le monde, en libérant l'homme de la pesanteur. Un jour, il annonça qu'il allait faire une démonstration publique le dimanche, à l'heure de la messe.

Dans tout Mauvezin, la nouvelle fit sensation. On le prenait pour un fou, on ne croyait pas un instant que sa machine pût voler, mais avec les fous, sait-on jamais ? Les préparatifs furent particulièrement difficultueux. Les jeunes filles prenaient des mines apeurées, les gosses se rongeaient les ongles d'impatience, les dames sensibles répétaient sans cesse qu'elles ne voulaient point voir ça, mais ne se pressaient point d'aller à leurs fourneaux ; les anciens combattants affirmaient gravement que le toit d'où il voulait s'élancer n'était pas assez haut. Quant à mon cousin André, il était affirmatif : « Il va se casser la gueule !... »

On le hissa sur le faîte du toit avec d'infinies précautions et, dans un silence religieux, sous le regard anxieux, goguenard, inquiet, amusé, pétrifié ou réprobateur de quelques privilégiés, il s'élança dans un grand « Ah ! » poussé par le chœur antique. André s'était trompé. Il ne se cassa pas la gueule. Il se brisa les deux jambes !

Un autre de ces poètes créateurs originaux vivait sur la colline. C'était également un drôle de phénomène. Il était hanté par le vent. Sur la hauteur, il avait fabriqué un moulin à vent qui ne servait à rien. Il aimait simplement s'asseoir dehors et regarder tourner les ailes, en composant des poèmes. Et lorsque ça soufflait fort, il improvisait des mélodies sur son piston à coulisse. Lorsqu'il venait à la foire et qu'il faisait grand vent, il creusait un trou devant tout le monde et y enterrait sa montre. Il prétendait que le vent détraquait les aiguilles !

Le troisième poète de Mauvezin était le supporter numéro un de l'équipe de rugby. C'était mon ami Gaston, un menuisier-artiste, étrange, plein de drôlerie, avec des idées particulièrement originales. Je n'ai pas connu plus brave type que lui.

Ancien compagnon, il avait fait, je crois, le tour de France pour apprendre son métier et il était ainsi devenu un remarquable ébéniste qui adorait sa pratique, comme tous les vieux artisans. Gaston avait trois passions : le rugby, le bel canto et la politique. Nous verrons plus tard le rugby, venons-en au bel canto. Il était convaincu d'avoir la plus belle voix de la région, d'être en quelque sorte le Chaliapine ou le Caruso de Gascogne. Son grand succès était le fameux air de la Calomnie du *Barbier de Séville*. Qui n'a pas vu Gaston dans son morceau de bravoure ne peut avoir qu'une idée imparfaite des méfaits de la calomnie. Ça, mes amis, ça valait le déplacement !

Il commençait piano piano. Mais lorsque la Calomnie prenait son vol et que le « pauvre diable menacé comme un coupable » devait « tomber té-é-rra-a-ssé ! » alors Gaston se laissait franchement tomber à la renverse, se roulait par terre, s'aspergeait d'eau le visage pour se donner des pleurs ruisselants, s'agitait, se tortillait, se lamentait, se désespérait tant et si bien qu'il renversait les tables avec les assiettes dans un vacarme épouvantable, sous les cris de la patronne du bistrot, au milieu de l'ovation bruyante de ses admirateurs. L'Opéra-Comique n'a jamais présenté un pareil Don Basile, vous pouvez me croire !

Gaston adorait les paris plus ou moins stupides. Ainsi paria-t-il, un jour, qu'il pouvait avaler une boule de billard. Aussitôt, toute l'équipe de rugby fut partagée en deux camps : ceux qui affirmaient que Gaston allait avaler la sphère d'ivoire comme une simple dragée et ceux qui décrétaient qu'il avait peut-être une grande gueule mais que ça ne passerait pas par l'œsophage !

Gaston n'était pas un gars à laisser ainsi planer le doute sur les qualités de son appareil gastronomique. Sitôt dit sitôt fait, il monta à la salle de billard et, devant une assemblée qui ne voulait pas perdre une bouchée de cette digestion, il tomba la veste, défit la cravate, retroussa les manches et prit une boule blanche, la lustra comme une pomme, fit jouer ses mâchoires pour s'assurer que ses maxillaires étaient en bon état de marche et rejeta la tête en arrière à la manière des avaleurs de sabre dans les cirques.

Il était superbe dans l'effort, Gaston. La première moitié fut la plus facile à faire disparaître, mais cela coinçait au milieu de l'opération. Dans un mugissement de taureau en détresse, poussant de toutes ses forces, il réussit à faire pénétrer la boule en son entier. Les mugissements eurent beau se muer en barissements, ça ne passait pas ; pire, ça ne ressortait pas non plus ! On avait beau applaudir pour cette courageuse demi-victoire, Gaston restait dans cette inconfortable posture avec la boule coincée entre deux mâchoires. Au bout d'un quart d'heure de vains efforts, où il faillit s'étouffer à trois ou quatre reprises, il fallut se rendre à cette simple évidence que Gaston risquait de mourir de faim et de soif si l'on ne prenait pas des mesures énergiques. Bref, ce n'était pas le moment de perdre la boule. On le conduisit donc chez le docteur et notre cortège ne passa pas inaperçu avec notre Téméraire ouvrant la marche... et une bouche comme une entrée de métro. Ainsi, pour se débarrasser de cette sphère encombrante, Gaston a-t-il passé une heure sur le billard.

Sa popularité ne fit que croître après une telle aventure et aux élections municipales il fut élu au conseil. C'en fut terminé du ronron des séances à la mairie. D'abord Gaston, qui cumulait encore les fonctions de bedeau, proposa une idée révolutionnaire. Il estimait que les pompiers après un incendie ou, plus simplement, un exercice d'alerte, perdaient un temps fou à faire sécher leurs tuyaux. « Ceux-ci, affirmait-il, prennent de mauvais plis et s'abîment avant l'âge parce qu'on les roule alors qu'ils sont encore mouillés. Il existe un moyen de les faire sécher dans les conditions adéquates : il n'y a qu'à les pendre dans le clocher. Celui-ci est assez haut pour que les tuyaux pendant depuis les cloches aient le temps de sécher à l'abri. »

Son idée était ingénieuse, en effet, mais elle fut abandonnée, le curé trouvant une semblable proposition rien moins que sacrilège.

Cet échec ne le rebuta pas. Pour augmenter le revenu communal il proposa que l'on fît sa statue et qu'on l'installât sur la place de la mairie. Non point qu'il tînt à être statufié de son vivant, mais il estimait que sa bouche pouvait être une corne d'abondance pour la municipalité. Son système prévoyait un appareil à musique dissimulé dans le corps de l'édifice, celui-ci le représenterait bouche ouverte en train de chanter. Et les passants en introduisant une pièce de monnaie dans sa bouche se verraient gratifiés du grand air de la Calomnie, par Gaston en personne !

L'idée était saugrenue, mais rentable. Les habitants de Mauvezin eussent, n'en doutons pas, mis leurs deux thunes dans le bastringue pour entendre Gaston. Mais la raison qui poussa le maire à refuser, c'était qu'il trouvait *le Barbier de Séville* un tantinet rasoir. Mais encore une fois, Gaston se fit une raison, comme tous les grands incompris dans ce bas monde.

En somme, de ses trois violons d'Ingres, celui qui apporta les plus belles satisfactions à Gaston fut le rugby. Il était servi à la demande puisqu'il était préposé au tableau d'affichage ! Gaston ne tenait absolument pas compte de la matérialité des faits. Selon son humeur et son bon plaisir, il accordait des drops ou refusait des essais. Telle action assez belle pour mériter un essai était automatiquement portée à son tableau d'affichage, même si le ballon n'avait pas été pointé dans l'en-but. En revanche, toute irrégularité non sanctionnée par l'arbitre, mais qui pouvait le révolter, tombait sous le coup de son impitoyable juridiction et se voyait transcrite aussitôt par trois points au « planchot ». Comme le brave Gaston ne goûtait que les exploits de son équipe et gardait un œil impitoyable sur la tenue de l'adversaire, il était particulièrement difficile de battre la R.S.M. à domicile !

Un beau dimanche pourtant la Renaissance Sportive Mauvezinoise arracha le match nul à l'extérieur et, cette fois encore, le dévouement de Gaston ne fut pas étranger à cette performance.

L'on était en train de jouer les arrêts de jeu et les adversaires menaient par 9 à 6. Ce résultat révoltait la conscience de Gaston à tel point qu'il décida de passer à l'action. Avec des ruses de Sioux, il rampa dans les hautes herbes derrière les buts et réussit à se couler jusqu'au tableau d'affichage. Avec une dextérité diabolique, il parvint à renverser le 9 pour en faire un 6, juste avant que ne fût sifflée la fin des hostilités. Ne se souvenant plus très bien de ce qu'il avait accordé ou refusé, l'arbitre voulut s'en tenir à ce que le tableau lui indiquait. Les joueurs et les supporters de l'équipe adverse provoquèrent une fameuse panique. On s'agita ferme sur le terrain et comme certains Mauvezinois, encouragés par Gaston, soutenaient qu'il y avait bel et bien match nul, la discussion se transforma en bagarre générale que les deux gendarmes locaux préposés au service d'ordre ne purent jamais apaiser !

Jamais je ne vis Gaston plus heureux qu'après ce match nul. De retour à Mauvezin, il offrit une tournée générale vantant à tous comment ses gars « s'étaient mis les tripes au soleil » pour arracher ce match nul, car pour lui ce genre d'entourloupette a toujours été une forme déguisée de la justice divine !

Ah ! chère et glorieuse R.S.M., trois fois championne de France, non, je ne t'ai pas oubliée...

De Mauvezin je faisais de fréquents voyages à Souillac pour revoir mes parents. Il y avait à l'hôtel une foule de réfugiés dont pas mal de célébrités : Tristan Tzara, père du dadaïsme, André Malraux qui vint dîner un soir, au cœur des années noires, camouflé sous un nom d'emprunt alors qu'il était colonel dans le maquis, le peintre Lurçat qui allait relancer magnifiquement la tapisserie après la guerre, Gouvion Saint-Cyr, etc. Mon père, qui faisait partie, je vous l'ai dit, de la Résistance locale, avait caché dans la cave des israélites traqués par les Allemands. Il avait tout juste eu le temps de m'avertir que, déjà, la Gestapo encerclait l'hôtel. Tandis que des automitrailleuses étaient braquées devant la porte, un officier entra revolver au poing suivi de deux soldats le doigt sur la détente de la mitraillette.

Nous étions tous pétrifiés. L'officier nous lança une mise en demeure que nous comprîmes très bien au ton plus qu'aux paroles, et l'interprète se hâta de traduire : « Vous avez des juifs, ici, en pension. Il faut nous les amener. »

Conduits par ma mère, les malheureux avaient eu juste le temps de se cacher dans la cave à charbon. Sur une table il y avait encore leurs couverts. L'officier nous demanda ce que c'était. Mon père, d'un ton calme qui me surprit, répondit que des voyageurs, qui venaient de partir prendre le train pour Paris, avaient mangé là mais qu'il n'avait pas eu le temps de débarrasser. Il a trouvé cela suspect et, faisant signe à mon père de leur ouvrir le chemin, il a envoyé les deux soldats fouiller toutes les chambres. Ils sont revenus avec une pauvre vieille qui n'avait pas eu le temps de descendre se cacher et l'ont fait monter dans un camion. On ne devait jamais la revoir. Après les chambres, ils se sont mis à fouiller méthodiquement les greniers, les dépendances et, enfin, ils sont descendus à la cave. Je luttais désespérément pour ne pas trahir mon trouble, mais mon cœur battait si fort qu'il me semblait que l'officier devait l'entendre.

En bas, six portes donnaient sur les caves à vin, à charbon et les débarras. Mon père avait en main son trousseau de clefs. Il fit jouer les serrures de cinq portes et l'officier put constater qu'il n'y avait là que des bouteilles, de vieilles caisses, des tonneaux. Arrivé à la sixième, je sentis mes jambes flageoler, je m'appuyai à la muraille.

En un français approximatif, l'officier interrogea :

— Ici, vous mettre quoi ?

— Là ? Ah ! rien d'extraordinaire, le charbon. C'est la cave à charbon, répondit mon père, du ton dégagé du monsieur que ce genre de visite ennuie mais qui a la conscience en paix.

— Ouvrir ! ajouta laconiquement l'officier, d'un bref geste du revolver vers la serrure.

— Vous y tenez ? Bien, allons-y.

Et il commença à s'escrimer avec toutes ses clefs qui, bien entendu, n'allaient pas dans la serrure.

Je retenais ma respiration tant je devinais l'angoisse qui devait vider de leur sang les onze malheureux terrés derrière cette vieille porte. Et j'admirais mon père, vieux joueur de poker, tentant le

Voici une trentaine d'années, mon beau-père avait reçu la Légion d'Honneur, à Mauvezin, dans la cour de la Gendarmerie. Toute la famille s'était retrouvée. Debout, les deux premiers à gauche : mon beau-frère Albert Vilatte, Mimi, la sœur de ma femme. Au milieu : M. et Mme Gilard, mes beaux-parents. Je suis à droite avec Noune, avec Christine et Laurent, juste devant nous, au premier rang. Les autres enfants sont mes neveux et nièces.

plus grand coup de bluff de sa carrière... Je crois que je ne l'ai jamais autant admiré que ce jour-là !

— Ah ! zut, s'énervait papa, je ne vais pas arriver à trouver la bonne clef.

Constatant son échec, il eut encore un mouvement d'impatience envers cette maudite serrure, puis il se tourna vers l'officier.

— Si vous tenez vraiment à visiter la cave à charbon je vais remonter chercher la clef là-haut, elle doit être dans un autre trousseau, mais je vous assure que vous perdez votre temps.

Là-dessus, il prit un air las pour remonter à la cuisine, l'officier le suivit. Papa commença à fouiller partout. En fin de compte l'officier donna ordre aux soldats de remonter dans les automitrailleuses et sortit à son tour.

Mon père se laissa tomber sur une chaise et se mit la tête dans les mains. Nous restions tous les trois muets, n'osant prononcer une parole. Enfin, papa se redressa, il avait les yeux rougis.

— Donne-moi un coup d'armagnac, demanda-t-il à maman, j'ai besoin d'un remontant.

Parmi les réfugiés qui avaient pris pension à l'hôtel, il y avait aussi Pierre Betz, un Alsacien de Colmar qui a fini par s'installer à Souillac. Pierre Betz a fondé d'ailleurs une merveilleuse revue d'art, *le Point,* que tous les amateurs de peinture ou de sculpture apprécient à sa juste valeur. Il recevait chez nous les plus grands peintres, sculpteurs ou écrivains. Grâce à Pierre Betz, je pus renouer avec ce milieu d'artistes que j'avais abandonné avant la déclaration de guerre. Par lui également, je connus Nancy Cunard, l'héritière de la Cunard Line, la fameuse compagnie des paquebots transatlantiques. Elle avait acheté le château de Bourzole sur la Borrèze et, en retournant dans ce château après tant d'années, je me souvenais de l'ancienne propriétaire, Miss Burell, vieille lady anglaise à la chevelure de neige.

Miss Burel était un peu loufoque. Lorsqu'elle acheta le château, elle voulut donner une grande fête pour y pendre la crémaillère. Je devais avoir sept à huit ans et la bonne lady m'avait ramené de Londres un costume de page car tout le monde devait être costumé comme à Versailles, sous le règne de Louis XIV. Ce fut une soirée fastueuse, avec un éclairage aux chandelles très grand siècle, le parc illuminé, les costumes, la musique, j'eus l'impression de vivre un conte de fées.

Descendante d'une grande famille anglaise, Miss Burell était vraiment étrange. Elle nous racontait que toutes les nuits elle avait des conversations avec les fantômes du château. Les fantômes parlaient en français et elle les comprenait parfaitement, mais elle était très embarrassée pour leur répondre car son français restait très insuffisant pour une conversation avec les esprits. Or ceux-ci étaient absolument fermés à la langue de Shakespeare.

Entre autres travaux d'embellissement, elle dota le château d'un tennis. Puis, elle connut des revers de fortune. Ruinée, elle dut vendre sa somptueuse résidence. Puis elle fit quelques ménages dans le pays pour vivre et elle s'évanouit à tout jamais dans les brumes de son pays...

A l'hôtel, je devais retrouver un vieux copain, Henri Philippon, très introduit dans le monde des lettres à Paris. Ami de Ramuz, il avait fort bien connu Céline. C'est Henri qui fut à l'origine du Prix des Deux-Magots et c'est grâce à lui et à Jean Calvel que j'avais fait avant guerre mes débuts de journaliste à l'Agence Fournier. En 1944, après le débarquement des Alliés en Normandie, Henri Philippon me rapporta d'un voyage à Paris ce mot d'un de ses anciens confrères devenu journaliste dans un organe pro-allemand :

« Nous ne sommes plus que deux à croire en la victoire allemande, Hitler et moi et, encore, Hitler, je n'en suis pas sûr ! »

Tout cela paraît bien loin aujourd'hui...

Mais, en racontant cet épisode de ma vie, je revois tant et tant de compagnons de ces années difficiles que j'ai encore l'impression que tout cela ne date que d'hier. Le temps qui s'écoule éloigne beaucoup de choses et beaucoup de gens. Mais la mémoire qui demeure les rapproche...

RETOUR A PARIS

La guerre n'était pas finie, mais puisque Paris était libre j'avais une furieuse envie d'y retourner, de reprendre mon métier de journaliste. Laissant ma femme et ma fille à Mauvezin, je repris le train de Paris. J'errais encore de chambre en chambre, mais ce n'était plus l'ambiance des Beaux-Arts et de Montparnasse. La vache enragée me semblait plus amère. Heureusement, mon frère me donna un coup de main pour tenir, et je trouvai du travail à *Libre*, le journal du M.N.P.G.D. (Mouvement National des Prisonniers de Guerre et Déportés) dont le directeur n'était autre qu'un certain... François Mitterrand, avec lequel naquit une solide authentique amitié, destinée à résister aux années et aux aléas de l'existence...

Le journal connut très rapidement des heures difficiles mais, dans cette vieille imprimerie de la rue du Croissant, je devais m'enrichir plus que partout ailleurs et, pourtant, nous étions fort mal payés ! Mais dans ces heures brûlantes, ce qui comptait le plus pour moi, c'était de me trouver dans un milieu sensationnel, dans une bande de copains sincères comme Fernand Albaret, Louis Deville, Moulins, le poète, le colonel Patrice, un des libérateurs de Paris, un homme d'action étonnant qui n'allait pas par quatre chemins. Ainsi avait-il provoqué en duel au sabre son propriétaire qui voulait le mettre à la porte de l'appartement qu'il occupait ! Il y avait aussi Jeannine Ledy, une jolie blonde, critique de théâtre et de cinéma qui en se mariant avec le colonel Rivier me fit connaître cet authentique héros de la Résistance. Grâce à Rivier, je devais travailler dans un journal, *l'Œil de bœuf,* qui ne vit jamais le jour. Cela me permit de fréquenter un groupe fort intéressant d'hommes d'extrême gauche.

La politique n'a jamais été mon fort, mais leur flamme, leur enthousiasme me subjuguaient. Il y avait là d'Astier de la Vigerie, Pierre Hervé et Pierre Courtade.

Le destin pose d'étranges rendez-vous. Qui m'aurait dit, alors, que le fils de Pierre Courtade aurait trouvé la mort seize ans plus tard à bord de la voiture d'un des êtres qui devaient m'être les plus chers, sur la nationale 7, du côté de Péage-de-Roussillon, celle du beau poète, du meilleur journaliste de rugby, du copain exemplaire, du petit frère, de Robert Roy de *l'Equipe,* cet archange perdu dans un univers dur et cruel ?

En attendant que le monde s'apaisât, nous vivions les derniers soubresauts du conflit dans une atmosphère agitée, avec des fins de mois difficiles. Le matin, lorsque nous nous retrouvions dans la salle de rédaction, le rédacteur en chef lançait à la cantonade la question rituelle : « Qui fait la guerre ? » et le chœur des copains répliquait : « Couderc ! comme d'habitude ! »

Eh ! oui, sans doute pour ma haute compétence militaire, c'était moi qui « faisais la guerre », autrement dit qui commentais les opérations. Pendant près d'un an, les avances de Patton, de Montgomery, de de Lattre de Tassigny ou de Jukov n'eurent pas de secrets pour moi. Dans le fond, c'était facile, car ils avançaient toujours ! C'était une belle revanche pour moi qui avais sans cesse reculé en 1939-1940, enfin, pour moi... et quelques autres !

Déjà aussi, le sport reprenait ses droits et la rubrique devait être confiée à Fernand Albaret qui depuis a été l'un des principaux globe-trotters de *l'Equipe...* Grâce à l'accent de Fernand — un pur produit de Béziers — j'ai cru pendant quelques jours que j'avais pris... l'accent parisien !

J'avais fini par dénicher un petit logement de deux pièces pas très cher, porte d'Auteuil. Grâce à l'appui de mon beau-père et de mon père je l'achetai. Ainsi je pus faire venir à Paris ma femme et ma fille Christine... C'est dans cet appartement que devait naître mon fils Laurent, en 1945. J'avais pu avoir ces deux pièces parce que la locataire, une très vieille dame, était morte sans laisser d'héritiers. Lorsque nous nous sommes installés, le logement était encombré de vieilleries sans valeur, de paperasses jaunies pleines de poussière, de valises antiques, de vieux cartons, ce genre de « rossignols » que les vieilles personnes gardent autour de leur solitude, comme des morceaux du passé qu'elles ne veulent pas rejeter.

Je continuais donc à manger de la « vache enragée ». Les temps étaient très durs car, si la guerre se terminait enfin, la relance de l'économie était lente et difficile.

Assurément, je ne roulais pas sur l'or, mais sur une vieille bicyclette avec laquelle j'allais au travail. Et puis, un matin, le pneu avant qui était vraiment dans un triste état, a rendu l'âme, et j'ai dû raccrocher mon vélo, car j'étais tellement fauché que je n'avais pas d'argent pour changer ce vieux boyau hors d'usage.

Grâce à Jean Calvel, un ami de longue date, je fis mes débuts à la Radio en 1944. Le grand patron de la R.T.F. était alors M. Gayman, un homme d'une vive intelligence, d'une lucidité acérée et avec ça un chef plein d'autorité, de mesure, sachant apprécier le travail des autres parce qu'il était lui-même un

Avec Noune et Christine...

travailleur forcené. Jean Calvel avait un talent lumineux de
meneur de jeu. Grâce à lui, « Actualités de Paris » était devenue
une émission de poids. Mais Jean Calvel avait, aux yeux de
certains, trop de gentillesse, trop de bonté, c'était un homme
honnête et généreux, pas un loup de l'arrivisme. S'il réussissait
quelque chose, c'était par son travail, non par une intrigue. Il
préférait les studios aux couloirs ; alors, on l'« exécuta » lâche-
ment, lorsque les combinaisons prirent le pas sur la valeur professionnelle. Mais nous n'en étions pas encore là et Jean Calvel
m'avait pris comme pigiste. Je devais faire des chroniques directes
pour les prisonniers. Comme dans les Stalags on se débrouillait,
avec un véritable génie d'adaptation, pour fabriquer des postes
clandestinement, je savais que mes copains du Stalag XIII A et de
toute l'Allemagne étaient, dans la pénombre, agglutinés autour de
ces pauvres appareils rafistolés. Je m'adressais donc directement à
eux, avec toute mon ardeur, ma volonté de leur rendre l'espoir.

C'était peu de chose que de leur dire de ne plus bouger, que les
armées alliées arrivaient, que leur délivrance n'était plus qu'une
question de jours pour les uns, d'heures pour les autres. Oui,

125

c'était peu de chose, mais j'avais si souvent désespéré de revenir en France, que je savais qu'il suffisait d'un brin d'amitié porté par les ondes, pour les faire renaître à la vie. Y suis-je parvenu ? Je l'espère. En tout cas, c'est peut-être à cause de cela que j'ai toujours parlé à la Radio ou à la Télévision le langage du cœur. J'ai essayé de faire partager mes émotions plutôt que travailler dans le factice, même si ceci rapportait plus que cela.

... Et je n'ai jamais changé, en dépit de tout ce qu'on a pu me dire, voire me reprocher. Je n'allais quand même pas masquer mes sentiments profonds ou mes réactions spontanées. Je ne suis qu'un homme, pas un comédien...

Dans ces saisons amères j'ai vu débuter quelques gars qui devaient faire de brillantes carrières : Pierre Desgraupes, Pierre Dumayet, Pierre Sabbagh, Michel Droit, Jacques Sallebert, Georges de Caunes et Raymond Marcillac notamment. Leurs débuts ne furent pas toujours faciles, les miens étaient épouvantables. Je tirais le diable par la queue pour faire bouillir la marmite. Aussi, je fis des critiques de peinture et, grâce à mon ami Bazal, j'écrivis dans un journal assez leste du Midi, *V Magazine,* où je connus un des meilleurs écrivains contemporains Yvan Audouard.

Yvan est devenu un passionné, un inconditionnel du rugby. Pendant longtemps, il s'est offert tous les voyages avec l'équipe de France. Il aimait vivre « à chaud » les matches du Tournoi des Cinq Nations. Aujourd'hui, il ne vient plus au stade qu'épisodiquement. Mais c'est un fidèle. Il ne rate pas un seul grand match... devant son poste de télévision.

« Vois-tu, me dit-il un jour, pour m'expliquer combien le rugby lui coûtait, il y a des types qui ont de coûteuses maîtresses, d'autres qui entretiennent des danseuses légères et affriolantes, moi avec tout ce que l'équipe de France me fait dépenser en voyages, en bière pour saluer une victoire au Pays de Galles, en whisky lorsqu'elle triomphe en Ecosse, en Irish coffee pour célébrer un succès sur l'Irlande, et en gin pour se réjouir lorsqu'elle cueille la Rose d'Angeleterre, en gueuletons pour mieux digérer ses défaites et en temps chapardé pour pouvoir vivre tout ça, sans ce luxe qui est ma joie de vivre, je pourrais m'ennuyer au milieu d'un somptueux harem !... »

En faisant un reportage pour *V Magazine* sur une célèbre boîte de Montparnasse, le « Colleg'inn », le patron me dit :

— Vous avez l'air rigolo, pourquoi ne feriez-vous pas du cabaret ?

L'idée ne m'était pas venue, mais puisqu'on l'avait semée, elle germa. Avec un camarade qui s'appelait Gerald Schurr, nous avons monté un numéro. J'imitais Raimu et lui faisait le chansonnier frondeur, acide, irrévérencieux. Il y avait avec nous une

21 février 1980 :
je rappelle à Jean Nohain que je l'avais connu... très longtemps auparavant.

chanteuse qui poussait la romance. Ce n'était pas costaud à l'affiche, mais enfin nous étions gonflés comme des melons. « A nous deux, Paris by night ! »

Le premier soir, ce fut un triomphe. Tous les copains étaient venus et avaient mis une ambiance monstre : ça chauffait autant que pour les Beatles ou pour Johnny Hallyday. D'ailleurs, si un imprudent nous avait sifflé, Patrice l'aurait pourfendu sur-le-champ ! Malheureusement pour nous, cela n'a duré qu'une seule nuit. Les copains avaient fait leur devoir un soir, mais au-delà, c'était impossible. Le lendemain, ce fut le « bide » total, affreux. Les rares clients n'insistèrent pas et il ne resta qu'un vieux gâteux, avec une jeune blonde platinée, qui pensait plus à batifoler avec sa jeune compagne qu'à suivre notre performance. Le patron n'a pas insisté, nous non plus, d'ailleurs !

Mon côté sportif a tout de même pris le dessus, j'ai pensé que je manquais tout simplement d'entraînement. Je me suis donc fait inscrire au cours Simon. Le père Simon était un homme remarquable, mais, s'il a sorti des vedettes à la pelle, il n'a jamais réussi à me faire jouer Britannicus comme il le voulait. Avec moi ça

127

ressemblait à une farce méridionale. A la première audition il m'a demandé :

— Alors, petit, qu'est-ce que tu vas me dire ?

— Je ne sais pas, une scène de *Marius,* si vous voulez...

— Va pour Marius, fais démarrer ton Pagnol !

Et me voilà parti dans mon numéro de Raimu, puisque c'était le seul rôle que j'avais travaillé. Quand j'eus fini, il déclara :

— Tu n'as pas assez de ventre, ni assez de poids pour jouer les Raimu. Enfin, je vais te prendre tout de même chez moi.

— Mais, monsieur Simon, je n'ai pas d'argent pour le moment...

— Ça ne fait rien, tu ne paieras pas ! Mais puisque tu es un comique, je ne vais pas te faire faire du comique. Moi, un comique, je le mets à travailler le tragique et un gars qui a une gueule pour les rôles dramatiques, je lui fais faire du Marivaux. C'est ainsi que naissent les grandes vocations !

J'ai donc suivi ses cours pendant plusieurs semaines. Je fus tour à tour le Cid, Horace, leurs pères respectifs, Cinna, Polyeucte, Pompée, Nicomède, Oreste, Agamemnon, Joad, bref un tas de héros qui mouraient en beauté. Un jour, M. Simon décida de me faire jouer *Britannicus* avec Françoise Spira qui allait devenir une grande comédienne, avant de mourir tragiquement. Dans un élan, je devais faire basculer Françoise ; c'était une scène pathétique, mais voilà qu'emporté par ma fougue je perds l'équilibre et je roule par terre avec la pauvre Françoise. Tout le cours pleurait de rire. Alors le père Simon, de sa place, avec sa longue canne de cinq mètres au moins, m'a donné un grand coup sur la tête et m'a dit :

« Toi, vraiment, il faudrait que tu viennes me revoir un peu plus tard. Tu as peut-être quelque chose dans le ventre, mais tu comprends, mon cours, ce n'est pas une cour de récréation, tu fais rigoler tout le monde ! »

J'ai donc quitté le cours Simon. Et, puisque ni le cabaret ni le théâtre ne me réussissaient, je me suis tourné vers la chanson. Je suis allé un jour porter des paroles à Edith Piaf, qui habitait alors près de la porte d'Auteuil. Il était onze heures environ, et elle venait de se lever. Elle était très pâle, fatiguée, elle m'a reçu cependant avec beaucoup de gentillesse. Elle a lu mes poèmes mais elle a trouvé que ce n'était pas assez réaliste, qu'ils étaient trop légers pour elle. Enfin, elle m'a demandé de revenir la voir si je faisais quelque chose genre *la Vie en rose...*

Malheureusement, des gars pour écrire *la Vie en Rose,* ça ne court pas les rues et je n'étais pas du nombre. Comme Edith Piaf avait trouvé mes poèmes légers, je décidai de les offrir à un artiste travaillant dans un registre plus moelleux. Je rendis visite à André Claveau qui, lui, les trouva trop forts, pas assez froufroutants... Remarquez que maintenant, les paroles... enfin... bref... vous m'avez compris ?

Enfin, ce fut mon ami des Beaux-Arts, Armand Mestral, devenu un admirable chanteur, avec un coffre extraordinaire, qui accepta la chanson que nous avions écrite avec un autre copain de l'Ecole, Paul Aïzpiri. Eddie Cremier fit la musique et Armand enregistra sur disque *la Prière au Soleil*. Pour nous, c'était une chose extraordinaire. Armand mit *la Prière au Soleil* dans son tour de chant et nous invita à assister au gala où il devait l'interpréter. C'était dans un cinéma, près d'Alésia. Armand Mestral, qui avait un grand talent, obtint un succès fou et le public accepta fort bien notre chanson. Avec Paul, nous étions en extase. Cette fois, nous la tenions, notre réussite. A l'entracte, Armand me présenta à un monsieur chauve et très nerveux. J'essayais de m'expliquer, mais il me coupait sans cesse : « Oui ! oui !... Très bien... Très bien... J'aime beaucoup ce que vous faites. » Je me rengorgeais un peu, flatté de voir qu'un monsieur qui me paraissait tenir une place importante dans le monde de la chanson eût apprécié mon « œuvre ». Mais je l'entendis demander en aparté à Armand Mestral :

« Au fait, il joue de quoi exactement ? » !

Ce monsieur-là, c'était Jean Nohain.

J'égrène ces souvenirs et ces anecdotes comme avec une pointe d'émotion. La mort est passée par là. Certains de ces vieux copains ne sont plus. Mais moi je me souviens toujours d'eux...

MORT EN SURSIS

Tous ces efforts pour joindre les deux bouts m'avaient exténué. Pour gagner ma vie, de 1944 à 1947, j'avais mené une existence épuisante, j'étais à bout. Les années de captivité avaient diminué ma résistance. J'avais repris trop vite. Voilà pourquoi je suis tombé gravement malade. Pleurésie simple, pleurésie double, péritonite, opération, choc au cerveau, mon état empirait à une vitesse foudroyante. De l'hôpital Pasteur, on m'avait transporté à la clinique Pierre-Chcrcst. Mes parents et mon frère avaient vu plusieurs grands professeurs et ceux-ci s'étaient montrés formels : « Il n'y a rien à faire, c'est la fin. Si vous êtes croyants, faites venir un prêtre. »

Je n'étais plus, en somme, qu'un mort en sursis. Mon père, lui, ne pouvait se résoudre à la fatalité. Il a toujours été un fonceur. Alors, il est allé voir un autre docteur, le professeur Mollaret, il l'a supplié de venir et celui-ci a accepté de m'examiner.

J'étais dans le coma depuis quinze jours. J'avais même reçu l'extrême-onction. L'espoir, bien sûr, était mince. Mais le professeur Mollaret n'a pas hésité. Après m'avoir examiné, il s'est tourné vers mon père et lui a dit : « Il y a peu d'espoir, mais s'il reste une chance de le sauver il faut la tenter. L'important sera de le faire transporter chez moi, à Claude-Bernard. Le voyage n'est pas long, mais je me demande s'il le supportera. S'il arrive vivant à Claude-Bernard je tenterai l'impossible. »

A 28 ans, j'étais déjà rompu aux voyages. C'est sans doute pourquoi mon transfert de la clinique Pierre-Cherest à l'hôpital Claude-Bernard ne me tua point. Aussitôt, le professeur Mollaret entreprit un traitement choc. Je fus ainsi le tout premier malade soigné à la streptomycine. Je servis de cobaye et ce fut une magistrale réussite. Au bout de trois jours, je repris connaissance. Je ne pouvais encore ni lire, ni écrire, ni même parler, mais j'étais sauvé. Je renaissais, mais dans un triste état. Je dus rester encore trois mois à Claude-Bernard avant d'être totalement guéri.

Mais la streptomycine devait me laisser certains troubles d'équilibre. La nuit, et parfois le jour, je n'arrive pas à marcher droit. Ça fait sourire ceux qui ne savent pas que les années que je vis c'est du rab que je fais ! Un jour, un supporter du XV de France et sa femme sont venus me voir. C'était un joyeux luron, il m'a frappé sur l'épaule en me disant : « Sacré Roger, chaque fois que je te vois, tu es saoul ! » Ce bon copain ignorait que, si parfois je marche en tanguant un peu, ce n'est pas à cause du beaujolais, mais de la streptomycine ! Hélas !... Entre nous, je préfère tellement le beaujolais !

Lorsque j'ai été « à peu près complètement guéri », j'ai décidé de quitter Paris et le métier de journaliste. Nous avons abandonné le petit appartement de la porte d'Auteuil et nous sommes partis à Font-Romeu où je devais poursuivre ma convalescence, puis nous sommes revenus avec les enfants à Mauvezin. Les copains du rugby, la bonne ambiance de la ville m'ont vraiment redonné le goût de vivre. Alors, mon beau-père m'a installé à Toulouse avec son neveu Coco Davasse, mon ancien partenaire du XV de Mauvezin. Il possédait un magasin en plein cœur de la ville à l'angle de la rue Bayard et du boulevard de Strasbourg, « La Révolution Commerciale ».

Je n'étais pas un commerçant bien révolutionnaire. Je n'aimais pas ça et je n'y connaissais rien. Heureusement, il y avait Jacques, un vrai lion celui-là. Il travaillait pour deux et l'affaire, qu'il possède toujours, marchait bien, grâce à lui. A dire vrai, je ne servais pas à grand-chose. Et puis j'étais taquiné par le démon du rugby. Comment n'en aurait-il pas été ainsi, lorsqu'on adore comme moi le ballon ovale, que l'on vit à Toulouse et que le Stade Toulousain possède une des plus belles équipes de toute l'histoire du rugby français ! En cette année 1947, le Stade, commandé par mon ami Robert Barran, devenu par la suite le rédacteur en chef de *Miroir Sprint*, avant de nous quitter pour toujours, devait gagner le Championnat et la Coupe. J'étais devenu un supporter acharné de cette véritable Académie de l'ovale où je retrouvais mon vieux copain du lycée de Cahors, Dédé Melet. Ma passion était justifiée, car ce Stade Toulousain de 1947 était une véritable constellation. Avec Robert Barran et André Melet, il y avait encore Lassegue, un ailier magnifique d'une telle décision que les Britanniques devaient le surnommer le « French Buffalo », Dutrain, Gaussens, Yves Bergougnan, gentleman timide mais demi de mêlée d'exception par sa taille élancée autant que par sa classe insolite et son coup de botte prodigieux, et puis encore des avants extraordinaires comme Yves Noé, aujourd'hui l'animateur de la commission de sélection de la F.F. Rugby, Caraguel, Fabre, Larzabal, Lopez, Jolivet... et j'en passe. Certains manquent à l'appel. Mais leurs exploits d'hier parlent pour eux...

Tous ceux qui ont vu évoluer le Stade Toulousain à l'époque vous le diront : seul le grand Lourdes a joué après la guerre un rugby aussi complet, aussi total que le XV commandé par Robert Barran. Même l'A.S. Béziers de sa grande période n'a pas rallié sur ses démonstrations une adhésion et une admiration aussi unanimes... Des avants conduits de main de maître par Barran, un demi de mêlée de la race de Bergougnan, capable de passer des drops de 45 mètres, de partir avec sa troisième ligne ou de lancer d'une passe monumentale sa fameuse cavalerie, il était difficile de faire mieux, surtout qu'au milieu de tout cela il y avait l'un des plus grands centres de l'histoire : André Brouat !

Depuis lors, Dédé Brouat, devenu médecin, a assumé de hautes fonctions au Stade Toulousain et il a pris, en plus, une vingtaine de kilos excédentaires, mais alors il était un centre exceptionnel, d'une telle aisance en attaque qu'on l'avait surnommé le « Toréador »...

L'un des plus grands moments que j'ai pu vivre dans un match de rugby fut le duel Dauger-Brouat, les deux monstres sacrés de l'attaque, au cours d'un Stade Toulousain-Aviron Bayonnais aux Ponts-Jumeaux. Face à face, ils s'étaient passés mutuellement à plusieurs reprises dans une sorte de confrontation au sommet. J'avais ce jour-là demandé à Brouat :

« Mais comment fais-tu pour arriver à ''griller'' ainsi tes adversaires en leur donnant l'impression que tu ne sais pas où tu vas ? »

Il me répondit avec sa bonne humeur légendaire : « Eh bien ! tout simplement parce que je ne sais pas où je vais ! »

Des propos qui font sourire aujourd'hui, alors que le rugby d'attaque est devenu méthodique et réfléchi. Mais des phrases qui sont toujours d'une profonde vérité...

Puisque, reprenant une expression tauromachique on a pris l'habitude d'appeler *aficionados* les supporters avertis du rugby, on peut dire que ces duels entre les super-joueurs d'une époque sont des *mano a mano* qui dans la corrida confrontent dans une même arène l'audace et le savoir des deux plus grands toreros.

A mon retour de captivité, j'avais vécu sur ce même stade des Ponts-Jumeaux un autre *mano a mano* de grands seigneurs de l'ovale. C'était en 1944 au cours d'une fameuse demi-finale Perpignan-Montferrand. Les Auvergnats comptaient dans leurs rangs un botteur fabuleux, doué d'une aisance, d'une frappe et d'une précision diaboliques : Frank Fournet. Il était, dans son genre, un phénomène passant des drops dans un rayon de cinquante-cinq mètres et sous tous les angles. A l'entraînement, je l'ai vu enlever le poteau de coin et, dans la position d'un footballeur tirant un corner, passer des buts en s'amusant. Avec un ballon ovale, il faut le faire !

Frank Fournet était considéré, à juste titre, alors, comme le meilleur botteur de France. C'était donc sur lui que l'A.S. Montferrandaise comptait pour forcer la décision. Mais ce jour-là, les

Catalans de Perpignan devaient lui réserver une drôle de surprise. Ils avaient mis à l'arrière un petit gamin de 18 ans, haut comme trois pommes, ce qui avait été considéré comme une de ces folies que les Catalans ont toujours aimé placer dans leur légendaire anticonformisme. On ne doutait pas que, face à cet enfant de la balle, Fournet allait assurer dans un fauteuil le succès montferrandais. Au début du match, on accueillit avec sympathie les efforts de ce petit bonhomme, fort adroit, ma foi, dans les réceptions. Mais, au fur et à mesure que la rencontre avançait, un murmure étonné courut dans la foule massée dans cette enceinte où naissaient et s'élevaient les idoles. Malgré les coups de pied les plus pernicieux, les plus travaillés de Frank Fournet, ce rugbyman en bas âge, sorti du berceau des juniors catalans, reprenait comme un acrobate tous les ballons, dans les positions les plus invraisemblables.

Et puis ce petit Mozart se mit en devoir de trouver des touches énormes, de cinquante mètres et plus. On se demandait comment un gamin de son espèce pouvait avoir un coup de pied aussi insolent. C'est alors que, sur une pénalité accordée à Perpignan légèrement à l'intérieur du camp catalan, on vit, à n'en pas croire nos yeux, ce gosse, plein de culot et de désinvolture, poser le ballon à cinquante-cinq mètres des buts de Montferrand. Aux sourires du début avait fait place un tel étonnement, qu'un silence de communion tomba comme une chape sur les Ponts-Jumeaux. Sans se soucier du public, ni de l'enjeu, ni de la difficulté, il prit à peine quelques pas d'élan et, paf! il envoya la balle entre les poteaux!

Ce fut un grondement, une explosion. On s'interrogeait dans les tribunes : « Qui est-ce ? Comment s'appelle-t-il ? » Ce petit prodige, cette nouvelle idole qui allait devenir l'arrière le plus fabuleux de toute l'histoire du rugby, c'était Puig-Aubert avec qui je devais vivre quelques-unes des plus belles parties de l'après-guerre.

Ainsi replongé dans le monde vibrant de l'ovale, l'envie d'écrire me démangeait plus que le désir de faire prospérer la « Révolution Commerciale ». Un copain épatant, Raymond Sautet, sachant que j'avais été journaliste, me fit travailler au *Midi Olympique* dont il est devenu rédacteur en chef. Cette collaboration me permit non seulement de suivre tous les grands matches, mais aussi de me rendre compte que je ne pouvais être heureux que dans la peau d'un journaliste et dans le milieu du rugby.

Par une morbide fatalité, il fallut que ma plus grande peine me poussât vers mon véritable destin. En 1949, ma mère tomba gravement malade. On la transporta à Toulouse, où elle devait subir une délicate opération au cerveau. Huit jours après, elle reprit connaissance quelques heures, mais elle retomba dans la nuit, à tout jamais. Bien souvent auparavant, j'avais cru toucher le fond du désespoir, mais je m'étais trompé car jamais je n'ai connu une semblable détresse. Pendant des semaines, je suis resté vidé de toute énergie. Je ne mangeais pas, j'étais incapable de faire quoi que ce fût. Sans doute la vie finit par avoir le dessus, mais lorsque j'évoque la mort de ma mère je sens se ranimer cette douleur, comme si elle était toute fraîche.

Je ne pouvais plus rester à Toulouse, repasser devant la clinique où j'avais assisté, impuissant, à l'agonie de ma mère. J'avais un impérieux besoin de fuir. Et puis je n'aimais pas ce commerce de confection, il me semblait plus honnête de le laisser entièrement à mon cousin, Jacques, sans qui l'affaire aurait depuis longtemps fait faillite ! Alors, une nouvelle fois, je suis reparti pour Paris.

LES ENFANTS TERRIBLES
DE L'OVALE

Ce n'était plus la joyeuse misère des Beaux-Arts d'avant-guerre. Le monde avait changé de visage et d'esprit. Tout était devenu plus dur, plus sec, plus inhospitalier. De plus, la presse issue de la Résistance connaissait une crise grave, entraînant la disparition de nombreux journaux. Pendant deux mois, seul, j'ai cherché une place. En vain... on débauchait dans toutes les rédactions. C'est alors que Jean Calvel est venu encore à mon secours. « Deux reporters sportifs, André Bourillon et Patrick Saint-Maurice, viennent de partir à Radio-Luxembourg, vint-il m'annoncer. Georges Briquet a besoin de deux gars nouveaux dans son service. Tu as déjà fait de la radio et tu adores le rugby, tu dois donc parfaitement t'adapter. »

Je lui fis observer qu'on m'avait dit, déjà, à la Radio, que mon accent du Midi était un vice rédhibitoire. Jean Calvel n'était pas d'accord. Il partageait l'avis de Maurice Séveno, que je devais retrouver plus tard à la Télévision, et qui croyait, au contraire, que cet accent devait me servir. « Le rugby, comme les pièces de Pagnol, qu'on le veuille ou non, a besoin d'une pointe d'ail, affirmait-il. Quelles gueules feraient Marius, Fanny, César ou Escartefigue, s'ils avaient l'accent de Belleville ? »

Georges Briquet n'avait pas à mon sujet le même enthousiasme que Jean Calvel ou Maurice Séveno. Je fis quelques essais qui devaient transformer mon existence. Les chroniques que j'avais faites pour des prisonniers à la Libération m'avaient donné une certaine habitude du micro et, malgré le manque de préparation pour le rôle beaucoup plus délicat qu'est celui de reporter sportif, mes « tests » furent à peu près bons. Je fus donc engagé au service des sports de Georges Briquet, pour le rugby. J'allais débuter avec un fameux compagnon de promotion, versé, lui, dans la boxe : Georges de Caunes !...

Une nouvelle vie commençait pour moi, mais je devais repartir à zéro. J'étais sans le sou, je n'avais même pas de quoi payer une chambre d'hôtel. Heureusement, un vieil ami des Beaux-Arts, Maurice Verdier, m'avait recueilli. Maurice était un ami magnifique. En arrivant je lui avais dit :

— Ecoute, je n'ai pas un sou et je ne sais pas où aller.

— Eh bien ! installe-toi, tu es ici chez toi.

Je ne devais y rester que quinze jours, en fait je l'ai encombré pendant huit mois ! Il n'avait qu'un atelier avec une petite chambre, mais il avait tenu à ce que je fisse venir ma femme. Nous campions vraiment chez lui. Le linge séchait dans son atelier. Quand il devait recevoir sa petite amie, il ne nous disait rien et s'en allait ailleurs. Il n'y a vraiment que dans ce milieu d'artistes que l'on trouve une telle générosité de cœur, une pareille délicatesse d'esprit. Maurice me reprochait même d'avoir laissé les gosses à Mauvezin : « Tu devrais les faire venir, ce serait plus gai. » A l'idée de voir deux gosses en supplément dans notre campement, j'avais le vertige !...

Quand, au bout de huit mois, j'ai annoncé tout heureux à Maurice que j'avais trouvé quelque chose à Boulogne, j'ai été suffoqué par sa tristesse. Il m'a simplement répondu : « Déjà ? ».

Nous avions acheté en effet rue d'Aguesseau, à Boulogne, une petite boutique de bonneterie avec un modeste logement. Noune devait tenir la boutique. Mon beau-père m'avait dit : « Je vous donnerai un peu de marchandises, vous les vendrez, et ça vous aidera à vivre. »

Cela n'avait rien à voir avec une boutique du faubourg Saint-Honoré. C'était une petite maison vétuste, biscornue, avec un étage et un petit jardinet derrière. Nous étions alors entourés par une colonie nord-africaine bruyante et belliqueuse. Tous les soirs nous nous endormions tant bien que mal au bruit des bagarres, des invectives, des hurlements et des poursuites hallucinantes, couteaux dégainés.

Les affaires étaient beaucoup plus calmes pour la bonne raison que ces turbulents voisins achetaient à crédit et ne payaient pas souvent. Un an et demi de cette expérience, c'était suffisant pour nous rendre compte que le commerce n'était pas plus dans le tempérament de Noune qu'il n'avait été dans le mien. Nous avons donc mis l'affaire en vente. Une brave dame l'acheta car le quartier lui semblait très agréable. Cette disposition nous enchanta, mais nous ne fûmes nullement étonnés lorsque, quelques semaines plus tard, elle nous apprit qu'au terme d'une affreuse bagarre un Algérien, poursuivi sur les toits par des corélégionnaires armés de coutelas, était passé au travers du vasistas !

Au service des sports, Georges Briquet m'avait confié les reportages du rugby à XIII (qui ne s'appelait pas encore, officiellement du moins, le jeu à XIII) tandis que le regretté Loys Van Lée assurait ceux du rugby à XV. Loys était, comme moi un ancien étudiant des Beaux-Arts et nous nous sommes très bien entendus, bien qu'il y eût entre les partisans de ces deux sports rivaux une haine farouche. Je n'ai jamais très bien compris, d'ailleurs, cette façon que certains supporters ont de vous classer treiziste ou quinziste, selon que vous traitez de l'un ou de l'autre sport. De par ma formation je préfère le quinze, mais à l'époque, comme journaliste, j'ai assisté à de belles parties à treize... Voilà tout !

A cette époque, le XIII de France était puissant, avec Puig-Aubert, Brousse, Calixte, Ponsinet, Dop, Merquey, Beraud, Mazon, Benausse, Perez, Crespo, Caillou, Cantoni, Contrastin et tant d'autres vedettes. Il était normal de faire de nombreux reportages sur elle. Alors, certains me traitèrent de « treiziste » !

Par la suite, quand le XV de France domina, l'autre camp me traita longtemps de « quinziste »...

En fait, un journaliste, et plus particulièrement un reporter de radio ou de télévision, n'a pas à être partisan mais objectif. Il ne doit pas faire les sujets qui lui plaisent mais ceux qui plaisent au public.

Pour moi, un reporter de télé doit s'intégrer au match, le vivre. Il n'a pas à le juger, car il n'a pas le recul du temps nécessaire... Il lui faut essayer de comprendre l'état d'âme des joueurs, ce qu'ils aiment, ce qu'ils redoutent, ce qu'ils veulent faire, et comment ils veulent le réaliser. Il est, à sa manière, un peintre devant une toile. S'il peint un paysage, il s'imprègne du paysage, si c'est un portrait, il s'imprègne du portrait. Il y a peut-être en moi une âme quinziste. Mais, avec le jeu à XIII, il y a deux sports où j'ai connu de grands moments dans l'un comme dans l'autre, et je les ai vécus avec le même enthousiasme. C'est cela l'honnêteté d'un reporter d'une Télévision d'Etat. Et pas autre chose.

De 1950 à 1955, le XIII de France connut une période faste, s'installant au premier rang mondial avec la pléiade de vedettes dont je vous ai cité les noms les plus marquants. En tête de liste figure, bien entendu, Puig-Aubert, ce véritable phénomène révélé en 1944 face à Fournet, couronné champion de France à XV quelques semaines plus tard, en participant au triomphe de Perpignan sur Bayonne en finale, au Parc des Princes, et devenu à la Libération une étoile du rugby à treize avec Carcassonne.

Avec lui, l'A.S. Carcassonnaise possédait une équipe somptueuse dite la « famille Taillefer » dont le patronyme ne laissait aucun doute sur son efficacité. Tous les membres de cette auguste famille furent internationaux : grand-père Taillefer (Lolo Mazon), l'oncle Edouard (Edouard Ponsinet), le cousin germain (Germain Calbète), l'Espagnol (Martin Martin), l'Autrichien (Henri Vaslin), la Pieuvre (Roger Guilhem), le Rat (Claude Teisseire).

Puig-Aubert fut pendant deux bonnes années le meilleur arrière du monde. Héros de la triomphale tournée de 1951 en Australie et en Nouvelle-Zélande, il marqua tant de drops et de buts pour l'équipe de France sous tous les angles et, jusqu'à soixante mètres de distance, qu'il fut désigné Champion des Champions 1951. Prodigieusement doué, il ne fit absolument rien, hélas ! pour entretenir ses qualités phénoménales. Il fumait deux paquets de gauloises par jour, d'où son surnom de « Pipette », buvait une vingtaine de pastis et, pour tout exercice physique, il jouait aux boules ! Malgré ce régime peu recommandable, et bien qu'à la fin de sa carrière il eût pris une allure de bonbonne, il se retrouvait miraculeusement partout où la balle arrivait. D'une simple feinte de corps, il mettait deux adversaires dans le vent et, avec une suprême négligence, il passait, du milieu du terrain ou de l'angle le plus fermé, un drop mortel.

« Pipette » était dans son genre une cigale. Insouciant, le cœur sur la main, il a toujours été pour moi un véritable copain. Rien de sa part ne me surprenait. Pourtant, un jour il m'étonna... C'était à la mi-temps d'un match très important qu'il jouait au Parc des Princes avec le Celtic de Paris, où il avait été muté pour lancer le rugby à treize à Paris. J'étais avec mon micro sur le bord de la touche, il vint vers moi et me demanda le plus naturellement du monde :

— Dis-donc, Roger, t'as pas une pipe ? Machinalement, je lui tendis le paquet, il se servit, et ce ne fut qu'en lui donnant du feu que je réalisai que le match n'était pas fini. Je lui fis remarquer que ce n'était guère raisonnable. Alors, il prit un air misérable de chien battu pour me dire :

— Voyons, Roger, tu le dis assez que je ne cours pas beaucoup et puis, comme ça, nous allons gagner en fumant la pipe...

Ce qui fut vrai, d'ailleurs.

Une autre fois, alors que je prenais le café à la buvette du Parc avec quelques amis journalistes, Puig-Aubert se pointa en survêtement pour déposer à la caisse deux invitations destinées à deux copains de Carcassonne. C'était une demi-heure avant le coup d'envoi et comme l'un d'entre nous commandait les digestifs, il dit de sa voix rauque et gouailleuse :

— C'est toujours la même chose, les joueurs trinquent mais ce sont les journalistes qui dégustent. Vous pourriez au moins m'offrir le verre de l'amitié.

— Si le cœur t'en dit, c'est ma tournée, dis-je.

— Mettez-moi un cognac, demanda-t-il au garçon, il faut profiter des bonnes occasions. Avec le froid qu'il fait, il faut prendre un peu d'anti-gel pour tenir le coup !

Il siffla d'un trait son « trois étoiles » et partit en riant de nous avoir sidérés. Je ne sais si pendant le match il vit quatre poteaux, mais il passa six buts dans son après-midi !

« Pipette » était un garçon charmant, toujours joyeux, toujours prêt à rendre service. S'il n'était pas un exemple sur le plan de la préparation physique, — oh ! non... — il était en revanche un modèle de simplicité et de gentillesse dont bien des vedettes et des

Il n'est pas conseillé de plaisanter avec le rugby :
on peut y attraper des contractures...

demi-vedettes qui ne lui arrivent pas au haut de sa chaussure, feraient bien de s'inspirer.

Ce XIII de France de légende avait un autre phénomène : Jean Dop. Petit, mais d'une détente et d'une résistance peu banales, Jeannot a défié toutes les lois de la diététique sportive. D'une prodigieuse activité sur le terrain, je n'ai jamais vu un poison pareil pour semer la confusion dans un match, mais aussi hors du stade. Il ne fuyait d'ailleurs jamais les difficultés, s'en prenant par principe aux plus gros des adversaires. Histoire d'animer un peu la partie, il cherchait querelle au plus costaud de l'équipe ou faisait disparaître le ballon sous son maillot et invitait l'arbitre à le chercher avec lui. C'était une attraction. Avec lui, le pittoresque et l'imprévu étaient toujours garantis...

Jamais à court d'idées, Jean Dop avait donné son nom à une marque de bière marseillaise dont le slogan était : « à la CANNE... BIÈRE Jean Dop, ou le demi qui mousse ». Il est vrai qu'il était demi de mêlée international !

Après leur triomphe en Australie en 1951, les Tricolores dirigés par Antoine Blain revinrent en bateau. Le retour dura un mois et l'on imagine aisément tout ce que Dop a pu faire à bord du bâtiment. Tous les jours, Antoine était amicalement invité par le capitaine du « Strathedent » pour boire le verre de l'amitié... et pour lui faire le décompte journalier des méfaits de son demi de mêlée. Un jour le brave capitaine dit à Antoine :

— Monsieur Blain, c'est épouvantable ! Hier encore j'ai eu un honorable citoyen anglais poussé tout habillé dans la piscine. Une chaloupe a été larguée dans le port de Colombo, on a lancé de la poudre à éternuer dans les bouches d'aération de la salle à manger de première classe où deux cents personnes ont éternué dans leur potage, on a aussi brûlé la barbe d'un hindou ! Il faudrait que vous grondiez un peu vos garçons.

— Capitaine, soyez sans crainte, de pareilles plaisanteries ne se renouvelleront pas.

C'est alors que le capitaine s'effondra de son tabouret dans une formidable explosion. Jean Dop venait de lancer par le hublot un pétard modèle grand luxe !

L'esprit farceur de Jean Dop n'avait pas de bornes. Un de ses champs opérationnels favoris était le chemin de fer.

Passant dans le couloir, une nuit, il avisa un brave bougre qui sommeillait accoudé à la barre d'appui. La cravate attira aussitôt l'œil de lynx de Jeannot qui, avec des ruses de Sioux, réussit à la nouer solidement à la barre. Avez-vous jamais réussi à dénouer une cravate pareillement ficelée ? Essayez et vous m'en direz des nouvelles !

Ce voyageur de minuit, parti de Marseille, devait descendre à Valence et il fut réveillé en sursaut par l'arrêt du train. Lorsqu'il entendit la voix lugubre du haut-parleur annoncer comme une sentence : « Valence — Valence... trois minutes d'arrêt... buffet touristique... les voyageurs pour la direction de Romans changent de train », il saisit les deux valises posées à ses pieds et voulut se précipiter. Las ! il était plus solidement attaché à la barre que la petite chèvre de M. Seguin à son piquet.

Il se mit à hurler comme un damné, mais plus il secouait la tête, plus le nœud devenait gordien — elles sont ainsi mal disposées, les cravates, envers des nœuds de second ordre pour lesquels elles n'ont pas été préparées. Il jurait tellement fort, en des termes si choquants pour de chastes oreilles, que tous les voyageurs du wagon furent en état d'alerte, tassés dans le couloir, essayant d'écarquiller leurs yeux chassieux tout pleins de sommeil.

En voyant ce bonhomme, l'échine ployée, tirer sur son licou en sacrant de toute son imagination, qu'il avait fertile en matière de jurons, on s'inquiéta.

De l'autre côté de l'Agité, on était d'autant plus intrigué par ses frénétiques convulsions que Dop était sorti lui aussi de son compartiment et qu'il conduisait le clan des apeurés :

— Faites attention ! ce doit être un malade qui pique une crise. N'approchez pas, mesdames, faites surtout bien attention aux enfants, ne leur montrez pas ce spectacle !

— C'est peut-être bien un alcoolique qui souffre d'une crise de delirium tremens, renchérit une dame, très au courant...

Comme le train repartait, l'Asticot humain redoubla ses blasphèmes et ses trémoussements. Lorsque la vitesse de croisière fut atteinte, tout congestionné, il s'avoua vaincu et posa sa tête de côté sur la barre d'appui pour respirer un brin. Ce ne fut qu'à cet instant-là qu'il se rendit compte que tout le monde l'observait avec suspicion dans son étrange posture.

— Au lieu de me regarder comme ça, bande de... (ici ses paroles, probablement inspirées par la colère, se perdirent dans le bruit décuplé par un tunnel providentiel). Au retour à l'air libre il poursuivit :

— Vous voyez pas que je suis ficelé !

C'est alors que Dop, plus canaille que jamais, s'offrit à le délivrer.

— Attendez, l'ami, dit-il d'une voix éraillée et péremptoire, on va vous secourir !

Puis s'adressant au soigneur de Marseille XIII :

— Passe-moi la boîte de pharmacie...

Toutes les dames admiraient ce courageux jeune homme si énergique. Et, tel Alexandre le Grand tranchant le nœud gordien avec son épée, Jean Dop, d'un coup de ciseaux, libéra le bonhomme de son entrave.

— Merci mon gars, soupira le Dégagé, je te dois une fière chandelle !

— Mais non, mais non, protesta Jeannot avec une fausse pudeur. C'était la moindre des choses.

C'était Maurice Tardy, cet infatigable et admirable apôtre des XIII à Paris, lui aussi ravi prématurément à l'affection de tous ses amis et de ceux qui le connaissaient, qui avait découvert Jean Dop alors qu'il faisait son service militaire.

Maurice Tardy n'avait pas hésité un instant. Il avait embrigadé cette jeune étoile de Saint-Jean-de-Luz convoitée par le S.U. Agen. M. Labadie, un Basque, était alors le mécène du néo-rugby dans la capitale et, bien entendu, son jeune compatriote fut son protégé. Dop mena joyeuse vie parisienne. M. Labadie, qui avait des notions très vagues sur l'entraînement, était d'une nature généreuse. Le dimanche après le match et le jeudi après l'entraînement, il glissait quelques billets aux joueurs en leur disant : « Allez vous amuser, les petits. » Ce mécénat mit sur la paille M. Labadie mais ne ruina pas l'étonnant Jean Dop qui, avec ses souliers à crampons pour tout bagage, alla en 1946, avec son compatriote André Hatchondo, rejoindre sur la Canebière une équipe de

Marseille XIII en gestation et qui devait être un des plus beaux fleurons de la Ligue avec des cracks tels que Brousse, Perez, Rinaldi, Negrier, Apelian et, bien entendu, Jean Dop qui allait devenir la coqueluche du public phocéen, tant il avait de présence et de trouvailles.

A Marseille, il devait trouver un boute-en-train de première classe en la personne de Jean Duhau, entraîneur du club et du XIII de France, extraordinaire personnage vivant en permanence dans un monde d'humour et de poésie, prenant la vie avec une philosophie contagieuse, ce qui ne l'empêchait pas d'être un entraîneur excellent en même temps qu'un meneur d'hommes étonnant. En été, lorsque Jean Duhau, Dop et Perez descendaient tard le soir de la gare Saint-Charles vers le cours Belsunce, ils trouvaient une douzaine d'Arabes dormant autour du bassin circulaire d'une fontaine. Alors, immanquablement, ils sortaient leur carte tricolore d'international et réveillaient les dormeurs nord-africains : « Police, inspecteurs Dop et Perez, faites l'inspection des pieds », commandait Duhau.

Aussitôt, Dop et Perez faisaient déchausser les prévenus qui obtempéraient d'un air ahuri, puis Duhau examinait tous ces pieds à l'air et d'un ton sentencieux décrétait : « Pieds sales, à laver. » Et c'est ainsi que les rares passants découvraient avec étonnement, au milieu de la nuit, douze Arabes faisant leurs ablutions dans le bassin de la fontaine !

Des animateurs comme Jean Duhau, on n'en trouve plus. Il était unique en son genre. Il était irremplaçable aussi ? On s'en rend mieux compte aujourd'hui. Lui non plus n'est plus des nôtres...

En dehors de toutes ces facéties, Jean Dop restait un joueur d'exception. Demi de mêlée en 1951, arrière en 1955, il a été un des héros de ces deux fameuses tournées du XIII de France en Australie et en Nouvelle-Zélande. Le démon du rugby et de la plaisanterie l'habita longtemps. On l'a vu à plus de quarante ans jouer sous un faux nom des matches de bienfaisance en rugby à quinze, sans pâlir devant les vedettes internationales de l'heure !

Bien longtemps après avoir rangé ses crampons, il s'amusait avec ses cadets. Il avait lancé un étrange défi à un des meilleurs sprinters de Provence. Le coureur était au départ du 100 mètres, pointes aux pieds, et Dop devait partir en même temps que lui, aux 50 mètres... mais avec son vieil ami Raoul Perez « le Gitan » sur les épaules.

Raoul avait nettement dépassé le quintal. Mais Dop, avec son chargement, arriva le premier... dix ans après avoir pris sa retraite internationale !

SAUVE PAR LES FRERES JACQUES

Outre les reportages sportifs, nous assurions les émissions quotidiennes d'informations telles qu' « Actualités de Paris » de Jean Calvel, à midi, et « Paris vous parle », le soir. Dans cette dernière émission, il m'est arrivé une aventure que je ne suis pas près d'oublier et dont le responsable ne fut autre qu'un monsieur très sérieux de la télévision : Pierre Desgraupes !

Aux Sports, nous étions considérés comme la rubrique « accordéon ». « Paris vous parle » durait exactement trente minutes. Si les informations générales se terminaient au bout de vingt-trois minutes, on nous allouait généreusement sept minutes, même si nous n'avions qu'un ou deux résultats secs à donner. En revanche, si elles s'étalaient pendant vingt-neuf minutes, il ne nous restait que soixante secondes, même si ce jour-là les résultats étaient tombés à la pelle. Vautrés dans une opulence chronométrique, ou nous serrant la pendule, nous étions bien la rubrique « accordéon » ! Ce jour-là, j'avais cinq minutes d'antenne et pas grand-chose à dire. A peine quelques feuilles avec de maigres résultats. Comme nous étions au printemps, je m'étais mis en manches de chemise, arborant de superbes bretelles. Dans le studio, il y avait Pierre Fromentin et Pierre Desgraupes qui présentait l'émission. Pendant que je débitais mes malheureux résultats sportifs et que je ne pouvais évidemment pas bouger, puisque nous étions en direct, Desgraupes et son complice Fromentin m'avaient attaché à ma chaise avec mes bretelles ! J'étais fixé à mon siège, comme un visage pâle à un poteau de torture chez les Cheyennes ou les Iroquois. Et je tournais mes feuilles avec les dents ! C'est à ce moment-là que Desgraupes mit le feu à mes papiers. J'avais beau passer la surmultipliée, lire mes résultats à grande vitesse, je n'eus pas le temps de finir que déjà je n'avais plus qu'un tas de cendres sur le bureau... et trois minutes à tenir le coup ! C'est alors que j'ai découvert la merveilleuse facilité de Pierre Desgraupes dans l'interview. Une facilité que le public apprécia ensuite dans « Lectures pour tous » ou « Cinq Colonnes à la Une », deux émissions de légende de la télévision.

Il a planté devant moi son sourire sardonique et m'a interrogé sur ce que j'avais vu le dimanche précédent, sur ce qui allait se passer le prochain week-end, et nous avons terminé l'émission dans une agréable conversation de salon...

Georges Briquet dirigeait le service des sports où nous étions réunis avec Loys Van Lée, le regretté Jean Quitard, un honnête homme entre nous, René Cipriani, Robert Chapatte, Georges de Caunes et un petit garçon de treize ans qui venait tous les dimanches nous aider à trier les résultats, et qui n'était autre que Thierry Roland. Georges Briquet, qui m'avait confié outre le rugby à treize, les sports automobiles, me dit un jour :

— Vous allez partir pour La Baule faire le passage du Tour Auto.

Il me donna les heures de train et les correspondances. Comment me suis-je perdu dans mes notes ? Je n'en sais rien. Quoi qu'il en fût, je n'ai pas pris le bon train ; pour arranger les choses je me suis trompé de car, j'ai repris un autre train, je suis descendu trop tôt et, quand je suis enfin arrivé à La Baule, le Tour Auto était passé depuis longtemps !

La plage était déserte, il ne restait que la voiture de la Radio et les techniciens qui m'accueillirent d'un air goguenard : « Il était temps que tu arrives, nous allions plier bagages. » Que faire ? C'est alors que je vis arriver quatre baigneurs qui me dirent : « Vous savez, nous étions là pour le passage des voitures car nous sommes passionnés d'automobile. Nous avons pris les temps, nous avons bavardé avec les pilotes. Si vous voulez, nous pouvons vous sauver la mise. Nous allons faire la foule, les voitures et, pour les coureurs, vous n'avez qu'à nous interviewer. »

L'émission ne devant passer que le soir, en différé, le coup de bluff, quoique peu recommandable, était possible. N'ayant pas le choix, je me suis dit : « Vogue la galère. Si c'est trop mauvais je ne passe pas l'enregistrement. »

Ce fut une parfaite réussite. Mes quatre lascars se multipliaient, il y avait une ambiance étonnante autour de mon micro. Je n'ai jamais eu d'interviews aussi faciles, ces pilotes improvisés me donnaient un luxe de détails inouï ; avec eux, nous étions en plein Tour Auto. Il fallait, il est vrai, s'appeler les Frères Jacques pour réussir cet exploit radiophonique. Ils doivent en rigoler encore !

Malgré cette réussite, croyez bien que je n'ai jamais essayé de recommencer une semblable expérience.

L'immeuble de la Radio aux Champs-Elysées avait alors une spécialité : son ascenseur marchait toujours très mal. Quand il n'était pas en panne, il oubliait de s'arrêter à votre étage, ou bien se bloquait entre deux paliers. A l'époque, le sympathique Teitgen, frère du ministre M.R.P., faisait un bulletin politique le matin puis, l'émission terminée, il partait avec un camarade boire un café au tabac voisin, le « George V ». Ce matin-là, l'ascenseur, par inadvertance sans doute, était arrêté à l'étage. Voulant profiter de cette rare aubaine ils décidèrent de le prendre. Tandis que le très croyant Teitgen appuyait sur le bouton de descente, son compagnon lui dit : « Tu vois, s'il y a un bon Dieu, ce maudit ascenseur devrait se décrocher un de ces quatre matins ! »

Il avait à peine achevé ses paroles que... paf ! l'ascenseur rompit ses amarres et alla s'écraser au rez-de-chaussée ! On les a extirpés de leur cage assez mal en point et complètement K.O.

Depuis, Teitgen prend régulièrement l'escalier. Il estime que c'est le meilleur moyen pour arriver tranquillement au ciel sans brûler les étapes. Mais, au fait, il se trouve maintenant dans ce magnifique Palais de la Radio et, là, il paraît que les ascenseurs marchent très bien... A sa place, je me méfierais quand même un peu...

En 1951, on m'avait demandé de venir à la fameuse « Kermesse aux Etoiles », aux Tuileries, présenter quelques vedettes. Dans cette cohue gigantesque, au milieu des bousculades et des tiraillements, un petit bonhomme maigre, au visage un peu hébété, vêtu d'un costume élimé, m'accrocha et me dit :

— Je m'appelle Gaétan de Lanzac, je suis du journal *Match* et je voudrais prendre quelques photos de vous.

Nous avons bavardé un moment et, dans la conversation, cet étrange photographe me confia : « J'ai une affaire très intéressante à vous proposer. Je m'occupe en ce moment de types extraordinaires, de musiciens-chanteurs qui arrivent d'Amérique du Sud. C'est un marquis espagnol qui les a fait venir et il a loué pour demain, à minuit, une boîte de nuit à Montmartre. S'ils vous plaisent, vous pouvez devenir leur imprésario, ils vous donneront dix pour cent de tous leurs gains. »

Le lendemain à minuit, je retrouvais Gaétan de Lanzac et son inquiétant visage maladif, le marquis espagnol, d'une allure majestueuse, hautaine et glacée, ainsi que le groupe sud-américain en costume folklorique.

A la fin de l'audition, j'étais emballé : c'était réellement un ensemble de grande classe.

— Alors, me questionna Gaétan de Lanzac, en mettant un maigre sourire sur sa figure chafouine, vous voulez bien accepter d'être leur imprésario en Europe ?

— Je regrette, ce n'est pas possible, je suis reporter, ce n'est pas mon métier de diriger des artistes. Mais je vais demander à ce qu'ils passent à la Radio. Comment s'appellent-ils ?

— Les Guaranis.

Eh oui ! c'étaient les Guaranis, complètement inconnus à ce moment-là.

Si j'avais accepté la proposition de Gaétan de Lanzac, ils

auraient peut-être assuré ma fortune mais, je vous l'ai déjà dit, je ne suis pas doué pour les affaires !

Je me suis toujours fait rouler par des gens à l'esprit retors. Gaétan de Lanzac fut un de ceux-là. Quelques jours après la présentation des Guaranis, il m'emprunta 10 000 francs. Il vint encore déjeuner plusieurs fois à la maison et, un jour où il était plus crasseux que d'habitude, il me demanda de lui prêter un costume, une chemise et 20 000 francs, car il avait un dîner très important avec le marquis. Il partit donc avec mon plus beau costume, une chemise et une cravate neuves que ma femme venait de m'offrir et, afin qu'il fût plus distingué, je lui prêtai encore une superbe épingle de cravate.

Le lendemain, je devais le revoir à la Radio. Entre-temps, cette histoire commençait à me troubler, car je ne voyais jamais sortir mes photos dans *Match* ! L'idée me vint que Jean Calvel pouvait tirer l'affaire au clair. Prétextant un vague motif de service, je priai Gaétan de m'attendre et j'entrai dans le bureau de Jean.

« Dis donc, Jean, ce type m'inquiète. Peux-tu te renseigner à *Match* ? Il téléphona aussitôt au journal à un de ses amis et, comme je le craignais, hélas ! personne à *Match* n'avait jamais entendu parler d'un Gaétan de Lanzac !

Je bondis hors du bureau, mais l'oiseau s'était envolé ! Une secrétaire en sortant n'avait pas refermé la porte et le ci-devant Gaétan de Lanzac avait entendu le coup de téléphone de Jean Calvel. Il n'avait pas attendu la réponse pour s'évaporer ! J'étais furieux de m'être ainsi fait rouler. Sous l'empire de la colère, j'ai téléphoné au célèbre commissaire Clot que j'avais connu avant-guerre, avec M. Roche, dans l'affaire de la malle sanglante ! Pour le commissaire Clot ce n'était qu'une banale escroquerie, comme il s'en voit tant chaque jour à Paris. Il m'a tout de même répondu avec gentillesse : « Bon, on va toujours interroger le marquis qui ne doit être que son complice ! »

La police alla voir le marquis à l'hôtel Crillon, mais il fallut bien se rendre à l'évidence, c'était un marquis tout ce qu'il y avait de plus authentique, et comme il était un vrai grand d'Espagne le fameux Gaétan lui avait emprunté 300 000 francs !

Un peu plus tard, Gaétan de Lanzac fut arrêté. Il commettait de nouvelles escroqueries en se faisant passer, cette fois, pour le champion cycliste Guégan. Il avait en quelque sorte changé de roue. En vérité, il ne s'appelait pas Gaétan de Lanzac. Il était le fils d'une honorable famille alsacienne, mais son cerveau était un peu détraqué. Il fut enfermé, je crois, dans un asile d'aliénés où le pauvre gars essaya de se suicider avec mon épingle de cravate. On le conduisit à l'hôpital avec une perforation de l'intestin. Une opération lui sauva la vie mais ne lui rendit pas la raison, pas plus qu'on ne me restitua mon costume neuf et mes 20 000 francs !

LA VALSE VERTIGINEUSE

La course automobile est une véritable valse avec la mort. Celle-ci est là, sur la piste, tournant sans cesse avec les pilotes, et de temps en temps, elle en entraîne un dans ses bras. Un pilote est toujours un mort en sursis. J'en eus la conviction au Grand Prix d'Allemagne.

Ma femme était venue avec moi assister à cette épreuve, l'une des plus terribles qui soient, sur l'impitoyable circuit du Nürburgring. Jean Behra, un grand coureur d'antan, nous avait offert un petit tour dans son bolide personnel, afin de reconnaître le parcours qui, sur 13 kilomètres, est l'un des plus tourmentés du monde avec le célèbre « karoussel », le mur de la mort et ses multiples virages qui forment une monumentale épreuve de vérité, tant pour les voitures que pour les pilotes.

Jeannot et ma femme étaient devant, et je partageais la banquette arrière avec José Behra. Tandis que Jean Behra, très à l'aise, pilotait machinalement, souriant, très détendu, bavardant de la pluie et du beau temps, j'étais liquéfié, mort de peur. Virages sur les chapeaux de roue, lignes droites à 200 à l'heure, je ne voyais qu'un tourbillon d'arbres, de nuages et de rubans de route. Jamais je n'avais roulé à une vitesse pareille. Je retenais mon souffle et ma salive. Enfin la voiture stoppa devant les stands. Toujours très aimable, Jean Behra nous demanda :

— Alors, ça vous a plu ?

— Oui, oui ! répondis-je, d'un air faussement ravi.

— Bon, voulez-vous une seconde promenade en appuyant un peu plus sur le champignon ?

Je remerciai poliment, assurant avec perfidie que ce n'était pas la peine de le déranger, que le premier tour nous avait donné une parfaite idée, que Paris devait m'appeler au téléphone, enfin tout ce qui l'empêcherait de redémarrer avec nous à bord, quand Noune, qui d'habitude n'est jamais rassurée en voiture, s'écria : « Voyons, Roger, tu as bien cinq minutes, ça me ferait bien plaisir de faire un autre tour ! »

Ah ! je crois que je l'aurais tuée ! Je me suis contenté de la pincer un bon coup. Elle a fait aïe ! et a changé aussitôt d'avis. Courageux, certes, mais pas téméraire, j'ai rarement été plus soulagé qu'en descendant de ce bolide !

L'épreuve qui m'a le plus bouleversé fut l'affreuse course des 24 Heures du Mans en 1955. Ce fut un des documents les plus atroces que la télévision ait diffusé ! Il était environ 17 heures et j'effectuais le reportage avec Raymond Marcillac, pour la radio. Nous attendions le passage de Fangio. Tout à coup, un éclair rouge a embrasé la piste, juste devant nous. Sur le moment, nous n'avons pas très bien réalisé ce qui était arrivé. Même de très près, on ne se rendait pas compte de l'importance de l'accident. Il y avait des flammes, des cris, mais la ronde continuait comme étrangère au drame qui venait d'avoir lieu.

Raymond m'a dit : « Garde l'antenne, continue, je descends voir ce qui s'est passé. »

Un quart d'heure après, il revenait le visage décomposé, les lèvres serrées. « Tu ne peux pas savoir ce que c'est, un véritable carnage, il y a des dizaines et des dizaines de morts ! »

J'étais abasourdi quand, image horrible, hallucinante, qui marquera dans ma mémoire ces 24 Heures de l'horreur, je vis passer devant moi un homme hagard qui courait avec son enfant sur les épaules. Cet enfant n'avait plus de tête !

Je sais bien qu'un accident n'arrête pas une course, que cette lutte malgré la mort a une certaine grandeur. Je sais aussi qu'en arrêtant l'épreuve on eût provoqué une véritable panique parmi les 250 000 spectateurs, que les secours n'auraient pu arriver car le tunnel d'accès aurait été envahi, bouché par la marée humaine. Je sais tout cela, pourtant je pense que deux heures après cette catastrophe, exceptionnelle dans l'histoire de la course automobile, qui avait provoqué plus de cent morts, on devait neutraliser la course. Tout au moins les autres marques, à la tombée de la nuit, auraient dû suivre l'exemple de Mercedes qui se retira de la course en signe de deuil.

Cela n'a pas été et voilà pourquoi j'éprouvais une certaine gêne en assistant au triomphe de Mike Hawthorn. L'Anglais à la chevelure dorée n'avait certes été qu'une cause involontaire de l'hécatombe, il s'était rabattu trop vite avec sa Jaguar vers son stand de ravitaillement, Lance Macklin avait dû faire un écart à gauche et Levegh l'avait percuté de plein fouet, provoquant une véritable explosion. Pourtant, il y avait quelque chose d'inhumain, quelques heures après ce drame — qui devait rester comme la plus grande catastrophe de tous les temps de l'histoire du sport automobile —, de le voir dans sa machine, à l'arrivée, en train de s'arroser la tête avec un magnum de champagne !...

C'est une image que je n'ai jamais oubliée. Elle me bouleverse encore quand je la replace dans les circonstances de cet horrible moment...

Dans la tribune radio-télévision de l'Automobile Club de l'Ouest pour les 24 Heures du Mans.

Si le rugby est un terrain d'exaltation pour l'homme et la joie de vivre, la course, dans son vacarme fracassant, est une vertigineuse plongée en avant où les pilotes, kamikazes du progrès, entraînés par leur mystique de la vitesse, foncent vers une sorte de mirage qu'ils n'atteignent jamais. Certes, la course est leur métier, mais c'est beaucoup plus que cela, c'est aussi une certaine façon de vivre où l'existence n'aurait, semble-t-il, aucune importance. Il suffit de jeter un coup d'œil sur la liste tragique des as tués en pleine course, ces dernières années, pour comprendre que les pilotes, mieux que quiconque, connaissent les risques de ce continuel ballet avec la mort.

J'en ai connu beaucoup, beaucoup qui ne sont plus, et tous m'ont dit, comme Jean Behra, mon ami :

En bordure de piste, au Mans, avec Tommy Franklin.

« Nous ne demandons aucune pitié, nous faisons notre métier, tout ce que nous voudrions, ce serait que le public nous comprenne ! »

Il ne faudrait pas les prendre, pourtant, pour des êtres insensibles. J'étais au bar du Nürburgring, la veille de la course, avec Fangio et Gonzales lorsqu'on leur annonça que Marimon, leur jeune élève, venait de se tuer sur le circuit. J'ai rarement vu une peine aussi tragique que celle de ces deux coureurs chevronnés. C'est peut-être la mort de ce jeune homme de 22 ans qui devait les décider à abandonner la compétition peu après. Tous, hélas ! n'ont pas su s'arrêter à un signe du destin...

Je me trouvais en direct au Grand Prix de Monaco pour « Sports et Musique » au moment précis où Ascari avec sa Lancia, à la sortie du tunnel, à « la Chicane », quitta la route pour plonger dans la mer, soulevant une fantastique gerbe d'écume.

Instinctivement, je me suis levé pour voir ce qui se passait. En me précipitant vers le point de chute je suis tombé sur le circuit, me blessant à un genou. J'avais tellement mal, que j'ai cru que ma jambe était brisée. On m'a donc transporté sur une civière jusqu'au brave docteur Orechia qui assurait le service médical sur le circuit. Il m'a mis la jambe dans une gouttière et je suis revenu sur une civière à mon poste assurer la fin du reportage. Aussitôt après, une ambulance est venue me chercher et m'a transporté directement à la clinique de Monaco. A peine installé dans une chambre, je m'aperçus que mon voisin de lit n'était autre qu'Ascari que l'on avait repêché et qui était sorti indemne, ou presque, de son accident. On le gardait simplement en observation. Une heure après on me plâtra la jambe et Ascari, qui ne souffrait que d'une petite coupure au nez et qui parlait très bien le français, me raconta comment, grâce à la rapidité des secours, il s'en tirait à si bon compte alors que tout le monde, lui-même le premier, croyait que sa dernière heure était arrivée.

— Tu vois, me dit-il, au bout de son récit, ce qui m'embête dans cet accident, c'est que les hommes-grenouilles n'ont pas retrouvé mon casque. Or, ce casque était mon fétiche. Nous accrochons tous notre chance à de petites choses comme ça car, lorsqu'on risque ainsi sa peau, il faut bien avoir certaines superstitions. Ce casque, vois-tu, c'était celui de mon père qui s'est tué à Montlhéry. Je ne cours jamais sans lui. C'est mauvais signe.

Je le sentais profondément touché par ce qui ne paraissait plus être qu'un simple détail ; aussi, essayai-je de lui remonter le moral. Là-dessus, l'infirmière nous apporta nos fiches à remplir et nous avons constaté avec étonnement que nous étions nés le même jour exactement : le 12 juillet 1918. Cette coïncidence a beaucoup frappé Ascari qui était dans le fond très sensible à ces signes du destin.

— Cette coïncidence, m'avoua-t-il, est surnaturelle. Le jour où j'aurais dû mourir je suis sauvé et je me trouve sur un lit d'hôpital avec un gars qui est né exactement le même jour que moi ! C'est fantastique ! Il n'y a que la perte de mon casque qui m'inquiète. Ecoute, il faut que je t'écrive en arrivant à Milan.

Il partit effectivement pour Milan avec sa femme, le lendemain matin. De mon côté, je quittai Monte-Carlo en wagon-lit, le soir, par le train bleu. A Paris, une ambulance m'attendait à la gare pour rentrer chez moi. Je devais me reposer deux semaines environ avec ma jambe dans le plâtre, le temps que mon genou désenfle. Trois jours après, André Bibal me téléphona :

— Tu connais la nouvelle ? Tu es au courant de l'accident d'Ascari ?

— Tu parles, si je suis au courant ! J'étais même aux premières loges puisque j'ai passé ma nuit en clinique avec lui !

— Je ne te parle pas de celui-là ! Ascari vient de se tuer à Monza, en essayant la Ferrari de Castellotti.

J'étais encore abasourdi par cette nouvelle quand ma femme m'apporta une lettre. Elle venait de Milan. C'était Ascari qui, quelques heures avant sa mort, m'écrivait :

« Voilà ! nos destins sont liés, tout ce qui t'arrivera m'arrivera et tout ce qui m'arrivera t'arrivera. Il faut se tenir au courant. Ecris-moi... »

Cette lettre, je l'ai conservée pieusement. Cet appel venant presque d'outre-tombe me terrorisa longtemps. Aujourd'hui, je n'éprouve plus la même crainte. Pourtant, je ne puis m'empêcher de penser au casque d'Ascari, à ce fétiche que pour la première fois il ne portait pas à Monza. Etait-ce vraiment un signe du destin ou, tout simplement, Ascari n'avait-il point perdu cette confiance en soi qui, pour un pilote, est une véritable assurance contre la mort ?

Mais peut-on aussi défier impunément sa destinée quand on fait un métier aussi dangereux ?...

Personne ne peut répondre à cette question. La vie et la course continuent...

VOUS ETES FORMIDABLES

Mon entrée dans l'équipe de Jacques Antoine, en 1952, m'ouvrit de nouveaux horizons. Jacques Antoine est pour moi une sorte de monstre sacré de la radio. Je n'ai jamais vu un homme alliant dans son action tant d'imagination, de talent et d'aisance. C'était un hyper-nerveux. Si quelque chose ne lui plaisait pas, il fichait tout en l'air et l'on recommençait tout ; on faisait un autre sujet deux ou trois heures seulement avant l'émission. L'imagination de Jacques Antoine a vraiment fait bouger la France entière, elle a fait descendre des millions de Français dans la rue.

Je fus un des premiers de son équipe, avec Pierre Bellemare, le regretté, Jacques Bénétin, Guy Lux, Jean-Paul Rouland, Etienne Bierri, Pierre Desgraupes, Robert Lamine, Favière, Igor Barrère, Francel, Jean-Marc Thibault, Armand Jammot, etc. C'était une équipe assez exceptionnelle ; d'ailleurs, bon nombre de ses membres ont fait leur chemin depuis !

Jacques Antoine, associé à Jean-Jacques Vital, produisait sur Radio-Luxembourg une émission-choc qui eut un énorme succès et qui s'appelait « Monsieur B court toujours ». Chaque semaine, nous devions réaliser des choses extraordinaires dans des villes différentes. Ainsi avons-nous fait couler du vin des fontaines, s'endormir un village, grimper des hommes-singes aux fenêtres, découvrir des pièces d'or. Chaque semaine, « Monsieur B » faisait ses coups d'éclat et il fallait le rattraper pour toucher une véritable fortune ! Ce mystérieux Monsieur B était chaque semaine un animateur différent de l'émission que tous les auditeurs prenaient en chasse. Un jour où Pierre Bellemare tenait ce rôle, un auditeur a reconnu la voiture que l'on avait décrite au début de l'émission. Alors, du côté de Provins, on a assisté à une poursuite effrénée. Bellemare, ne voulant pas se laisser rejoindre, appuyait de plus en plus sur l'accélérateur, mais son poursuivant ne le lâchait pas d'une semelle. L'inévitable arriva. Pierre Bellemare dérapa dans un virage, son « chasseur de prime » le percuta et les deux voitures boulèrent dans le ravin. Pierre Bellemare eut ainsi trois côtes enfoncées et son vainqueur se retrouva avec sa femme à l'hôpital en bien piteux état.

Mais une émission, aussi bonne qu'elle soit, s'émousse au fil des semaines. Que ce soit à la radio ou à la télévision, il faut renouveler sans cesse, changer constamment de genre, de sujet. Après « Monsieur B court toujours », Jacques Antoine lança « Au pied du mur », sur Radio-Luxembourg. Seul pendant dix minutes, j'étais en face d'un événement dangereux et je devais donner mes impressions sur le vif. On m'a fait faire ainsi les choses les plus invraisemblables. Ficelé sur une voie de chemin de fer, je devais donner mes impressions sur l'arrivée d'un rapide qui allait passer au-dessus de moi. J'ai servi de cible vivante à un lanceur de haches qui, de quinze mètres de distance, plantait ses projectiles, tout autour de mon corps, à ras des oreilles, des bras, de la ceinture et des jambes. On m'a fait voyager avec un transport de nitroglycérine. J'ai fait de l'équilibre sur les toits. Comme vous pouvez le constater, ce n'était pas une émission de tout repos ! Mais, comme toutes celles de Jacques Antoine, sa force résidait dans sa vérité-choc...

Puis on est arrivé à l'une des plus fameuses émissions que le monde de la Radio ait jamais connues : « Vous êtes formidables » sur Europe n° 1.

Jacques Antoine s'attaquait là aux grands problèmes de notre temps. Ce n'était plus une simple distraction radiophonique, mais une véritable prise de conscience de toute la nation. Effectivement, c'est la France entière qui a été secouée, émue, passionnée par ces « émissions raz de marée ». Que ce soit le drame hongrois, la catastrophe de Marcinelle, les Cœurs d'enfants, la venue de l'Américain Spanel au village de La Fayette, etc.

Comme dans toute émission en direct, nous avions des difficultés sans nom et quelquefois tout n'allait pas pour le mieux dans nos improvisations. Par exemple, je me souviens d'une chose assez drôle qui m'arriva à Troyes, le jour où nous avons volé au secours du Père Lafra qui avait besoin de charbon pour chauffer son église. Nous étions, le Père Lafra et moi, sur une estrade au milieu de la place. Autour de nos tréteaux, il y avait des milliers de Troyens qui étaient venus porter leur obole et leurs encouragements. Je devais terminer l'émission par la chute suivante : « Père Lafra, si vous mouriez, 30 000 Troyens viendraient à votre enterrement. » Mais, ce jour-là, j'étais particulièrement ému car je m'incorporais au drame que nous traitions et je dis ceci au micro : « Père Lafra, si 30 000 Troyens mouraient, vous iriez certainement à leur enterrement ! A vous, Pierre Bellemare. » Mais, dans le studio, Bellemare, plié en deux pour étouffer la vague d'hilarité que je venais de déclencher, était incapable de reprendre l'antenne et l'émission s'est terminée ainsi, un pied en l'air. Bellemare, secoué par le boyau de la rigolade, ne pouvant absolument pas conclure, dans cet état, un sujet aussi poignant.

En magicien, pour « Intervilles », entre Dinard et Saint-Malo...

D'une certaine manière, moi aussi, j'étais formidable...
en jouant les jockeys sur ce sulky.

Ce genre d'émission fut souvent pour moi une épreuve terrible. Par exemple, lorsque Jacques Antoine accepta d'apporter un dernier rayon de soleil à un pauvre gosse condamné par la leucémie. Ses parents, désespérés, accablés, étaient venus nous voir. « Nous n'avons qu'un fils, un petit garçon qui est toute notre vie, il a douze ans, mais les médecins ne nous ont laissé aucun espoir. Il va mourir dans quelques jours. Nous voudrions réaliser ses derniers rêves, mais nous sommes très pauvres. Nous vous en supplions, faites quelque chose pour lui. »

Nous restions là, la gorge serrée, devant ces malheureux. Pierre Bellemare lança l'appel, il était au bord des larmes, mais pour moi ce fut atroce. J'étais en direct dans cette petite maison de banlieue auprès de ce petit garçon adorable du même âge que mon fils Laurent. Il se savait très malade, mais il croyait guérir, et je devais lui redonner l'espoir alors que je savais que, dans quelques jours, la mort allait effacer ce sourire d'enfant. Jamais je n'ai tant souffert qu'en essayant de rire, en lui montrant tout ce que l'on envoyait de la France entière pour qu'il connût une ultime joie. Les pauvres parents étaient affolés, ils ne pouvaient plus rentrer chez eux tant il y avait de jouets, de livres, de ballons, de patins à roulettes, tout ce que cet enfant rêvait d'avoir et qu'il possédait ainsi. Trop tard. Il garda, jusqu'aux portes de la nuit, son sourire d'ange.

Dans une autre émission, nous sommes venus à l'aide de monseigneur Bata qui avait besoin d'argent pour les œuvres de sa mission. Ce soir-là, je devais faire une conclusion qui est restée célèbre dans l'équipe de « Vous êtes formidables », bien que les auditeurs ne l'eussent point relevée.

J'étais à la gare de Lyon. Je terminais ainsi : « Et j'aperçois le train qui s'en va et monseigneur Bata qui part vers ce destin. » J'étais là, ne sachant plus quoi dire. Mais, ne perdant pas mon sang-froid, je conclus avec beaucoup de conviction : « ... ce destin qui est le sien ». Cela ne voulait absolument rien dire et les petits copains de l'émission ne manquèrent pas de me blaguer sur ce destin.

Le destin de Monseigneur Bata devait d'ailleurs nous ramener notre missionnaire en piteux état. Arrivé à Lyon, il n'avait pu trouver une chambre que dans un hôtel borgne. Quelques malandrins, après avoir assommé le pauvre homme, lui dérobèrent sa valise ! Mais les braves gens de France sont vraiment formidables, une nouvelle émission renfloua les bonnes œuvres de Monseigneur Bata.

Cette émission-choc me permit de connaître des personnages qui étaient formidables eux aussi. Celui qui m'impressionna le plus fut, incontestablement, l'abbé Pierre. Son action pour aider les mal logés était très discutée. Certains lui reprochaient d'avoir gaspillé de l'argent en bâtissant avec les Chiffonniers d'Emmaüs des logements de mauvaise qualité ; ils auraient aimé qu'il en construisît moins mais mieux finis, plus durables. L'abbé Pierre avait voulu surtout donner un toit décent, et tout de suite, aux misérables habitants vivant comme des bêtes dans des bidonvilles où des bébés étaient mordus par les rats, où des vieillards agonisaient, dans de véritables porcheries, de froid, d'abandon, de renoncement.

De toutes ses forces, il avait lutté pour remplacer ces assemblages de vieilles tôles rouillées émergeant l'hiver dans un océan de boue, aux frontières de l'humanité, par des baraquements en planches. « Avant de faire de l'urbanisme, au lieu de faire des plans qui aboutiront dans des années, je cherche à donner immédiatement un toit, un foyer, modeste certes, mais qui soit une raison de vivre. Je veux essayer de sauver tout de suite ces enfants, ces vieillards, ces infirmes qui, sans notre action instantanée, vont mourir aujourd'hui, demain, après-demain, chaque jour que Dieu fait. »

L'abbé Pierre avait tant lutté qu'on avait dû le transporter dans une clinique, en Suisse. C'est là que je devais lui poser, en direct, les questions des auditeurs de « Vous êtes formidables ». Il m'avait reçu avec une bonté d'apôtre bien qu'il fût amaigri, fiévreux, malade, à bout de fatigue et de privations. « C'est peut-être une nouvelle épreuve que Dieu m'impose, me dit-il, mais je vais essayer de répondre à ces questions, si toutefois j'en ai la force physique. »

Les auditeurs posèrent des questions dures, cruelles même. Très ému, j'observais le visage décomposé de l'abbé Pierre qui répondait, avec une lucidité de visionnaire et une indulgence de saint, à toutes les critiques, à tous les pièges.

A la fin de l'émission, l'infirmière entra, furieuse. « Ce n'est pas raisonnable, monsieur l'abbé, vous vous tuez, il faut arrêter tout. »

Il s'allongea livide, comme s'il venait de sacrifier à la charité son dernier souffle de vie. L'infirmière éteignit la lumière ne laissant que la veilleuse bleue. Dans la pénombre je restais près de lui, sans mot dire. Je croyais qu'il s'était assoupi, quand il me dit : « Mais pourquoi m'en veulent-ils ? Pourquoi me posent-ils toutes ces questions ? Pourquoi sont-ils méchants avec moi ? Je n'ai rien fait de mal. Je ne suis qu'un pauvre homme, j'essaie de faire un peu de bien. C'est difficile d'être bon... »

Il est resté longtemps silencieux puis il m'a demandé :

— Croyez vous que j'aie réussi à les convaincre ?

— Oui, mon père, je crois.

Il m'a pris la main, la sienne était brûlante :

— Et vous, est-ce que je vous ai convaincu ?

— Bien sûr, mon père.

Il a alors soupiré et s'est endormi soulagé à l'idée que cette émission lui avait permis de faire pénétrer dans le cœur des hommes un peu de pitié, un peu de bonté, un peu de charité, surtout.

Au volley-ball sur la plage d'Hossegor :
la tenue n'est pas classique. Le style non plus...

LA TETE ET LES JAMBES

Grâce à Pierre Bellemare, je débutai à la télévision en 1956 avec l'émission qui passionna le plus les téléspectateurs, celle qui fit vendre aussi le plus grand nombre de postes et qui contribua plus que toute autre au grand « boum » de la télévision en France : « Télé-Match » et son fameux morceau de bravoure : « la Tête et les Jambes ». Jacques Antoine et Pierre Bellemare avaient vraiment mis au point le jeu idéal pour la télévision. Un candidat (la tête) était interrogé sur un sujet qu'il avait choisi. A chaque fois qu'il chutait, son coéquipier, un champion (les jambes), devait réaliser une performance pour le rattraper. Si le champion échouait, l'équipe était éliminée. La difficulté des performances était accrue chaque semaine.

C'était simple et passionnant parce que les téléspectateurs vivaient un terrible suspense à chaque fois que la tête commettait une erreur. Tous les autres jeux, malgré leurs qualités, ne sont jamais arrivés à ce suspense suprême de « la Tête et le Jambes », car ils n'en avaient ni la simplicité, ni l'efficacité, ni la force captivante.

L'intérêt était d'ailleurs souvent fourni par des champions de sports méconnus mais terriblement télégéniques. Une telle émission m'a valu d'innombrables émotions.

C'était Pierre Bellemare qui « cuisinait » la tête et moi qui présentais les jambes. Bien sûr, Pierre tranchait les litiges, souvent délicats, c'était lui aussi qui posait les questions savantes sur lesquelles le concurrent trébuchait, tandis que moi j'étais le soutien des champions. Je les encourageais, je me réjouissais de leur réussite — forcément, toujours le côté sportif : alors les gens disaient : « Couderc est gentil, tandis que Bellemare est sévère. » Ce qui est absolument faux. Non pas que je refuse d'être considéré comme un brave type, mais je puis certifier que Pierre Bellemare était aussi heureux que moi de voir les équipes de « la Tête et les Jambes » gagner. Mais, même à la télé, il n'est pas recommandé d'être arbitre !

Nous avons fait défiler ainsi toute une galerie de champions des genres les plus divers. Certains ont apporté un caractère dramatique à l'émission, comme Roger Rivière. Le recordman de l'heure, le super-champion de l'époque, obligé de rattraper la tête plusieurs fois de suite dans la même émission, fut contraint d'abandonner. Son cœur n'avait pas eu le temps de retrouver ses pulsations normales et il était devenu absolument incapable de réaliser le temps qu'on exigeait une nouvelle fois de lui. Plutôt que de craquer, il préféra renoncer.

J'ai vu un autre grand champion, le nageur Aldo Eminente, aller réellement au bout de lui-même et tomber en syncope à l'arrivée de son troisième 100 mètres en moins de 59'' et à 12' d'intervalles.

Mais le cas le plus dramatique fut sans aucun doute celui de M. Thomas. Amputé des deux jambes à la suite d'un accident, il était devenu par sa seule volonté un remarquable champion de tir à l'arc. De sa voiture de mutilé, il devait mettre des flèches dans une cible puis crever des ballons. Le suspense était d'autant plus grand que toute la France encourageait M. Thomas, tout le monde voulait le voir gagner et tremblait pour lui à chacune de ses flèches, M. Thomas avait passé victorieusement les trois premiers tours mais, en quatrième semaine, il échoua de peu. La règle du jeu était impitoyable : puisqu'il n'avait pas réussi la performance qu'on lui avait imposée, il était éliminé, perdant du même coup un million d'anciens francs.

J'étais navré car pour M. Thomas, magnifique exemple de courage, il s'agissait d'un cas humain qui touchait notre sensibilité. Pierre Bellemare avait à peine prononcé sa sentence, avec beaucoup de regret, d'ailleurs, que nous recevions un nombre vertigineux d'appels téléphoniques. Des milliers et des milliers de téléspectateurs faisaient le siège du standard de la rue Cognacq-Jay. C'était la panique. A l'instar de l'apprenti sorcier, Pierre Bellemare était dépassé par les forces qu'il avait libérées et qui se retournaient contre lui alors que, malgré son désir de voir gagner M. Thomas, il devait appliquer le règlement.

Que faire ? La règle était la même pour tous. Mais ce qui, au départ, n'était qu'un jeu était devenu une affaire d'Etat. Le lendemain, des lettres, par milliers encore, des pétitions, des injures, des menaces, s'abattirent dans nos bureaux. Des dizaines de milliers de téléspectateurs réclamaient l'indulgence, le repêchage du brave M. Thomas qui restait confus d'avoir suscité un tel raz de marée. Puisque c'était un vœu unanime, et puisqu'il ne s'agissait, après tout, que d'un jeu, pourquoi aurions-nous refusé ? D'ailleurs, nous aussi, si nous avions été téléspectateurs, nous aurions réclamé le retour sur l'écran de M. Thomas. Il continua donc en cinquième semaine et il gagna.

Un qui devait me faire passer des moments affreux, c'était mon vieil ami Puig-Aubert. Depuis le temps où, en 1944, à Toulouse,

Puig-Aubert semblait sûr de lui ! Oui, mais...

j'avais assisté à sa révélation, « Pipette » avait bu autant de pastis et fumé autant de cigarettes que l'on passait de drops chaque semaine dans toute la France ! C'est assez vous dire qu'en cette fin de carrière il n'avait pas la forme, mais des formes assez confortables. Malgré son embonpoint, Puig-Aubert avait gardé son fabuleux coup de botte.

Il devait passer des buts de trente-cinq mètres en face et faisait équipe avec M. Faucher qui était, lui, interrogé sur l'histoire de la Presse. M. Faucher fut, d'ailleurs, une « tête » étonnante. Tandis qu'il était interrogé en studio, j'étais avec « Pipette » au Parc des Princes. En s'amusant, il passait tous les buts qu'il voulait entre les barres. J'étais persuadé qu'une telle équipe allait gagner haut la main. Effectivement, la première semaine, « Pipette » fit le voyage de Perpignan pour rien, M. Faucher n'avait pas commis la moindre erreur, ce qui était rare. En deuxième semaine, second voyage inutile, M. Faucher ayant encore répondu à toutes les questions, ce qui était étonnant.

— Dis donc, Roger, me dit Puig-Aubert en plaisantant, tu ne crois pas que, si jamais nous gagnons, on va me traiter de fainéant ?

Avec la troisième semaine, cela devenait prodigieux. A peine Pierre Bellemare posait-il la question que la réponse fusait avec un luxe de détails qui nous sidérait. Il faisait un froid de canard ce soir-là au Parc des Princes et la pluie avait rendu le terrain spongieux. En petite culotte, prêt à intervenir, « Pipette » n'arrivait pas à se détacher du poste de contrôle, tellement M. Faucher déjouait avec aisance, presque avec désinvolture, les pièges des questions de Pierre Bellemare. Le grand, l'unique, l'inoubliable Max Rousié avait même effectué le déplacement pour encourager « Pipette »...

— Il est formidable ! s'exclamait à mes côtés Puig-Aubert à chaque réponse juste.

A la dernière réponse de la dernière série, M. Faucher ne comprit pas bien le sens de la question de Pierre Bellemare et ne put répondre. C'était à « Pipette » de justifier son talent. Malheureusement, sur un terrain lourd, il avait du mal à bloquer sa course et puis rester là, debout, sans bouger, les jambes nues, par un froid pareil, ce n'est guère recommandable. Mais surtout, phénomène étonnant, mystère de la chose télévisée, « Pipette », le plus fameux butteur du monde, l'homme qui à Paris, Marseille, Leeds, Sydney, Auckland ou Carcassonne, gardait, dans les pires moments, un incroyable sang-froid, ce soir-là, dans un stade vide mais épié par l'œil électronique, eut le trac et cela pour la première fois de sa vie. Il ne réussit que cinq buts sur dix, proportion indigne de lui. Il fut donc éliminé, ainsi que M. Faucher.

Cet échec de « Pipette » était bien dû à cette angoisse indéfinissable qui s'empare des gens placés dans le champ des caméras car, le lendemain, au bois de Vincennes, dans un reportage monté par Henri Garcia pour *l'Equipe*, il passa dix buts sur dix sous un angle inimaginable, en tapant à dix mètres du drapeau de coin !

Aujourd'hui encore, lorsque nous nous retrouvons, il ne manque jamais de me rappeler : « Tu te souviens, Roger, "la Tête et les Jambes" ? Quelle honte ! »

Au contraire de Puig-Aubert, certains champions étaient stimulés par les caméras. Ce fut le cas de l'haltérophile Jean Debuf qui réalisa ses meilleures performances au cours de l'émission de Jules Ladoumègue, mon confrère de la radio, héros de toujours du sport français que chacun garde présent à la mémoire. Ce glorieux vétéran trouva le moyen de réussir sur la pelouse du Parc des Princes des temps de réelle valeur, conservant la splendeur de sa légendaire foulée.

La pétanque trouva dans cette émission la consécration qu'elle méritait, mais je faillis être interdit de séjour sur toute la Côte, bonne Mère ! lorsque Jo Arama, le champion des tireurs, fut éliminé. Voilà comment l'affaire se passa :

Jo devait, en studio, tirer au fer. Maintenant que j'ai fait bâtir ma maison à Sainte-Maxime, que je pêche à la palangrotte, que je confectionne moi-même la bouillabaisse et l'aïoli, je peux vous dire que c'était très fort ce qu'on lui demandait. Tellement fort, que moi qui vous parle, qui ai aménagé un terrain de compétition devant ma salle à manger, sous les arbres, j'y arrive difficilement une fois de temps en temps ! Un tireur, c'est un atlhète, vous pouvez me croire : quant à Jo Arama, c'était un as et un super...

On lui avait imposé de tirer donc au fer, à huit mètres, sept, puis huit, puis neuf des dix boules alignées devant lui. Il fut gêné par les projecteurs et aussi par le sol qui n'était pas ré-gle-men-taire, mais constitué par des tapis !

Jo échoua et, là encore, on eut droit à de terribles protestations. Tous les « experts » de pétanque, et ils sont nombreux, peuchère ! nous écrivirent, nous téléphonèrent pour nous démontrer l'importance du sol et de l'éclairage dans la pétanque, sport précis s'il en est... Eh oui ! ils avaient raison, il fallait être « parisien », même importé comme moi, pour avoir imaginé de faire de la pétanque en studio et sur tapis, pourquoi pas en smoking ! Etant la probité personnifiée, Pierre Bellemare décida d'offrir une nouvelle chance à Jo Arama, sur un sol normal, cette fois. Et Jo fut sensationnel. En dernière semaine, de huit mètres, il tira les dix boules au fer. Ça, messieurs, chapeau ! Tiens, rien que d'y penser, ça me donne soif car, ce soir-là, il nous a laissés la gorge sèche, tellement sa réussite nous passionnait.

Nous avons vu défiler dans cette émission les champions les plus divers, tel M. Macaire, joueur de polo, qui échoua à cause de la pluie et de la boue. Il y eut encore le fameux relais 4 x 100 mètres avec les internationaux du Racing : Delecour, David, Dohen, Lissenko qui, dans le vieux Vel' d'Hiv du boulevard de Grenelle, se passèrent un bout de manche à balai en guise de témoin. Mais ce « faux témoin », trop petit, leur échappa des mains en plein relais, et ce fut la catastrophe en dernière semaine ! Deux autres athlètes, les sauteurs à la perche Gras et Sillon servirent encore les « jambes ». Et tous ces champions étaient désolés lorsqu'ils échouaient, non pas par leur déception personnelle car c'était une épreuve, un « Télé-Match », et un champion, même le plus grand, sait très bien qu'il n'est pas invulnérable, mais par le regret qu'ils éprouvaient d'avoir entraîné la « tête » dans leur élimination... Oui, je peux le dire : perdants ou gagnants, tous les champions se sont conduits en grands seigneurs...

L'un des personnages les plus étranges venus à « la Tête et les Jambes » fut incontestablement M. Kieffer. C'était un bûcheron alsacien taillé dans le chêne. Il vivait paisiblement dans une petite cabane au milieu de ses forêts et n'avait jamais été à la ville. Celui-là, dans son genre, c'était vraiment un champion ! Pas très grand, mais dur et sec, un peu ours, cette émission lui fit connaître Paris. Comme il avait peur de se perdre, je devais le prendre à l'arrivée, gare de l'Est, et le reconduire au train. Il venait passer en direct à la télévision, de la même façon qu'il allait à son travail, la hache sur l'épaule, le casse-croûte et le litre de rouge dans la musette. Pour ne pas avoir d'ennuis, il avait même deux haches bien emballées dans un étui de cuir.

— Il faut bien faire attention à la lame, m'expliqua-t-il en bon artisan. Il ne faut pas abîmer le fil, sinon c'est fichu.

Après l'avoir vu à l'œuvre, je peux vous assurer qu'abattre un arbre, c'est du sport ! Quand il se mettait à l'ouvrage, ça cognait dur et ça ne traînait pas, il fallait tout de suite se garer. En deuxième semaine, par exemple, au moment où il allait achever l'arbre, il a vu que nous nous étions déplacés sans le savoir du côté de la chute ; alors, ne tenant pas compte des secondes qu'il allait perdre et qui risquaient de l'éliminer, il a pris le temps de diriger la tombée dans une autre direction. Au moment où il entendit les craquements prémonitoires annonçant son succès, il vit qu'un écran de contrôle se trouvait là... Laissant sa cognée, il se précipita pour enlever le poste !

— Vous comprenez, j'ai fait ça parce que tout ce matériel ça doit coûter très cher. Et moi je ne voulais pas abîmer les postes.

En cette deuxième semaine, il avait 300 000 francs à son actif et il débitait si bien ses arbres qu'il était capable de gagner en troisième, en quatrième et même en cinquième semaine — c'était nouveau — 3 millions. Mais, à l'étonnement général, alors que la « tête » voulait continuer, notre bûcheron décida de s'arrêter malgré tous mes encouragements à aller plus loin.

A la fin de l'émission, on lui avait offert une magnifique

machine, une scie avec moteur pour abattre les arbres sans souffrir. Mais le brave M. Kieffer n'avait jamais encore vu dans ses forêts une chose pareille, fin du fin du modernisme forestier. Ne sachant même pas que tout ce que nous faisions avec lui passait en direct à l'écran, il s'est énervé en ne parvenant pas à faire marcher cet engin qui, à prime abord déjà, ne lui inspirait guère confiance. « C'est épouvantable ce truc-là, s'est-il écrié devant les caméras et les micros. Ah ! non, je préfère ma bonne hache ; au moins, avec elle, je ne risque pas d'être en panne ! »

Tandis que je le raccompagnais gare de l'Est, il m'avoua : « Vous comprenez, monsieur Couderc, 300 000 francs, ça fait beaucoup d'argent. Moi, 300 000 francs, je n'ai jamais eu ça dans ma poche, de ma vie. Il me faut des mois et des mois pour les gagner. En continuant, je risquais de tout perdre et ça je ne me le serais jamais pardonné. Je crois que, si j'avais perdu mes 300 000 francs, je me serais donné un coup de hache sur la tête ! »

Une seule fois, en toute cette longue série de succès que fut « la Tête et les Jambes », j'ai eu ce que l'on peut appeler une prise de bec avec Pierre Bellemare. Souvent, quand il me semblait qu'un concurrent avait été gêné par des conditions extérieures telles que la pluie, le froid, le vent, l'éclairage qui l'avaient ainsi entraîné à faire une contre-performance, je demandais l'indulgence de Pierre Bellemare. Je n'étais plus alors un simple présentateur, mais un avocat, persuadé de défendre une juste cause. Mais, évidemment, Pierre Bellemare refusait et cela paraissait injuste au public, mais, en réalité, il voulait respecter la règle du jeu. S'il avait fait une dérogation, nous aurions effectivement mis le doigt dans un dangereux engrenage. Chaque concurrent aurait alors trouvé une excuse à sa défaite et le jeu aurait perdu de sa qualité émotionnelle en se fourvoyant dans des querelles sans fin.

Tout ça, je le savais fort bien et je l'admettais. Mais une fois, donc, je me suis franchement révolté parce que, justement, au départ, le règlement avait été mal défini. Il s'agissait d'un arbalé-trier, M. Cadet. Celui-ci devait tirer dans le hall des studios des Buttes-Chaumont. Pendant l'épreuve, il fut visiblement gêné par Pierre Bellemare qui me parlait. En effet, le retour du son passait dans le hall et l'on entendait parfaitement ce qu'il me disait et cela empêchait le champion de se concentrer. Or, vous le savez très bien, pour un tireur, que ce soit à l'arc, au fusil, au pistolet ou à l'arbalète, il est essentiel de ne pas faire le moindre bruit, surtout de ne pas parler, car le tireur prête machinalement attention aux paroles.

J'avais donc réclamé auprès de Pierre Bellemare :

— M. Cadet a perdu, mais il me semblerait honnête de faire reprendre l'épreuve parce que vous l'avez gêné en parlant.

Pierre a été inflexible et je me suis fâché avec lui... pendant trois jours !

Après quelques années de succès, les critiques ont commencé. L'usure est inévitable en télévision. Le public finit par se lasser des meilleures séries d'émissions. D'ailleurs, celles-ci s'essouflent, il faut sans cesse chercher du nouveau pour que les téléspectateurs retrouvent au travers du petit écran la fraîcheur d'une équipe. Nous avons donc abandonné « Télé-Match » avec regrets, certes, mais parce que nous estimions raisonnable d'arrêter à temps, comme des grands rugbymen qui ont la sagesse de quitter le XV de France et la scène internationale avant de faire de « vilains vieux » comme Michel Crauste, le premier, l'avait sagement dit.

J'ai toujours le cœur serré quand je vois des joueurs d'exception continuer à vouloir rester dans l'élite, alors qu'ils n'en ont plus les moyens. Ils ternissent leur renommée...

Je sais aussi ce que représente pour ces « braves entre les braves » une telle décision. On ne rompt pas, d'emblée, avec ce qui a fait la joie et la gloire d'une vie. C'est un choix très difficile à prendre. Déchirant même. Et je parle d'expérience pour avoir vu défiler tant et tant de rugbymen d'anthologie...

MONSIEUR RUGBY

Grâce à la Télévision, qui permet à la France entière de vivre et de se réchauffer tout l'hiver à l'heure du Tournoi des Cinq Nations, le XV de France est devenu une institution nationale. Cette popularité, l'équipe de France la doit, en partie bien sûr, au phénomène télévision, qui a été un merveilleux moyen de propagande pour le rugby, mais surtout à ses propres qualités. Le petit écran est un étrange miroir où la vérité se reflète merveilleusement, impitoyablement. Si nos Tricolores ont ainsi gagné l'estime de millions de téléspectateurs, c'est tout simplement parce que leurs vertus sont apparues au grand jour, grâce aux caméras électroniques. Certes, notre équipe de rugby n'a pas toujours été parfaite, elle a réalisé de grands matches et d'autres moins bons, mais elle a su apporter dans toutes ses rencontres une générosité, une vaillance, une foi qui n'ont pas laissé le public indifférent. Le propre d'un international de rugby, c'est de toujours donner le meilleur de lui-même, la télévision l'a montré éloquemment, et tous les Français l'ont constaté. C'est pourquoi ils ont adopté tous ces braves gars de notre rugby, qui ont toujours su faire passer leur dignité d'homme avant un éventuel rôle de vedette.

Mais le rugby est une longue patience. Le XV de France, s'il entra en 1906 dans le concert international, dut attendre près d'un demi-siècle avant de parvenir au sommet, en 1951. Pourquoi cette longue pénitence alors que le rugby français produit autant de bons joueurs que ses partenaires du Tournoi ? Je crois que cette disproportion entre nos qualités et nos résultats provient tout simplement de nos méthodes d'éducation.

Notre Université a plus d'un siècle de retard, par rapport à celle d'outre-Manche. Longtemps en France, les doctes enseignants chargés de façonner la jeunesse n'ont voulu voir dans les sportifs que de superbes cancres mûrissant leur incapacité intellectuelle au fond des classes, près des radiateurs. Je ne sais pourquoi l'on croyait — et l'on croit encore — à un problème de vases communicants où le cerveau se rétrécirait au fur et à mesure que se gonfleraient les biceps. Nos penseurs se vantaient d'avoir inclus la culture de la Grèce antique dans leurs humanités, mais ils oublient

Il faisait souvent bien froid sur le bord de la touche à Colombes...

— nom de Zeus ! — qu'Heraclès fut un drôle d'athlète complet, que le divin Achille était un champion du décathlon, que Pierre Bellemare eût volontiers engagé Ulysse dans une épreuve de tir à l'arc et qu'enfin tout helléniste digne de ce nom joint à la visite de l'Acropole celle du stade d'Olympie...

Tous ces roseaux pensants, ces jeunes vieillards, pour qui « mens sana in corpore sano » n'était pas une devise mais une citation latine, ont fait de plus vilains vieux que les plus couturés de nos antiques bourriques ! Ils ont aussi, hélas ! abruti quelques générations de jeunes gens, qui changèrent de carrière pour n'avoir point su que Charles Martel avait remporté l'étape de Poitiers en 732 ou que Napoléon avait gagné le tournoi des Trois Nations en 1805 à Austerlitz, malgré le soleil, et qu'il avait été disqualifié par l'International Board en 1815, en fin de carrière, à Waterloo ! Remarquez, en ce qui me concerne, il s'est agi de Marignan, et par bonheur 1515 a toujours représenté un match de rugby avec ses deux quinze !

Tandis que nos écoliers ployaient sous les dictionnaires, de l'autre côté de la Manche, l'école de Rugby, avec son fameux directeur Thomas Arnold, avait converti toute l'Angleterre à son idée de former des hommes grâce à un juste équilibre entre les études et les exercices physiques. A ce propos, je dois vous rapporter la belle histoire qui me fut contée par mon confrère de la B.B.C., le fameux ouvreur gallois Cliff Morgan :

« C'est un gars qui est reçu par le directeur d'une grande firme pour une place de chef de service. Il étale ses diplômes, ses certificats, ses recommandations, mais le patron reste de marbre. Timidement, il ajoute : « J'ai aussi joué dans l'équipe première d'Oxford... » Aussitôt, le visage du directeur s'illumine et il se lève, la main tendue : « Parfait ! vous commencerez demain. »

Sans doute qu'à ses yeux le fait d'avoir appartenu à la fameuse Université et d'être parvenu à gagner sa place dans le XV oxonian constituait un critère suffisant pour classer un homme.

Toute bonne école d'outre-Manche enseigne, dès l'enfance, les sains principes de « ce jeu de voyous réservé à l'usage des gentlemen ». De même que les hommes de rugby ont eu assez de civisme et de bravoure pour gagner autant de décorations que tout le reste de la population britannique pendant la dernière guerre, ses internationaux n'ont jamais eu besoin de jouer longtemps ensemble pour trouver leur homogénéité. C'est ce qui a le plus manqué au XV de France et qui explique cette longue attente avant de parvenir au premier plan international. Ce qui a fait le plus défaut aux Tricolores pendant un demi-siècle, c'est une communion de pensée. N'ayant pas eu, depuis l'âge de huit à dix ans, l'habitude de penser à l'équipe, l'international français se mettait trop facilement à son compte. Il fallut à chaque fois la présence d'un grand capitaine pour que le XV de France s'imposât.

Ce fut le cas avec Jean Prat, en 1954, dans un historique France-Angleterre à Colombes. Les Tricolores avaient fait un formidable début de saison. Ils étaient revenus de Murrayfield avec une victoire (3-0) grâce à un essai de l'excellent pilier-charbonnier de Tarbes, Brejassou, qui valait son pesant d'anthracite, tant il allait généreusement au « charbon ». Ils avaient ensuite triomphé de l'Irlande à Colombes (8-0) par deux essais de Maurice Prat, dont un transformé par son frère Jean. Puis ce fut l'inoubliable succès devant les All Blacks (3-0) grâce à un incroyable essai de Jean Prat en personne.

Après ce fabuleux triplé, le voyage à Cardiff fut, moins que jamais, une sinécure. Les Gallois possédaient leur fameux pack avec cinq joueurs des Lions Britanniques : la célèbre première ligne de fer W.O. Williams, B. Meredith, C. Meredith, le deuxième ligne R.H. Williams et mon ami Clem Thomas, de Swansea, en troisième ligne. A deux essais gallois, les Tricolores répliquèrent par deux essais de Martine et de Baulon, mais, au bout du compte, la botte de l'arrière V. Evans (deux transformations et trois buts) l'emporta sur celle de Jean Prat (deux transformations et un but) et le XV de Galles arracha la victoire (19-13).

La France n'avait point pour autant perdu tout espoir de terminer, enfin, à la première place du Tournoi. Il lui fallait pour cela vaincre l'Angleterre à Colombes. L'affaire s'annonçait difficile. Elle devint quasi impossible par une incroyable série de coups durs.

D'abord Lucien Mias, touché à un genou, dut déclarer forfait. Ensuite on eut des doutes sur la cheville blessée de Bernard Chevallier. A l'hôtel Louvois, où il faisait chambre commune avec Brejassou, il paraissait pourtant en magnifique santé. Comme son ami tarbais n'arrivait pas à se bien raser, il prit l'armoire à bras-le-corps et vint la planter devant la fenêtre ! Pourtant, le bon colosse auvergnat ne put courir à l'entraînement du vendredi, à la Croix-de-Berny.

Changer la deuxième ligne du pack de France, vingt-quatre heures avant le match, ce n'était pas une petite affaire. Après quelques tâtonnements, on se décida à associer Sanac, un pilier, avec Baulon, un troisième ligne. Face à la redoutable phalange commandée par le major Stirling, c'était précaire, d'autant plus qu'on découvrait à Colombes un pilier de 20 ans, un certain Amédée Domenech, et que l'on essayait à l'arrière un jeune Landais timide, nommé Pierre Albaladejo. Ce le fut plus encore quand, en quelques minutes, on vit André Sanac sortir en boitant, et l'ailier Fernand Cazenave, paralysé par une déchirure à une cuisse. Un vent de débandade souffla alors sur l'équipe de France. On détacha Baulon à l'aile et on laissa Fernand Cazenave doubler vaguement à l'arrière le novice dacquois.

A l'époque, le rugby international n'autorisait pas le remplace-

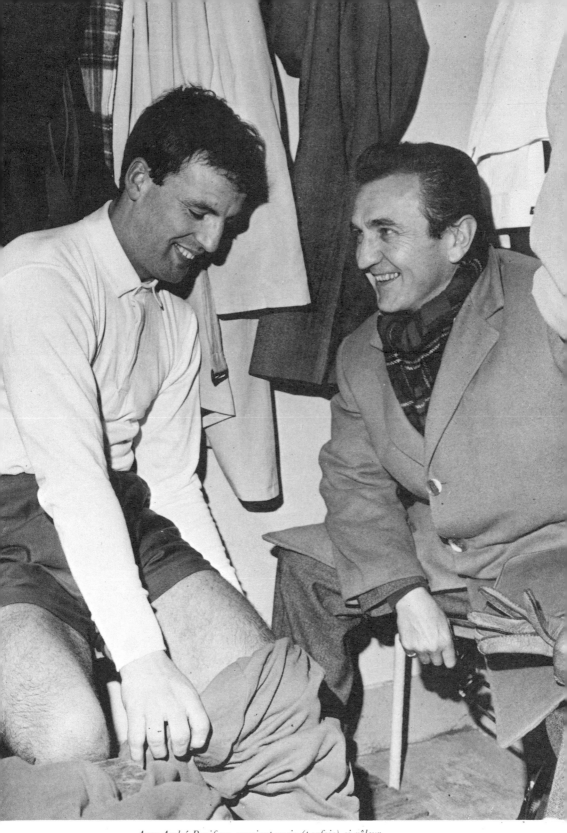

Avec André Boniface, souriant mais (parfois) si râleur...

ment des joueurs blessés en cours de partie. C'était peut-être injuste mais... c'était comme ça. Les Anglais, très conservateurs, étaient opposés à cette règle. Il fallait donc s'arranger avec les moyens du bord...

Au prix d'une piqûre de novocaïne et d'une prodigieuse volonté, Sanac revint et les avants français, à six valides, s'accrochèrent aux branches. Les Anglais, comprenant que ce handicap numérique devait être fatal à l'équipe de Jean Prat, jetèrent toutes leurs forces dans une homérique bataille d'avants. René Biènes eut alors une magnifique révolte. Lui, l'ancien para, le gars des corps francs, voulait quitter en beauté la scène internationale. On le vit bondir à la touche, secouer la meute, pousser des charges, créer des brèches dans ce pack anglais têtu, obstiné, qui voulait accaparer le jeu. Jean Prat se multiplia aux côtés de Biènes mais aussi derrière, récupérant les ballons empoisonnés tapés par l'ouvreur Regan. Fernand Cazenave, l'invalide, se laissait choir sur les balles pourries qui roulaient dangereusement derrière la ligne de défense française et son sacrifice permettait aux Tricolores de se regrouper, de tenir, d'espérer.

Et dans cette épreuve hors du commun, allait naître l'impossible victoire. Au seul essai du troisième ligne Wilson, les Français répliquaient par deux essais de l'aile Maurice Prat-André Boniface que Jean Prat devait couronner par une transformation et un drop. Ainsi le XV de France forçait l'admiration générale et, en rejoignant Galles et l'Angleterre à la première place, entrait dans l'histoire par la porte étroite.

La personnalité et le talent de Jean Prat allaient encore permettre à l'équipe de France de monter d'un degré supplémentaire dans le Tournoi 1955. Surclassant l'Écosse à Colombes (15-0), en marquant quatre essais par André Boniface. Jean Prat, Amédée Domenech, Gérard Dufau et un but de Michel Vannier (un fameux quintette !), les Tricolores parvenaient à arracher une difficile victoire à Dublin (5-3) avec un fabuleux essai de Domenech transformé par Vannier. Enfin, ils devaient réussir le triplé à Twickenham. La France n'eut pas la partie belle devant l'Angleterre, mais deux drops massues de Jean Prat permirent le triomphe (16-9) dans le fameux « Temple du rugby ». C'est là, alors que le pack français pliait, geignait, sous la pression anglaise, que Jean Prat revoyant en un éclair toute l'histoire de France, de Jeanne d'Arc à Napoléon, s'écria pour exhorter ses troupes : « Ils nous ont emm... pendant des siècles, vous pouvez bien vous accrocher encore un quart d'heure ! » Les mânes de du Guesclin et du général Cambronne durent venir à la rescousse, car le pack français ne céda point sous les coups des avants de la Perfide Albion. Ne trouvant dans la déception de leur défaite que le souvenir de l'Entente cordiale, les Anglais, beaux joueurs, accordèrent à Jean Prat le surnom de « Monsieur Rugby » !

Imaginons avec quel enthousiasme la France se préparait à vivre France-Galles le 26 mars ! *L'Equipe* avait déjà préparé une édition spéciale sur l'histoire glorieuse du Tournoi 1955 avec pour titre « Le triomphe du XV de France ». Effectivement, les Tricolores, avec déjà trois victoires en poche, étaient assurés de la première place. Au plus mal, ils termineraient premiers ex aequo avec les Gallois.

La Télévision étant encore à ses prémices, tout le Midi fut mobilisé pour la grande marche sur Paris. Au matin du match, par un soleil de printemps en grande forme déjà, des trains spéciaux formés à Toulon, à Grenoble, à Perpignan, à Toulouse, à Tarbes, à Bayonne et à Bordeaux, déversèrent des milliers de supporters à l'assaut de Colombes.

« Ah ! ça ira, ça ira ! » scandait la foule montant à l'assaut des privilèges de la noblesse britannique, mais ce n'était, hélas ! que pour la prise d'une pastille, méchante pilule, dure à avaler !

Jamais Colombes n'avait été pareillement bondé : 53 025 spectateurs payants, plus 4 000 scolaires et quelque 5 000 invités de la fédération. On ne pouvait pas faire mieux, et on ne fit jamais aussi bien.

Le revers de la médaille : la lassitude après un match.

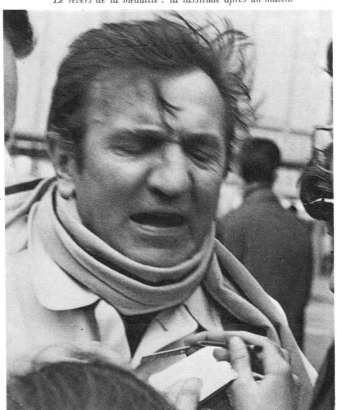

Mais le rugby est ainsi fait qu'il n'aime guère ces rendez-vous avec le sensationnel et que les Gallois sont toujours les Gallois, de fameux gaillards qu'aucun complexe ne vient jamais troubler. Ceux-ci avaient toujours leurs cinq « Lions » dans le moteur du pack auxquels était venu se joindre Rees Stephens, le capitaine aux tempes argentées, qui reprenait le commandement en même temps que le poste de troisième ligne centre. Ce terrible Stephens devenu aujourd'hui, comme Jean Prat, sélectionneur, fut l'homme de notre déception nationale. Domec touché à un genou, il s'acharna si bien sur Gérard Dufau, avec son athlétique lieutenant Rex Willis, que « Zézé » ne put jamais allumer de ces grands incendies dont il avait le secret. Le match, commencé dans des clameurs de corrida, ne trouva jamais sa véritable dimension et s'acheva dans la discrétion polie d'une kermesse de patronage.

Les victoires répétées sont souvent mauvaises conseillères. Le public, abîmé dans son affliction, ne remarqua point que les Gallois au coup de sifflet final s'étaient jetés sur Jean Prat pour le porter en triomphe. « Monsieur Rugby » venait d'accomplir une fabuleuse destinée. Au terme de onze saisons consécutives sous le maillot tricolore, il avait atteint la 50e sélection et, pour la deuxième fois en un demi-siècle, il avait été le seul capitaine à conduire l'équipe de France au succès final dans le Tournoi.

Jean Prat termina sa carrière internationale quelques jours plus tard à Grenoble par une démonstration devant l'Italie. Mais ce diable d'homme n'avait pas désarmé pour autant. Consacrant entièrement son talent à son club, le seul qu'il eût jamais, il se reposa de ses fatigues tricolores en réalisant avec le Football-Club Lourdais, en 1956, 1957 et 1958, le fameux triplé dans le Championnat, réussi en 1922, 1923 et 1924 par le Stade Toulousain.

Un triplé que même l'A.S. Béziers, qui enleva neuf fois le titre national entre 1961 et 1981, n'a pu réaliser...

LE "DOCTEUR PACK"

Rendu à la vie civile, l'instituteur Lucien Mias prit une incroyable décision : revenir à ses études pour être médecin. Il ne s'agissait pas d'une idée en l'air, comme ses blagues que lançait à tout propos ce Catalan frondeur et bon vivant. Rabelais entrant dans ce séminaire moderne de la médecine, ça ne paraissait pas très sérieux pour notre monde d'Ovalie. Pourtant, il s'installa dans un petit deux-pièces, avec sa femme et ses enfants, rue de la Balance à Toulouse, au rez-de-chaussée. En abandonnant sa voiture pour une bicyclette, il ne pensait pas qu'il prenait en même temps que le chemin de la faculté de Médecine celui du musée Grévin !

Cinq ans plus tard, pour la première émission des « Coulisses de l'exploit », je devais retrouver à Mazamet le docteur Mias attaquant avec sa modeste 2 CV une nouvelle carrière, celle de sa véritable destinée : médecin de campagne sur les rudes sentiers de la Montagne Noire ! Il accomplissait là sa vocation qui, depuis la mort de son père, avait été de devenir un jour médecin. Il voulait oublier sa gloire toute récente. Mais qui pouvait oublier qu'il avait été le « docteur Pack », celui qui avait vacciné le XV de France contre sa vieille maladie de l'individualisme pour lui inoculer ce fameux sérum de l'esprit d'équipe qui lui permit d'être encore l'égal des meilleurs ?

Pendant trois saisons, Lucien Mias était rentré dans l'anonymat de son équipe mazamétaine. En 1957, le XV de France, privé d'un leader tel que Jean Prat, avait perdu sa prestance de 1954 et 1955. Pour la première fois de l'après-guerre, il avait même eu droit à la peu glorieuse « cuiller de bois », ayant totalisé quatre défaites dans le Tournoi. Seule la fabuleuse réussite de la botte de Michel Vannier à Bucarest (quinze points) avait permis aux Tricolores de sauver l'honneur devant la Roumanie (18-15).

A l'automne, on s'aperçut que Lucien Mias, s'astreignant aux rudes épreuves universitaires, avait perdu une vingtaine de kilos et retrouvé la forme de ses vingt ans. La Roumanie venant affronter la France à Bordeaux, le regretté président Crabos tenta une expérience en rappelant le leader mazamétain.

Nous retrouvions un Lucien Mias bien changé au physique comme au moral. Amaigri, apportant dans le pack ses qualités personnelles de sauteur à la touche et d'excellent joueur de balles, il fit surtout la preuve qu'une équipe de France pouvait être irrésistible si elle acceptait la discipline anglaise. La grande force de Mias fut d'inculquer aux Tricolores le sens du jeu collectif. Cela peut paraître simple lorsque le problème est résolu, mais pour le résoudre, pour demander à quinze Français de se plier aux mêmes directives, et de les suivre non pas par obéissance, mais avec de l'enthousiasme il fallait avoir la gueule, la personnalité de celui que l'on surnomma avec raison le « docteur Pack ».

Le pack français était à l'époque le grand malade du rugby européen. L'ère des hommes d'airain qui avaient magnifiquement défendu son prestige après la guerre était terminée. On n'avait pas remplacé des piliers comme Buzy, Caron ou Biènes, ni des talonneurs de la race de Jol et Pascalin ; on n'avait pas davantage retrouvé une deuxième ligne colossale telle que le fameux tandem Soro-Moga, ni une troisième ligne de légende Jean Prat-Basquet-Matheu. De plus, en sacrifiant Bernard Chevallier, le travailleur de force, les sélectionneurs avaient rompu avec les principes de base du rugby selon lesquels un pack a besoin de bons spécialistes à chaque poste. Ils pensaient donner de la vitesse à la ligne d'avants en mettant à tous les postes des hommes rapides et brillants. Ils oubliaient que la force d'un pack tient moins au brio de ses composants qu'à leur esprit de sacrifice, et que l'efficacité d'une mêlée n'est pas fonction de l'éclatement de sa puissance mais de sa concentration.

La force de Lucien Mias fut qu'en un tournemain il sut faire partager ses convictions à ses compagnons d'armes. Son génie fut d'ajouter à cette discipline de fer un esprit de création avec la touche en mouvement, le demi-tour contact et la mêlée spontanée. Je ne voudrais pas ennuyer le lecteur avec une technicité de Café du Commerce. Mais pour bien comprendre l'œuvre accomplie par celui qui n'allait exercer qu'un bref règne de deux saisons sur le XV de France (1958-1959), il est bon de préciser ses principes.

Mias avait compris que la touche, au lieu de rester une simple lutte pour la possession de la balle, devait être une base dynamique et stratégique. La touche en mouvement, c'était varier les remises en jeu avec l'appui de tous les avants. Sachant au départ si l'on allait jouer une touche courte, moyenne ou longue, Mias voulait mettre à profit ce temps d'avance, cette initiative qu'il avait sur l'adversaire, en obligeant les avants de France à se porter immédiatement en soutien au point névralgique. L'autre arme de Mias, c'était les départs de ses avants en demi-tour contact. Certaines équipes voulurent imiter ce qui avait si bien réussi aux Tricolores. Elles le firent mal et l'on critiqua la méthode de Mias, alors qu'il fallait surtout s'en prendre aux mauvais copieurs.

Mias m'avait ainsi résumé sa pensée : « L'important pour les avants, c'est de concentrer le maximum d'adversaires dans le minimum de terrain afin de laisser aux arrières le maximum de champ gardé par un minimum d'opposants. »

Sa méthode était rigoureuse, elle obligeait chaque avant à partir droit et à se retourner au moment où il allait être arrêté pour passer la balle presque de la main à la main à un autre avant venant tout près de lui, lancé à fond. Quand le dernier avant ne parvenait pas à percer, il gardait la balle et provoquait une mêlée ouverte spontanée mettant ainsi hors jeu tous les adversaires qui pouvaient se trouver derrière cette mêlée ouverte.

Cette méthode, alliée au dynamisme, à l'habileté traditionnelle de nos avants allait émerveiller tout le monde du rugby. Il fallait être un drôle de gaillard pour que, juste après sa saison la plus sombre de l'après-guerre, le XV de France fût allé donner des leçons de rugby d'avants dans des lieux aussi fameux que l'Arms Park de Cardiff ou l'Ellis Park de Johannesburg.

Aujourd'hui encore, tous les experts britanniques ou sud-africains considèrent Lucien Mias comme l'un des plus grands capitaines de l'histoire du rugby.

Pour moi, il a été beaucoup mieux qu'un Alexandre, un César ou un Napoléon de l'ovale : ce fut un psychologue hors de pair. Etonnant chef de bande pour qui des mâles tels que Roques, Vigier, Quaglio, Mommejat, Barthe, Carrère, Moncla ou Crauste se seraient fait hacher sur place. Il avait des allures de capitaine corsaire, seul maître à bord pendant l'abordage mais le premier à donner l'ordre de mettre les fûts de rhum en perce. « Et la fête continue ! » lançait-il après chaque match et la fête continua, exaltante chevauchée qui devait permettre à la bande à Mias de faire le plus beau coup de main de l'histoire du rugby en allant, en 1958, vaincre chez eux les Springboks, invaincus depuis le début du siècle, puis en remportant le Tournoi 1959, enfin seuls !

On sacra Lucien Mias « Champion des Champions », on lui attribua le Grand Prix de l'Académie des sports, on le décora, on le statufia de son vivant comme un héros. Mais l'homme qui avait révélé le rugby français à lui-même, le champion qui avait épinglé à son livre d'or des succès sur tous les grands pays d'Ovalie, décida de passer le commandement et de revenir à sa véritable personnalité, celle d'un homme rangé et studieux. Son dernier coup de chapeau à ce sacré ballon, qui n'est même pas rond, fut de faire sa thèse de médecine sur les accidents du rugby et d'être reçu avec les félicitations du jury. Le « docteur Pack » était devenu le docteur Mias.

Aujourd'hui, Lucien Mias, médecin à Mazamet, est un spectateur discret de son ancienne équipe. Son travail, qu'il exerce comme un sacerdoce, l'empêche de suivre désormais l'équipe de France, mais il lui reste heureusement la télévision qui, avec les matches du Tournoi, lui rappelle le « temps des copains »... Souvent après un match, je lui téléphonais pour avoir son avis.

LES TROIS GLORIEUSES

L'héritage glorieux du « docteur Pack » ne fut pas facile à garder et à préserver. En effet, avec la retraite de Lucien Mias, coïncida le passage chez les XIII de quatre atouts du XV de France : Jean Barthe, considéré à juste titre comme le meilleur avant du monde à l'époque, Aldo Quaglio, pilier de fer d'un punch exceptionnel, Papillon Lacaze, l'un des arrières les plus complets et les plus doués que nous ayons eus, et Claude Mantoulan, attaquant de grande race capable de briller à tous les postes des lignes arrière. Il y avait aussi la retraite du remarquable Robert Vigier qui avait joué ses derniers matches avec une lésion au cœur, sans le savoir !

Le coup était rude, mais le XV de France serra les rangs. Il récupéra l'admirable Michel Vannier que l'on avait cru perdu dans la tournée sud-africaine, à la suite d'une atroce dislocation du genou droit. Amédée Domenech, mis en disgrâce pendant le règne de Mias pour esprit déviationniste, retrouva son poste en première ligne. « J'ai pris de longues vacances », dit le Duc en revenant en tête de mêlée aux côtés de Jean De Gregorio, successeur naturel de Robert Vigier et d'Alfred Roques, notre populaire « Pépé du Quercy ».

Pour reprendre la barre, il y avait heureusement François Moncla, volontaire, appliqué, obstiné comme tout bon Béarnais. N'ayant pas le prestige de Mias, « François-maillot bleu », en revanche, payait rudement de sa personne. On avait pu s'en rendre compte, lorsqu'il conduisit le Racing à la conquête du titre, en 1959, contre Mont-de-Marsan, avec une épaule déboîtée. Avant de regagner son Béarn natal, il apportait cet ultime sacrifice au club qui l'avait si bien révélé.

Ce qui m'a le plus impressionné chez François Moncla, c'est bien la volonté qu'il apporta toute sa carrière à bien accomplir sa tâche. Il parvint ainsi à s'imposer indiscutablement au poste d'avant-aile et de capitaine du XV de France, double rôle où il se montra digne de celui qui, cinq ans auparavant, s'était doublement illustré : Jean Prat.

Il est curieux de constater que le XV de France au poste de flanker a été illustré par trois illustres capitaines depuis la guerre, Jean Prat, François Moncla et Michel Crauste, nés à quelques kilomètres seulement les uns des autres. La tradition fut perpétuée ensuite par Jean Fabre puis par Christian Carrère et plus loin par Jean-Pierre Rives...

Mais, dans la réussite personnelle de Prat, Moncla et Crauste, il faut tenir compte du soutien que vinrent leur apporter tour à tour de très grands demis de mêlée, spécialité où la France eut, ces vingt dernières années, une richesse incomparable. Pour Jean Prat, ce furent, dans deux styles opposés, Yves Bergougnan et Gérard Dufau ; pour François Moncla et Michel Crauste, il y eut, dans une semblable opposition : Pierre Danos et Pierre Lacroix.

François Moncla et Pierre Danos sauvèrent la succession de Mias. L'autorité et le mordant de Moncla, alliés à l'étonnante vision panoramique de Danos, avaient fait merveille en 1959, où cette entente donna le fameux couronnement de la « bande à Mias » avec quatre essais de Moncla dans les trois premiers matches du Tournoi.

C'était admirablement parti en 1960 avec une victoire à Murrayfield (13-11), et un nouvel essai de Moncla. France-Angleterre, à Colombes, fut, avant la lettre, la véritable finale du Tournoi. La France, tenue en échec (3-3) par une grande équipe d'Angleterre, avait tout de même apporté la preuve de sa maturité. Mais, si la télévision avait fait connaître le rugby aux quatre coins de France, elle avait aussi transformé les Tricolores en cibles attirantes pour tout un tas de critiques néophytes, ces tard venus, qui devenaient des supporters insupportables car ils allaient à Colombes non pour vivre une saine lutte d'hommes mais pour assister à une performance de leurs favoris. Cette vogue télévisée du rugby, à l'image de la langue d'Esope, se révélait la meilleure et la pire des choses !

La France en échec. Danos muselé par Jeeps, qu'importait que ce dernier fût diabolique et que le XV d'Angleterre comptât parmi les meilleures équipes de la Rose, on fit la moue et l'on sacrifia Danos estimé fini ! Ce garçon charmant, ce joueur fantastique ne devait jamais se plaindre pour cette mise à la retraite anticipée. Il se contenta de prouver que ses détracteurs avaient eu tort en le condamnant sur une simple défaillance. Depuis un demi-siècle, l'A.S. Béziers n'était jamais parvenue en finale, il l'amena quatre fois en cinq saisons à disputer le match suprême : 1960, 1961, 1962, 1964 et, par un drop d'anthologie, lui offrit la couronne en 1961 devant Dax !

Dans cette folle nuit du sacre biterrois, toute la ville avait tenu à rester éveillée pour voir, enfin, un de ses capitaines revenir victorieux avec le Bouclier de Brennus. Elle n'avait pas perdu pour attendre, puisque ce vainqueur était l'un des plus grands, l'un des plus nobles, l'un des plus racés...

« Le rugby, disait Pierre Danos, c'est comme le piano, il y a ceux qui le déménagent et ceux qui en jouent ». Lui, avait confirmé ce jour-là, à Lyon, qu'il restait un virtuose. Porté en triomphe, voguant de la gare au siège du club sur une mer humaine, abasourdi par les clameurs hystériques, les fanfares, les pétards et les chants de cette effarante bacchanale, notre Mozart de l'ovale se disait qu'une année après sa mise à la retraite du Conservatoire tricolore, c'était bien agréable de savourer cette Musique de nuit...

Pierre Lacroix avait succédé à Danos et il s'en montra digne. Moins élégant mais plus incisif, « Potiolo » débuta dans le Tournoi à Cardiff, où il fit un sacré match ! Fameux baptême où, deux ans après celui de Mias, le XV de Moncla réalisait un second triomphe (16-8) dans cet Arms Park réputé inaccessible. Les Tricolores inscrivaient quatre essais par Celaya, Mericq, Lacroix et Dupuy et, pourtant, du XV de France qui, deux ans auparavant, avait obtenu son premier succès dans la capitale galloise, il ne restait que quatre survivants : Vannier, Crauste, Celaya et Roques. Cette équipe allait être la première à terminer invaincue avec trois succès et un match nul, en triomphant de maîtresse façon contre l'Irlande à Colombes.

Double record, d'ailleurs, que ce 23-6. Pour la première fois, les Français marquaient plus de vingt points dans le Tournoi et Pierre Albaladejo était consacré « Monsieur Drop » en réussissant la première passe de trois en match international. C'était de bon augure avant la revanche tant attendue sur les Springboks pendant l'hiver 1961.

Il est réjouissant de voir à quel point la télévision a redonné au rugby son équilibre, en faisant sortir de l'ombre certains joueurs déshérités. Grâce aux gros plans des touches et des mêlées, les piliers, par exemple, ne s'échinent plus gratuitement. Leur acte de contrition, tout juste apprécié de quelques fidèles, est devenu désormais un morceau de bravoure. Et si les foules n'avaient autrefois d'yeux que pour les gazelles de l'arrière, les Borde, Jauréguy, Crabos, Behotéguy, du Manoir, Max Rousié, Dauger, Bergougnan, Lassègue, Brouat, Merquey et autres Dufau, les « bourriques » ne sont plus aujourd'hui réduites à la portion congrue.

Par exemple, si dans l'équipe de François Moncla on apprécia Lacroix, Albaladejo, Dupuy, Guy Boniface, Bouquet ou Vannier, ce furent sans doute les piliers, Amédée Domenech et Alfred Roques, qui connurent la plus grande célébrité avec des tempéraments assez dissemblables.

Le Duc fut un phénomène par son extraordinaire vivacité, son sens inné du jeu, son aisance exceptionnelle pour un pilier. Pendant dix ans, ses bons mots lui donnèrent une énorme popularité.

Il aimait être remarqué et il est vrai qu'il fut souvent remarquable. Le Pépé du Quercy, belle force tranquille, se contentait de tâches plus obscures, par exemple « faire le ménage » en agrippant quelque maraudeur adverse par la peau du dos, pour l'éjecter à trois ou quatre mètres de la mêlée ouverte où il n'avait pas à mettre son nez. Amédée voulait être une vedette, Alfredou rêvait d'une paisible vie familiale. L'un devait abandonner son hôtel prospère pour faire la première tournée aux antipodes, l'autre refusa cet honneur car il voulait bâtir sa maison.

Pour opposés qu'ils fussent, le Duc et le Pépé devaient nous valoir une fameuse explication avec les Springboks le 18 février de l'an de grâce 1961. On peut dire que, ce jour-là, la France entière vécut à l'heure sud-africaine, et que tout le monde du rugby, d'Edimbourg à Auckland et de Cardiff à Johannesburg, se passionna pour le match au sommet.

On affirmait alors que ce fut la bataille pour la couronne mondiale. Peut-être était-ce exagéré, mais, incontestablement, peu de matches ont été aussi représentatifs, que celui-ci. D'un côté, la fabuleuse équipe des Springboks, commandés par le plus jeune de tous leurs capitaines, le superbe Avril Malan, qui, après avoir tenu tête aux non moins fameux All Blacks, venaient de réussir l'exploit de ne concéder qu'une défaite, face aux Barbarians dans leur trentième match, en quatre mois de tournée outre-Manche. De l'autre, un XV de France qui, après avoir réalisé en 1958 l'exploit unique de vaincre enfin les Springboks chez eux, dans une série de tests, avait, coup sur coup, en 1959 et 1960, terminé seul en tête le Tournoi des Cinq Nations.

Cet affrontement des Tricolores avec les « rugbymen du diable » défrayait la chronique. Aucun match n'avait pareillement mobilisé la presse française. Tout le monde attendait cette fameuse empoignade entre le terrible tête de mêlée sud-africain Kuhn-G. Malan-Du Toit, et notre trio Roques-De Gregorio-Domenech. « Greg » et « Alfredou » restaient de marbre, mais le Duc, si souvent discuté pour sa fâcheuse tendance à ne pas aimer ce genre de tête-à-tête, en faisait une question d'honneur. Tout un chacun s'inquiétait pour la cérémonie de Colombes :

— Alors, Amédée, ce Du Toit, il paraît que c'est un monstre ? Ça va être drôlement dur.

— Mais, dites donc, répliquait le Duc d'un air sévère, je ne suis pas plus manchot que lui. Samedi, vous pouvez vous installer devant votre poste de télé. Pour moi, il n'y aura pas de demi-mesure, ce sera la Légion d'honneur ou le peloton d'exécution !

Pour mieux s'imprégner de son rôle, Amédée avait épinglé dans sa chambre une photo du célèbre Piet Du Toit et, chaque soir, avant de s'endormir, il s'adressait à son rival :

— Tu te fais des illusions, petit, si tu t'imagines que tu vas mettre Amédée au garde-à-vous. T'avise surtout pas à me faire des

Avec Gérard Bouguyon (à g.) et Michel Crauste,
deux des « braves » de l'immortel France-Springboks de 1961.

grimaces, ou à me tirer par le maillot, sinon je te fais "monter une boîte" que tu m'en diras des nouvelles.

D'autre part, l'opération Martine arrière ayant échoué contre l'Ecosse, on s'était décidé à rappeler Vannier. On l'avait fait avec beaucoup de scrupules, car celui-ci avait failli devenir infirme par la terrible blessure contractée en Afrique du Sud.

Le gentil « Brin d'Osier » avait aussitôt rassuré les sélectionneurs : « Ne craignez rien. Je n'ai absolument pas le complexe Springboks. Au contraire, rien ne pourrait me faire plus plaisir que de les retrouver. »

A n'en point douter, les Tricolores étaient transfigurés par ce match et toute la France se mit en grappes devant les « étranges lucarnes ». Les places de tribune n'en étaient pas moins introuvables et se vendaient dix fois leur prix d'émission. Dès le matin, dans le petit abri du stade annexe de Colombes, « Moustache » avait convié ses amis du Tout-Paris à une garden-party fantastique servie par les garçons de son restaurant en veste blanche. Une table à faire rêver tous les hauts lieux de la capitale, puisqu'on y retrouvait Françoise Sagan, Sydney Chaplin, Régine, Castel, Gaby, Jean-Pierre Cassel, Roger Pigault, Antoine Blondin, Jean-Loup Dabadie, Pierre Mondy, Jean-Marie Rivière... et j'en passe !

Pour une belle cérémonie, ce fut une belle cérémonie. Avant d'entrer sur le terrain, Domenech m'avait demandé :

— Dis-moi, Roger, où sont placées les caméras ?

— Dans la tribune d'honneur.

— Tant mieux ! avait-il ajouté d'un air sombre plein de sous-entendus.

Effectivement, il y eut d'entrée un drôle d'accrochage entre Du Toit et Domenech. Les caméras électroniques ne purent voir ce qui se passait de l'autre côté du pack, mais cela ne semblait ni du goût des Springboks ni de celui des Français, et la première mêlée explosa. Le souriant petit arbitre gallois Gwynne Walters fit relever les deux lignes d'avants pour les sermonner. Pensant que ses bonnes paroles avaient apaisé les gladiateurs, il remit en place les deux blocs. Mais il faut croire que des deux côtés on s'était nourri à la nitroglycérine car cela éclata de plus belle.

Cette fois, M. Walters avait perdu son sourire. Jamais il n'avait eu un début de match aussi périlleux. Il appela François Moncla et Avril Malan à vingt pas du lieu du conflit et, marquant sa détermination d'un index menaçant, leur tint à peu près ce langage :

— Je suis venu arbitrer un match de rugby, non un combat de boxe. Si vous voulez jouer, je suis votre homme. Mais si vous préférez vous battre, je vous donne mon sifflet et je regagne le vestiaire. Je ne vous le dirai pas une nouvelle fois.

Il n'y eut pas d'autre explosion, mais un match somptueux,

d'une intensité inouïe et d'une correction exemplaire. A l'étonnement général, après avoir été rudement secoués à plusieurs reprises par les charges des avants springboks, les Français terminèrent les plus forts, manquant de très peu la victoire dans les ultimes minutes. Et encore une fois, le plus « télégénique » de tous fut le brillant Jacky Bouquet que j'avais surnommé « Casque d'or »...

Et, quelques années plus tard, on donna le même surnom à Jean-Pierre Rives, ce qui prouve que dans le rugby les grands joueurs arrachent toujours une adhésion supplémentaire dès lors qu'on peut les caractériser par un détail physique évident.

Ce jour-là, Michel Vannier, l'estropié d'Afrique du Sud, accomplit un match phénoménal, prenant toutes les balles sous la charge des bisons sud-africains. A la fin du match, Michel si souvent et si injustement critiqué, fut emporté sur les épaules des supporters enthousiasmés. En rentrant au vestiaire, il pleura de joie sur l'épaule du bon docteur Martin qui, avec Matisse, le masseur du Racing, lui avait redonné l'usage de sa jambe. Puis il me dit : « Le public de Colombes m'a enfin adopté pour mon quarante-deuxième match international. Il était temps ! »

La France gagna encore le Tournoi sans connaître la défaite. Entre l'avènement de la « bande à Mias », et la fin de l'équipe à Moncla, dans la sombre tournée néo-zélandaise ; du 19-0 devant l'Australie le 9 mars 1958 à Colombes, jusqu'au succès sur l'Irlande le 15 avril 1961, le XV de France vécut trois années prodigieuses. Il n'avait subi que deux défaites contre l'Irlande en 1959 à Dublin et devant la Roumanie en 1960 à Bucarest en 25 matches internationaux où il avait marqué 319 points, n'en concédant que 98 !

Mais la flamme du rugby ne s'entretient pas uniquement avec des lauriers. Les All Blacks allaient se charger de nous le rappeler. La première expédition au bout du monde devait être le voyage au bout de la nuit.

1961 : LA CHUTE D'UNE EQUIPE

Le XV de France ne sut pas trouver en Nouvelle-Zélande cette ambiance de tournée qui permet seule à une équipe d'atteindre à une qualité de jeu suprême, grâce à la vie en commun. Mais, pire encore, il ne profita pas de cette aventure pour redonner à une nouvelle génération cette complicité, cette fraternité d'armes que le rugby peut difficilement obtenir hors de ces grands voyages, quand les lois de l'International Board ne lui tolèrent plus que le rendez-vous d'un simple week-end, en marge des stages qui peuvent rassembler les élites des autres sports.

L'équipe manquait peut-être de ces grands avants corsaires, capables de faire front aux impitoyables All Blacks, dont on put évaluer l'énorme potentiel, peu de temps après, en France. Elle ne trouva pas davantage, sous la pluie lancinante, ce climat idéal pour son épanouissement. Mais avec Denis Lalanne, Georges Duthen, Paul Haedens, le reporter-photographe de *Paris-Match* Charles Courrière et mes camarades de la télévision, Alain Jouin et Serge Acker, seuls journalistes français témoins de cette difficile campagne, nous comprîmes vite que c'était surtout le climat moral qui minait de l'intérieur cette expédition.

L'accueil de la Nouvelle-Zélande fut pourtant un modèle de gentillesse et de fraternité. Je ne peux oublier les étranges discussions d'André Boniface avec Don Clarke, qui parvenaient à se comprendre avec quelques mots, quelques signes de sourds-muets, simplement parce qu'ils s'estimaient mutuellement.

Les Tricolores comptaient cependant, comme à l'habitude, un lot important de joueurs de classe prêts à tout sacrifier pour garder au XV de France le fabuleux prestige si chèrement gagné. Je me souviens, par exemple, de la fameuse veillée d'armes dans la tempête de Wellington, avant le deuxième test, où toute la tournée devait se jouer. Amédée Domenech, qui partageait sa chambre avec son camarade de club, Roland Lefevre, convainquit ce dernier, qui devait faire ses débuts internationaux le lendemain, de se coucher avec son maillot de l'équipe de France. « Avant la bataille, le chevalier Bayard dormait avec son armure », affirmait le « Duc »...

186

*Dans le vestiaire de Wellington, en chaussures à crampons, avec Serge Acker,
avant le deuxième test avec les All Blacks.*

Jamais nous n'avions vu un match international disputé dans
d'aussi invraisemblables circonstances. Le film que je ramenai
pour la télévision aussitôt après fut là, heureusement, pour prouver que le destin des Tricolores aux antipodes s'était joué dans des
conditions vraiment atroces, dans une énorme et absurde loterie.

Depuis la veille, le vent soufflait en tempête. La mer était
démontée, les bateaux ne sortaient plus de la rade de Wellington,
les avions ne décollaient plus et n'atterrissaient pas davantage.
Nous étions coupés du monde. Nul autre match n'aurait pu se
jouer ; mais un test Nouvelle-Zélande-France ne se remet pas, c'est
du moins ce que dut estimer M. Farquahr, l'arbitre néo-zélandais.
Pour aller au match, les spectateurs devaient improviser des cor-
dées et marcher comme des aveugles le long des murs. Les imprudents qui lâchaient prise étaient immédiatement roulés au sol.
Malgré ces conditions impossibles, une immense foule de fanatiques, habillés comme des terre-neuvas, garnissaient les énormes
gradins découverts pour vivre ce match atroce et grandiose à la
fois.

Comme au printemps pour Du Toit, Domenech était l'objet d'une terrible campagne psychologique. Interrogé par un journaliste néo-zélandais sur ce qu'il pensait du Duc, le vétéran All Black Ian Clarke, frère aîné de l'arrière Don Clarke, et pilier droit du pack de Nouvelle-Zélande, avait rétorqué : « Domenech ? C'est un pilier commode, il ne m'a posé aucun problème lors du premier test. On m'en a beaucoup parlé mais je ne l'ai pas beaucoup vu. »

Amédée était furieux, d'autant plus que tout le monde s'amusait à attiser sa colère. « Croyez-moi, disait-il à qui voulait l'entendre, ce Ian Clarke ne va pas me faire de polissonneries ou il trouvera à qui parler. Du Toit, c'était autre chose que lui et je l'ai mis à la raison. Ce n'est pas ce vieillard qui va me manger la soupe sur la tête ! »

Le matin du test, il arriva au petit déjeuner avec le visage renfrogné des jours de colère. « Si j'en crois la météo, ce n'est pas la peine de sortir les « gris-gris ». Je vais mettre le casque et avec la tête dedans ! »

J'étais sur le bord de la touche, transformé en esquimau, et je vis effectivement sortir Domenech du tunnel avec un superbe casque qui le transformait en centurion romain. Passant près de moi, juste avant l'engagement, il me jeta : « Regarde bien la première mêlée ! » J'ouvris l'œil à la première empoignade. Les deux packs se percutèrent gaillardement. Et à la sortie je vis Amédée par terre, le casque de travers, qui me criait dans la tempête : « Ce n'est rien... c'est le vent ! »

Sans attribuer au vent cette mauvaise prise de contact, je dois dire que les éléments ne permirent jamais au match de se dérouler normalement. Pour situer la violence de ce maelström où trente joueurs et un arbitre voulaient essayer de faire du rugby, il suffit de dire que, sur les coups de pied de Don Clarke et d'Albaladejo, les deux meilleurs buteurs du moment, le ballon repartait derrière le botteur !

Le match se joua sur un coup du sort, ou plus exactement sur un coup de pied phénoménal de Don Clarke. Un essai de légende de Dupuy, servi par Piqué, semblait avoir donné la victoire à la France, mais Tremain égalisa. Dans la tourmente, la transformation, du bord de la touche, paraissait irréalisable sans l'aide du diable. Mais Don Clarke fut assez diabolique pour taper complètement de travers, et parvenir à mettre le ballon au milieu de l'énorme soufflerie qui le projeta comme une fusée au milieu des poteaux. Et voilà ! Les All Blacks, vainqueurs du premier test à Auckland (13-6), arrachaient cet étrange succès (5-3) dans cet incroyable deuxième test et le sort de la tournée était réglé. Comment, dès lors, empêcher l'écrasement (32-3) à Christchurch, et comment, surtout, sauver le XV de France de ses divisions ?

Plus déçu que tout autre, Lucien Mias sortit de sa retraite pour exhorter les Tricolores :

Sur les petits aéroports de Nouvelle-Zélande.

« Un groupement sans espoir et sans flamme à mettre au service de la technique, voilà ce que nous a rendu la Nouvelle-Zélande, alors que nous avions vu s'envoler vers elle une fraternelle équipe. Comment cela a-t-il pu se produire alors que l'on clame depuis notre retour d'Afrique du Sud qu'il n'y a rien de tel qu'une tournée pour forger une équipe ?

« Peut-être certains se sont-ils trompés, en emportant dans leur valise non pas la levure qui donne le bon vin, mais le ferment qui conduit au vinaigre ! Allez, les anciens, cimentez par votre amitié cette équipe de France afin d'en faire un nouveau bloc aux lignes de force passant par les cœurs, puis vous résoudrez les problèmes techniques si faciles à mettre au point et, cet hiver, je vous l'assure, vous remettrez, devant nos amis anglo-saxons, le rugby français au zénith ! »

Effectivement, ce furent les anciens d'Afrique du Sud, Roques, Mommejat et De Gregorio, qui redonnèrent au pack tricolore l'assise dont il avait besoin pour faire carrière dans le Tournoi. Mais, dans l'affaire, François Moncla avait été étrangement liquidé. Cela ressemblait, en fait, au sacrifice du bouc émissaire.

Sans exercer son emprise d'avant la tournée, le XV de France n'en décrochait pas moins un petit succès dans le Tournoi 1962 éclairé par un grand match contre l'Angleterre — où Crauste fut le premier Français à marquer trois essais en match international — et par l'essai grandiose contre l'Irlande, dans l'ultime rencontre, où André Boniface devait obtenir un triomphe personnel. Après tant de critiques !...

RESURRECTION

Il est étrange que l'éternel rugby connaisse les mêmes recommencements. Wilson Whineray avait raison lorsqu'il conduisit les Tricolores à l'avion du retour avec ces paroles de réconfort : « Ne soyez pas chagrinés par vos défaites. Les grandes équipes ne meurent jamais. » Pourtant, le XV de France, déclinant depuis son expédition aux antipodes, perdit sa suprématie européenne. Plus grave encore, une politique de clans vint déchirer nos internationaux.

Qui diable a pu faire régner une ambiance aussi malsaine dans ce groupe d'amis que formaient les joueurs, les accompagnateurs et les journalistes ? « Il y en a qui ont mangé des frelons », plaisantait Domenech pour expliquer ces visages compassés, ces regards fuyants. Le capitaine du XV de France crut bon devoir exprimer sa rancœur ouvertement, au micro de la télévision que je lui tendis à Toulouse, au terme de la finale la plus exaltante de l'après-guerre, celle de 1962 marquant l'avènement d'Agen grâce à un fantastique retour devant Béziers... Une finale historique !

Pierrot Lacroix avait tort de croire que la presse était son ennemie. De mauvais conseillers l'avaient isolé dans une tour d'ivoire qui ne rimait à rien. La presse de rugby aime trop son sport, elle est trop près des joueurs pour ne pas les estimer lorsqu'ils sont estimables. Potiolo fut trompé par des médisants qui se flattaient de compter parmi ses supporters. Il quitta le XV de France à la fin du Tournoi 1963 comme pour rompre avec un climat hostile. Mais le mal n'était pas parmi les journalistes qui accompagnaient les Tricolores. La preuve fut donnée quand, loin d'eux, Agen perdit sa couronne, sans gloire, en seizième de finale devant une vaillante équipe de Chalon, puis lorsqu'il connut une très grave crise qui faillit ruiner les espoirs mis dans cette magnifique équipe. Les Agenais, que le président Ferrasse avait repris en main, surmontèrent heureusement cette épreuve pour reprendre magistralement le titre contre la fougueuse équipe de Brive en 1965. Cette deuxième couronne conquise par Lacroix, et accueillie avec les éloges unanimes que l'on sait, eut l'avantage de faire comprendre à Potiolo c'était le surnom de Lacroix — que les vrais journalistes de rugby, ceux de la famille, sont toujours avec ceux qui luttent pour que vive et prospère le sport-roi...

Oui, je te le répète aujourd'hui, Pierrot, bien en face : les journalistes t'aimaient bien, ils n'avaient aucune aigreur vis-à-vis de toi, tu étais un grand joueur et tout le reste ne fut que mensonge !... Et je te le dis encore parce que je n'éprouve jamais aucune rancune, envers personne... aujourd'hui comme hier.

Mais revenons à l'équipe de France abordant cette monumentale année 1964, Roques, De Gregorio, Domenech, Mommejat et Saux mis à la retraite, Mias passé à XIII, Zago laissé aux oubliettes, il fallut rebâtir un nouveau pack pour le Tournoi. Et, six ans après la renaissance française provoquée par Lucien Mias, il y eut une singulière série de coïncidences.

Une fois encore, un intellectuel de Toulouse apporta sa flamme. Ce fut Jean Fabre, professeur de mathématiques, préparant son agrégation au collège de Castres, à quelques kilomètres de Mazamet où Lucien Mias était établi médecin. Lui aussi arriva, brûlant de foi et de passion pour le jeu. Comme Mias, il s'adressa aux cœurs et la technique collective suivit. Jean Fabre était superbe d'ardeur. Il ressemblait à un révolutionnaire de la Convention remuant de grandes idées d'émancipation des avants, de justice et de fraternité. Pour moi, c'était un Saint-Just de l'ovale galvanisant ses Montagnards ! Jean Fabre fut un bien beau capitaine et un splendide exemple de volonté. Il avait failli être perdu pour le rugby à cause d'un accident pulmonaire qui tint ce grand espoir éloigné des terrains de sport pendant deux ans. Mais, tel Mac Arthur abandonnant les Philippines, il avait dit : « Je reviendrai. » Il revint et, toute sa volonté tendue, se hissa parmi les meilleurs.

Comme Lucien Mias six ans auparavant, Jean Fabre fut vaincu par la splendide ligne d'avants écossaise (10-0). Comme pour le grand Lucien, des critiques s'élevèrent qui ne comprenaient pas qu'avec six avants tout neufs dans le Tournoi, aucune équipe n'allait damer le pion à un rude pack écossais évoluant dans un Murrayfield noyé de pluie. Nous fûmes tout de même quelques-uns à croire en cette équipe et à la défendre comme on avait défendu celle de Mias. Nos « Marie-Louise » avaient réalisé leur unité dans une chaleureuse fraternité d'armes et c'était capital. Ils avaient construit d'excellents mouvements d'avants et, bien qu'ils aient commis l'erreur de vouloir faire un rugby total par les lignes arrière dans d'épouvantables conditions, le bilan était positif. Il fallait souligner cette erreur, mais il était injuste de condamner Jean Fabre et ses copains, simplement en raison de leur défaite.

En réalité, ils avaient été battus par une grande équipe d'Ecosse. Deux semaines plus tard, celle-ci était la seule à tenir les All Blacks en échec ; deux mois après, elle remportait le Tournoi. mettant ainsi fin à une éclipse de trente-cinq ans ! Voilà qui devait donner, *a posteriori,* plus de poids au comportement des Tricolores face aux Highlanders...

L'Ecosse est une terre rude, aux gens aussi durs sur le terrain qu'amicaux devant un verre de scotch. Loys Van Lée, qui se piquait de statistiques, et qui assurait connaître tous les tartans, depuis celui des MacLeod jusqu'à celui des Macbeth en passant par tous ceux des Bruce, des MacGregor, des MacDonald, des MacIntosh ou des Mac'chinchouett, affirmait sérieusement que les Ecossais sont les plus grands des hommes blancs. Ceci explique qu'ils aient été les premiers à aligner un deuxième ligne de plus de deux mètres, avec Peter Stagg, et qu'ils nous aient si souvent empoisonné l'existence à la touche !

Nos vieux amis écossais se plaignent cependant de voir les traditions se perdre car, disent-ils, leurs joueurs ne savent plus dribbler comme leurs glorieux ancêtres.

Sans doute, entendons-nous maintenant des sifflets dans les tribunes de Murrayfield ; certes, les grosses godasses des hommes du Chardon ne mènent plus des ballons empoisonnés dans le cloaque de Murrayfield, malgré les exhortations de la foule scandant dans l'air glacé « feet !... feet ! ». Mais je ne crois pas que les traditions se perdent dans les Highlands. C'est tout bonnement le terrain de Murrayfield qu'on a embourgeoisé : on lui a coupé sa production de boue hivernale depuis qu'on lui a passé des fils électriques chauffants dans le ventre. Du marécage pilote pour dribbleurs de haute école, il est devenu prairie modèle !

La cause de cette métamorphose mérite d'être contée. Ville superbe, dominée par la masse historique du château où régna Marie-Stuart, Edimbourg, la Venise du Nord, est la plus septentrionale et la plus froide des capitales de l'ovale. Ce n'est assurément pas sans raisons qu'elle encouragea la production du scotch. Lieu de théâtre du premier match international de rugby, voilà un siècle, elle a pour fierté d'affronter gaillardement les frimas, à tel point qu'elle n'a pas hésité à asseoir la statue de son héros national, Walter Scott, en plein courant d'air, au milieu de Princess Street, les Champs-Elysées de l'endroit.

Insensible à la froidure, Edimbourg se vante de n'avoir jamais fait reporter une rencontre internationale pour terrain impraticable. Pourtant, voilà quelques années, en dépit des tonnes de paille protégeant Murrayfield, celui-ci gela si profondément que le match devint bel et bien injouable. Près d'un siècle de traditions perdues, voilà un gâchis qu'un Ecossais ne pouvait tolérer. La Scottish Rugby Union n'y alla point par quatre chemins. Elle loua les chapiteaux d'un cirque, les mit sur le terrain, alluma à l'intérieur des braseros au pétrole, dégela le terrain et fit jouer le match. Les traditions étaient sauvées, mais à quel prix !

C'est alors qu'un ancien rugbyman, ayant fait une colossale

fortune dans la distillation du whisky, fit une étrange proposition : « Je vous offre de chauffer Murrayfield par des résistances électriques enterrées dans le sol. » Cela fit un boom dans tout le Royaume-Uni car la facture que ce gentleman se proposait de régler s'élevait à 18 000 livres sterling, soit 252 000 francs d'alors ou si, comme moi, vous n'êtes pas encore converti à la nouvelle monnaie, 25 200 000 francs de naguère...

L'Ecosse a toujours été sensible à ce genre de discussion, mais la tradition était toujours la plus forte, les officiels de la Scottish Rugby ne voulurent point s'en montrer émus.

— Nous ne pouvons pas accepter ce bouleversement de notre terrain sans en discuter en comité. Nous vous répondrons dans un mois.

Le comité discuta de l'affaire et, après avoir longuement pesé sa décision, accepta ce don si généreux qui allait lui offrir la première pelouse chauffée du monde du rugby. Peut-être n'aurait-il pas accepté cette offre s'il avait envisagé que Murrayfield ne serait plus tout à fait Murrayfield, en devenant une terre où dorénavant la pâquerette fleurit en janvier, ce qui est très très mauvais pour le rugby de l'endroit !

Les autres traditions écossaises, heureusement, tiennent bon. Je pus m'en rendre compte encore cette année où le XV de France retrouva une nouvelle jeunesse devant les avants osseux de la « Sauvage Ecosse ». Le matin du match, j'étais allé avec Henri Garcia faire le traditionnel shopping dans Princess Street. Chez Forsyth, le grand magasin dont l'ancien international du Chardon est propriétaire, nous vîmes de superbes écharpes de clubs. Un vieux vendeur très digne nous les présenta et nous nous apprêtions à en acheter une demi-douzaine pour les parents et les amis, quand le vénérable employé, avant d'accepter notre argent, appela le chef de rayon. D'allure aussi digne, mais d'aspect beaucoup plus revêche, celui-ci avait l'air d'un surveillant général de mauvais poil.

Il nous toisa d'un œil soupçonneux et d'un air glacial nous demanda si pour revêtir ces écharpes nous possédions les cartes de membres des Barbarians, de l'Université d'Edimbourg ou des London Scottish. Je lui offris un bristol de président d'honneur des « Mouflons d'Ajaccio », Henri extirpa sa carte d'abonné S.N.C.F., mais cela ne servit à rien qu'à lui faire prendre une attitude choquée. En un clin d'œil, craignant peut-être de nous voir tenter un hold-up, il enfouit ses écharpes sous le comptoir. Puis il nous fusilla du regard, comme si nous avions été des gens pas très recommandables, désirant corrompre quelque digne personnalité pour s'attribuer des décorations qu'ils ne méritaient pas. Ne fallait-il point que la tradition fût très forte pour qu'un commerçant écossais eût ainsi refusé de vendre sa marchandise !

En sortant, je vis mon ami Clem Thomas, l'ancien capitaine du

XV de Galles, et lui contai notre étrange aventure. Il entra dans le magasin et acheta douze écharpes des Barbarians dont il fut un des plus illustres représentants. Le vendeur ne s'étonna pas le moins du monde que Clem Thomas eût subitement un tel besoin d'écharpes, il avait sa carte du club, c'était conforme à la tradition.

Il est une autre tradition, c'est qu'un Ecossais aille le samedi commenter le match dans un pub de Rose Street. Ce soir-là, je suivis Norris Ellison, ancien puciste, professeur de français dans un collège de Londres. Depuis un demi-siècle, le professeur Ellison affirme que le meilleur moyen d'entretenir ses reins, c'est de boire une bonne quantité de gin avant de s'endormir. Avec Léo Dupis, président de l'amicale des supporters du XV de France, son complice et vice-président Félix Plantier, Louis Brailly, président du R.C. Chalon, les frères Darroze de Villeneuve-de -Marsan, un des hauts lieux de la gastronomie française, et puis des confrères comme le regretté Géo Villetan, le président de la presse rugbystique, Jean Denis, alors au *Figaro*, Emile Toulouse alors à Europe 1, Claude Maydieu alors à la Radio Française, le regretté « Baron » Gérard de Ferrier du *Progrès de Lyon*, André Bucos de *Sud-Ouest*, Daniel Rocher de l'Agence France-Presse, Henri Gatineau de la *Dépêche du Midi* et, bien entendu, Loys Van Lée, nous décidâmes donc de soigner nos reins activement. La thérapeutique fut si bien appliquée que, dix minutes après avoir quitté ce pub, je remarquai que Norris Ellison, qui m'entretenait encore des vertus curatives du gin, avait un bien mauvais tailleur pour lui avoir ainsi confectionné un manteau lui battant les chevilles et dont les manches laissaient à peine émerger le bout des doigts. Je lui en fis la réflexion. Il examina attentivement sa tenue et, après avoir mûri sa réponse, me répliqua : « Ce vêtement ne doit pas m'appartenir, à moins qu'il n'ait allongé pendant son séjour au vestiaire. Je vais aller vérifier au bar, continuez, je vous rejoindrai au restaurant. » Personne ne revit le professeur Ellison cette nuit-là. Nous perdîmes également en route Félix Plantier et Loys Van Lée.

Au milieu du souper, un garçon vint avertir Léo Dupis qu'on le demandait au téléphone. Il revint avec un air averti: « C'est encore Félix Plantier qui essaye de me faire marcher. Il m'a téléphoné soi-disant d'un poste de police et me demande de venir le sortir du « trou ». Pour faire plus vrai, il m'a passé le commissaire. Celui-ci m'a baragouiné en français avec un faux accent anglais, il disait que M. Félix Plantier était accusé d'outrages à agent. Tu parles ! J'ai reconnu la voix de Loys. Alors, je lui ai répondu qu'il avait bien fait de le coffrer car c'était sûrement un imposteur, le vrai Félix Plantier soupant avec nous. Ça fait dix fois qu'il me fait le coup du gars enfermé au commissariat, il faut qu'il trouve autre chose pour me faire marcher ! »

Tout le monde approuva et l'on chanta quelque chanson à

Encore une touche exotique.

boire. Nous arrivâmes ainsi aux liqueurs sans que Félix Plantier réapparût. Le garçon avertit une seconde fois Léo qu'on l'appelait au téléphone. Cette fois, il revint avec un certain doute. « C'est encore Félix et son poste de police, mais il n'avait pas l'air de rigoler, nous confia-t-il. Je vais y aller, ce n'est pas loin d'ici. »

Il y alla et trouva son ami Félix Plantier qui se faisait un mauvais sang d'encre derrière les grilles. Léo fut un admirable avocat et l'officier de police bon enfant. Mais Félix se jura de ne plus faire de paris stupides avec Loys Van Lée... surtout lorsqu'il s'agit de botter les fesses d'un policeman en sortant d'un pub de Rose Street !

Comme pour la belle aventure de la bande à Lucien Mias, ce fut une équipe des antipodes qui révéla les vertus de l'équipe de Jean Fabre. Certes, les All Blacks l'emportèrent (12-3), mais les Trico-lores avaient affaire à la meilleure équipe du monde et ce fut contre elle que le XV de France réussit le plus beau match vu à Colombes depuis la guerre.

Comme ceux de Mias, les Tricolores étaient battus par l'Angleterre (6-3) à Colombes et encore à l'image de ceux de 1958 ils allaient avoir leur consécration à Cardiff en obtenant devant les Gallois un match nul (11-11) qui valait bien des victoires.

Fabre, indisponible, avait transmis le flambeau à Crauste et les avants du Mongol réalisaient une formidable démonstration de jeu collectif. Ils menaient 11-3 à la mi-temps et gardèrent cet avantage jusqu'à neuf minutes de la fin où un but facile de Bradshaw réduisait l'écart. Tentant le tout pour le tout, juste avant l'ultime coup de sifflet, Rowlands joua très vite une pénalité à la main, permettant un essai inespéré en coin de Stuart Watkins. Du bord de la touche, Bradshaw botta la transformation, le ballon oscilla dans les airs avant de se décider à passer de justesse entre les poteaux. Galles revenait de loin, mais le XV de France était bien parti pour monter très haut.

L'ascension commença par un triomphe devant l'Irlande : 27-6, le plus grand score, le premier écart de plus de 20 points et la première fois où les Français marquaient six essais devant une équipe anglo-saxonne !

La fête recommençait, comme aurait dit Lucien Mias.

Alors, Wilson Whineray avait eu bien raison de lancer avec confiance, que « les grandes équipes ne meurent jamais ».

Qu'importe, il faut savoir passer par des moments pénibles pour savourer les autres. Mais au bout de tous les efforts les plus pénibles et après certaines désillusions, il y a toujours un moment agréable à vivre ou, plutôt, à revivre. C'est la force du rugby français que de savoir survivre à tout... et le plus souvent dans la bonne humeur !

1964 : UN NOUVEL EVEREST

En infligeant aux Springboks leur première défaite à domicile depuis le début du XXᵉ siècle, les Tricolores de Lucien Mias avaient conquis en 1958 le plus haut sommet. Mais pour avoir été violé une fois, l'Everest n'en reste pas moins une formidable montagne, posant de semblables difficultés à ceux qui veulent en entreprendre l'ascension. Le seul avantage réel est de savoir que ce n'est plus impossible. C'est bien ce que pensait Serge Saulnier, premier de cordée de la deuxième expédition française en Afrique du Sud, en 1964.

Avec l'équipe de Crauste, Serge Saulnier, Jean Prat, mes amis de la presse, Denis Lalanne, Georges Duthen, Jacques Carducci et Claude Maydieu, mes fidèles Acker et Jouin, et les quatre aimables supporters qui avaient tenu à accompagner l'équipe, nous avons vécu une aventure qui compte autant dans la vie d'un joueur que dans celle d'un journaliste ou d'un supporter. Nous nous sentions tous enchaînés par les mêmes espérances, les mêmes craintes, les mêmes complicités.

Dans notre bande, nous avions donc quatre supporters qui vécurent cet été-là leurs plus riches vacances. Il y avait René Courrèges, industriel, Jean Dupouy, promoteur, Mᵉ Homère Lagrange, avoué à Mont-de-Marsan et Henri Maillot, entrepreneur en construction et cousin du général de Gaulle. De par son illustre parenté, ce dernier fut la vedette n° 1 de la tournée. Les Sud-Africains le considéraient un peu comme l'envoyé spécial de l'Elysée, un ambassadeur extraordinaire de la présidence de la République. Et Henri Maillot, qui est la simplicité faite homme, se trouvait, à son corps défendant, séparé sans cesse de notre groupe pour être placé à la droite du président à tous les banquets, dans toutes les cérémonies et Dieu sait qu'il y en eut ! Il devait même se fendre d'un discours, lui qui a horreur de ça. Filmé pour la télévision sud-africaine, il me demanda : « Faut-il que je garde mon béret ? » Comme je lui déconseillais de conserver son couvre-chef, pourtant bien français, il me dit : « Vous avez raison, si Charles me voyait, il ne serait pas content. Il ne faut pas que je lui fasse honte ! »

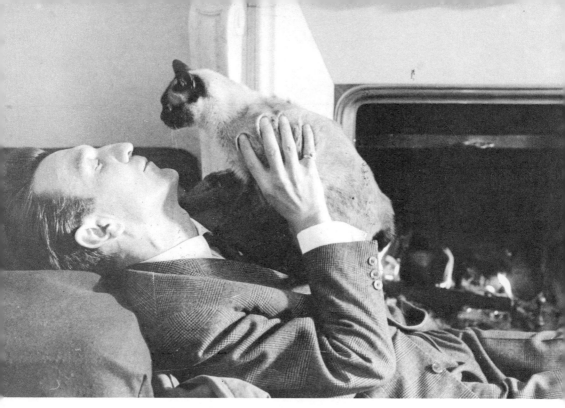

Loin de l'agitation du rugby, avec mon chat...

Le XV de France a donc reconquis l'Everest en renouvelant son succès de 1958 devant les Springboks. Pourtant, ceux-ci venaient d'écraser les Gallois (24-3) et se tenaient bien sur leurs gardes en accueillant nos « Springcoqs ».

Dans la tournée de 1961 en Nouvelle-Zélande, j'avais vu tout un peuple communiant dans la même religion du rugby. C'était impressionnant de voir ainsi une nation entière vivre intensément toutes les péripéties de notre tournée. Je pensais qu'il n'était pas possible de dépasser une telle ferveur, car je n'étais pas encore allé en Afrique du Sud. Au pays des All Blacks, la venue de l'équipe de France fut un événement énorme, vécu par tout un pays oubliant pendant des semaines ses préoccupations ordinaires. Sur la terre des Springboks, cela devint un drame national, où l'équilibre, le sort même de l'Afrique du Sud paraissaient engagés.

Je crois même que l'importance colossale donnée à l'enjeu du match fut la première cause de la défaite sud-africaine. Cette atmosphère nous avait mis les nerfs à fleur de peau. Nous en perdions tous le sommeil, et, dans le car qui conduisait notre petite troupe au terrain de Springs, nous étions tous pâles comme des morts. Tous, sauf Michel Crauste !

Les joueurs essayaient de ne penser à rien, mais pour nous qui devions nous contenter de vivre ces heures atroces et sublimes à la fois, cette tension terrible, qui régnait sur toute l'Afrique du Sud, avait fait fondre nos espoirs. Notre imagination ne servait plus à rien qu'à regarder sous la loupe tous les dangers portés par des Springboks, devenus monstrueux. Nous ne pensions plus qu'à la défaite subie devant le rude pack de la Western Province une semaine plus tôt au Cap. On oubliait la belle victoire d'East London, sur la Border Province, trois jours après cette unique défaite. L'on ne pensait plus aux démonstrations précédentes des Tricolores, les 34-11 de Salisbury et les 29-3 de Kimberley où le Griqualand West avait subi sa plus grande déroute depuis le 26-0 infligé par les « Lions » britanniques en 1924. Nous n'évoquions pas davantage le formidable esprit d'équipe amenant le bon Walter Spanghero, le sélectionné de la onzième heure, à dire à Serge Saulnier qui ne savait pas comment ne garder que huit avants : « Vous savez, monsieur Saulnier, moi je suis déjà comblé d'être venu ici, si vous me laissez sur la touche je ne serai pas vêxé ! »

Walter fit à Springs ses débuts internationaux et quels débuts ! Nous comprîmes vite que nous avions eu tort de douter, de craindre, de frémir, pour Spanghero et pour les autres. Nos « bestiaux » — c'est ainsi que Jean Prat avait surnommé ses avants — furent admirables. Ils mirent à l'agonie les Sud-Africains dans leurs 22 mètres pour l'emporter par 8 à 6, et beaucoup plus facilement que ne l'indiquait le score. « Sous la mêlée, j'entendais le râle des avants d'en face, devait nous dire le soir Michel Crauste... Je compris alors que nous allions gagner le match ! »

Nous avions tous vécu l'un de ces jours magnifiques, énormes, qu'une existence entière ne consume pas totalement. Tant que nous nous retrouverons avec un acteur ou un témoin de cette tournée, il suffira que l'un demande : « Tu te souviens de Springs ? » pour qu'immédiatement on sente tous les deux du bonheur au creux de la poitrine !

Le souvenir du triomphe de Springs, je l'ai longtemps cru unique. C'était une erreur. D'autres exploits lui ont succédé, plus enthousiasmants, plus grisants les uns que les autres...

Je ne suis pas homme à m'appesantir sur le passé pour lui trouver toutes les vertus et toutes les qualités possibles. J'aime remettre les choses et les gens dans les circonstances du moment. Beaucoup plus par le cœur que par l'esprit. Je ne suis pas un conservateur de musée. Les dates et les chiffres s'embrouillent parfois devant mes yeux.

Mais, en revanche, je garde toutes les sensations que j'ai éprouvées comme autant de trésors cachés en moi. Ce qui comptait pour moi, dans toutes ces rencontres qui enchantent l'existence d'un homme, c'était de les vivre au rythme du présent. Et aujourd'hui, quand je me retourne sur tout cela, j'en suis encore très ému...

D'ailleurs, tout au long de ma carrière, le meilleur match a toujours été celui qui aura lieu... demain !

LES ÉTERNELS PROBLÈMES
DU RUGBY...

J'ai eu la chance, au début de ma carrière, de découvrir le rugby à travers un très grand club, le Stade Toulousain. Je n'avais pas eu grand mérite puisque j'habitais Toulouse, à l'époque. Cette phalange du Stade Toulousain, je l'ai déjà souligné, avait le privilège de ne compter dans ses rangs que des rugbymen d'exception, dirigés par un grand capitaine, Robert Barran.

Le règne du Stade Toulousain ne dura qu'un temps. Le flambeau fut repris par le F.C. Lourdes, commandé par Jean Prat, le prototype du troisième ligne aile moderne, un joueur qui défiait les époques et qui, aujourd'hui, aurait sa place dans n'importe quelle formation de premier plan. Avoir le privilège de saluer des clubs de cette dimension, c'était un cadeau pour qui se penchait, comme moi, sur le rugby et son évolution.

Evidemment, d'autres grandes équipes ont illuminé l'histoire du rugby et la... mienne. Il est tentant de procéder au jeu des comparaisons à travers les années. Mais, en même temps, comment comparer ce qui n'est pas comparable ?...

Le rugby n'est pas un sport figé. Il se transforme, de par lui-même, au long du temps qui coule. Il faut tenir compte de tout ce qui l'entoure, de l'implantation des clubs, de leur environnement, des circonstances économiques du moment, de l'apparition de nouvelles méthodes, de nouvelles stratégies, de la richesse de ses effectifs, etc. Cette mutation permanente est une des grandes lois du sport et, plus particulièrement, du rugby. Sa tradition régionale n'est pas un frein à son enrichissement.

Cela dit, je me penche de près sur l'A.S. Béziers parce que je pense que, tout comme le Stade Toulousain et le F.C. Lourdes en leur temps, le club biterrois a imprégné et marqué une période de l'histoire du rugby français. Au début du siècle, le Stade Français avait, paraît-il, exercé une influence identique. Mais, qu'on me pardonne, je n'étais pas né et je n'ai jamais entendu parler du Stade Français que par des témoins...

Avec huit titres de champion de France en décennie (1971, 1972, 1974, 1975, 1977, 1978, 1980, 1981), l'A.S. Béziers a réalisé un exploit d'anthologie dans le rugby français. Il faut tirer son chapeau devant une telle pérennité dans la suprématie. Peut-on, pour autant, affirmer qu'il y a eu une « école biterroise » ?...

La question me paraît intéressante parce que, du temps de leur splendeur, les Biterrois n'ont jamais cessé de susciter, bon gré mal gré, des réserves. On admirait les Biterrois pour leur réussite, leur démonstration, leur stratégie. Mais il se trouvait toujours quelqu'un, ici ou là, pour les contester, pour leur dénicher des poux dans la tête. Ils étaient, parfois, considérés comme une équipe victorieuse mais pas comme un exemple à suivre. Je me suis souvent entretenu de cela avec Raoul Barrière, l'entraîneur biterrois qui se trouvait à l'origine de cette longue suprématie. Il ne comprenait pas, lui, toutes ces critiques qui mettaient son système en cause. Il en était troublé, peiné même, car, de son propre aveu, il ne faisait qu'explorer les ressources du rugby à l'état pur...

La vérité est certainement malaisée à discerner car elle se dissimule sous une évidence que l'on ne percevait pas très bien : l'AS Béziers pratiquait un rugby qu'elle seule pouvait construire. Ce n'est pas plus difficile que ça. L'erreur des adversaires des Biterrois, de la plupart d'entre eux du moins, fut d'essayer de les imiter sans en avoir les moyens humains ou techniques. C'est là où se situe le malentendu effroyable : on devait disposer d'un certain matériel humain, aussi discipliné que réputé, pour pratiquer ce rugby qui semblait invincible...

Ce matériel humain, l'A.S. Béziers le possédait. Il importait aussi d'avoir un pédagogue de premier plan : l'A.S. Béziers l'avait en la personne de Raoul Barrière. Il fallait avoir aussi un peu de chance dans certaines circonstances délicates et l'A.S. Béziers savait provoquer, mériter ce petit coup de chance qui faisait basculer le score d'une finale...

Raoul Barrière, qui avait connu le rugby à travers les taches et les exigences ingrates du poste de pilier, pensait son rugby, voyait son rugby, analysait son rugby comme peu de techniciens. Il lançait son club sur des rails qu'il avait lui-même tracés. On a vu, lors de la splendeur biterroise, des essais d'avants qui étaient des chefs-d'œuvre de maîtrise et de puissance. Ils avaient été créés et façonnés par Barrière. On a vu aussi de splendides mouvements d'attaque, également imaginés et mis au point par Barrière. Bref, avec les Biterrois, on prenait une leçon de rugby que, du bord de la touche, Raoul Barrière pouvait donner à tous ceux qui observaient le jeu de ses élèves, sans idée préconçue, sans parti pris, sans rancœur...

En vérité, ce XV biterrois était une équipe à deux visages. Les avants manœuvraient avec une rigueur au-dessus de tout soupçon. Et les attaquants étaient capables, en un éclair, d'affoler leurs adversaires, par des mouvements qui semblaient spontanés, inspirés et qui pourtant avaient été soigneusement répétés à l'entraînement. Des gros bras dans le pack, des feux follets derrière : l'A.S.

Béziers avait tout ce qu'il fallait pour... réussir tous les exploits que l'on sait. Avec les frères Vaquerin, avec Saisset, Estève, Paco, Lubrano, les frères Buonomo, Senal, Hortoland, Martin, Palmié, Prax, Cordier, Christian Pesteil, Lacans, toutes générations confondues, dans sa ligne d'avants, avec des Cantoni, Casamitjana, Cosentino, Séguier, Lavagne, Navarro, Sarda, Jean-Pierre Pesteil, Fabre, Mioch, Andrieu, Fort, Morisson, également toutes générations confondues en attaque, ces Biterrois tenaient la dragée haute à n'importe qui...

Et puis, surtout, ils avaient le bonheur — à leur première et grande période — de miser sur une exceptionnelle paire de demis en la personne d'Henri Cabrol et Richard Astre, deux noms de légende. Cabrol était un buteur de grande classe, un authentique demi d'ouverture qui savait « libérer » les siens au bon moment par un coup de pied judicieux. Quant à Astre, celui que l'on surnommait le « Roi Richard », il était une merveille de capitaine et de demi de mêlée, un grand stratège, un monument d'inspiration et même de génie. Il figure parmi les meilleurs rugbymen que j'ai pu voir. Il était, à sa manière étincelante et habile, le petit Mozart de cette phalange. Il justifiait mieux que quiconque cette fameuse phrase de Pierre Danos sur le rugby, sur les déménageurs de piano et sur ceux qui en jouent. Danos avait lancé une formule imagée et Astre en était l'illustration vivante. Ce petit gabarit était le prophète d'une cause dont Danos était l'inspirateur...

Alors, à l'heure où je revois tous mes souvenirs, l'A.S. Béziers mérite indiscutablement une place dans cette galerie des grandes équipes. Ces Biterrois n'étaient pas seulement des amoureux d'un rugby bien construit et encore mieux fignolé. Ils aimaient gagner. L'odeur du succès les émoustillait. Ils aimaient vaincre, même au plus juste mais d'une manière inexorable. Leur domination — sinon leur tyrannie — a duré longtemps et cette continuité finissait par exaspérer. C'est une constatation étrange mais il ne faut pas la nier, même avec le recul du temps...

En réalité, pour parler par analogie, l'A.S. Béziers était au rugby ce que Jacques Anquetil fut au cyclisme : un champion souverain et dominateur. Un champion que l'on admirait pour ses exploits mais que l'on n'aimait pas, en profondeur. Anquetil avait beau accumuler les prouesses, c'était Raymond Poulidor que les Français affectionnaient le plus. Pourquoi cette différence de réaction ?... Je l'ignore encore, je me borne à évoquer le fait. C'est tout.

Il est exact que le public du rugby se sentait toujours attiré, côté cœur, par les adversaires malheureux des Biterrois. Les foules ne cachaient pas leurs encouragements à ceux qui osaient défier les Biterrois. Avec le secret espoir de voir les Languedociens perdre leur couronne... Raoul Barrière s'en ouvrit souvent à moi. Ses joueurs et leurs supporters souffraient beaucoup de ce manque de chaleur autour d'eux. Ils se croyaient dans le vrai du rugby. Ils travaillaient d'arrache-pied. Ils s'efforçaient toujours de mieux jouer et, en définitive, ils n'étaient que les mal-aimés du public. Ils percevaient bien cet environnement hostile. Ils ne disaient rien mais ils puisaient, dans cette adversité, des raisons supplémentaires de se surpasser.

Le règne de l'A.S. Béziers a été ainsi un des étranges malentendus du rugby français. Je le pense et, pour les Biterrois, je le regrette. En fait, leur message leur appartenait en propre et personne ne voulait le recevoir. Ou plutôt, personne n'était en mesure de le recevoir.

Est-ce le lot des phalanges d'exception que d'être condamnées ainsi à l'isolement et à l'incompréhension ?...

Le F.C. Lourdes de Jean Prat avait souffert du même mal, en son temps. Mais il avait duré moins longtemps et, pour cette seule raison, l'hostilité ambiante dans laquelle il évoluait était moins pesante.

En outre, la maîtrise du F.C. Lourdes reposait plus sur des talents individuels, ceux des frères Prat, des frères Labazuy, de Martine, de Domec, de Bourdeu et autres Rancoule, Tarricq que celle de l'A.S. Béziers qui, elle, reflétait la continuité d'un bloc, d'un esprit, du travail d'un entraîneur comme Raoul Barrière.

Maintenant que l'A.S. Béziers n'est plus ce qu'elle était, maintenant que les Biterrois, tout en demeurant parmi les meilleurs, sont rentrés dans le rang, toutes ces polémiques ont perdu leur raison d'être. Le déclin des Biterrois n'est qu'une des péripéties de la grande histoire du rugby. Mais c'est une péripétie très importante, en regard de la renommée du club...

Les Biterrois n'ont pu échapper ni à des malaises croissants, ni à des déchirements internes très graves. Raoul Barrière est parti. Bien d'autres sont partis également. L'essentiel est, néanmoins, que ce club continue d'exister et de travailler. Il est d'ailleurs toujours présent dans les phases finales du championnat, héritier d'un lourd passé et d'une gloire difficile à assumer. Le F.C. Lourdes est dans le même cas. Le Stade Toulousain aussi.

Curieusement, personne n'a songé à établir une comparaison entre la baisse de régime des deux plus illustres équipes du sport français, dans deux disciplines différentes, les rugbymen de l'A.S. Béziers et les footballeurs de l'A.S. Saint-Etienne. Ces deux formations ont éclaté, ravagées par des querelles internes, après avoir fait triompher leurs couleurs avec une majesté incomparable...

Sans doute faut-il que Biterrois et Stéphanois, qui n'ont pourtant pas les mêmes motivations, frôlent le pire pour se régénérer et repartir vers les sommets. Quand on a figuré parmi les grands, on a toujours peine à s'adapter à un rôle secondaire. Aucune équipe, aucun champion n'échappe à cette loi non écrite et permanente du sport. Je formule le souhait que l'A.S. Béziers et l'A.S. Saint-

Avec les pétanqueurs du dimanche au Bois de Boulogne.

Etienne reviennent sur les hauteurs. Et puis, comme le disait Wilson Whineray, les grandes équipes ne meurent jamais. J'espère que la leçon sera retenue tant à Béziers qu'à Saint-Etienne. Nous avons besoin de références absolues, de formations qui, par leur prestige, polarisent l'attention des foules. A défaut d'en être aimées...

Pour moi, évidemment, le rugby français ne s'est pas limité au Stade Toulousain, au F.C. Lourdes et à l'A.S. Béziers. Plusieurs équipes ont brillé. Des équipes qui étaient avant tout des clubs comme l'U.S. Dax de Pierre Albaladejo, un club qui n'a jamais pu arracher le titre de champion de France, du moins tant que j'étais télé-reporter... Mais on y pratiquait un rugby alerte, entreprenant et très séduisant. Heureusement, le challenge Yves-du-Manoir permit souvent aux Dacquois de se consoler de ne pas avoir acquis ce Bouclier de Brennus, trophée suprême du rugby français...

Il y eut aussi le S.C. Mazamet de mon ami Lucien Mias, qui ne dura hélas ! pas longtemps. Et puis beaucoup d'autres comme le Stade Montois, héros d'une finale de championnat pathétique avec ses voisins de l'U.S. Dax, le Stadoceste Tarbais, l'U.S. Carmaux, le C.A. Bègles, l'U.S. Montauban, La Voulte des frères Camberabero, le R.C. Narbonne, la Section Paloise, le Racing Club de France, etc. Tous, un jour ou l'autre, ont inscrit leur nom au palmarès du championnat de France depuis la guerre. Mais sans réussir ce qu'avaient obtenu les Biterrois : créer une méthode, déboucher sur une école...

Je fais une exception pour le S.U. Agen qui, lui, a toujours été fidèle à un certain style de jeu. Les Agenais, avec leurs moyens, ont débouché sur une école qui ne brille que par intermittences mais qui a, bon an mal an, le mérite d'exister. Je n'en prends pour référence que la réapparition à des intervalles périodiques du S.U. Agen au sommet du rugby français. Et ce, à chaque fois, dans des circonstances éloquentes : en 1962 aux dépens de l'A.S. Béziers (14-11), en 1965 à la faveur d'une victoire sur le C.A. Brive (15-8), en 1966 grâce à un succès sur l'U.S. Dax (9-8), une finale au goût amer, en 1976 en s'imposant sur l'A.S. Béziers (13-10) après des prolongations haletantes, en 1982 contre l'Aviron Bayonnais (18-9) après une démonstration attrayante...

Les Agenais ont toujours eu une prédilection manifeste pour un rugby délié et bien équilibré. Leur vocation a toujours été, me semble-t-il, de trouver un compromis attrayant entre les écoles basques et biterroises. Les avants agenais n'ont jamais eu pour objectif de s'imposer par eux-mêmes, en puissance ou en force. Les attaquants agenais ont toujours été au service d'un rugby déployé à bon escient. Pierre Lacroix, qui emmena à trois reprises le S.U. Agen à la conquête du Bouclier de Brennus (en 1962, 1965 et 1966) illustrait admirablement cette ambition agenaise de trouver sa vérité et son épanouissement dans une... « troisième voie ». En tout cas, quels que soient les aléas, les Agenais restent dans l'élite et ils ont, selon les années, plus ou moins de réussite dans la phase finale du championnat...

Le rugby français a besoin, selon moi, de grandes et solides associations pour prospérer et entretenir sa propre propagande. Quand on se promène dans la « France profonde » du rugby, dans le Sud-Ouest, dans le Languedoc-Roussillon, dans les Pyrénées, dans le Centre, dans les Alpes, dans le Lyonnais ou dans le Sud-Est, entre autres régions de tradition, on y sent battre plus fort le cœur du rugby, à l'ombre de petits stades dans des centaines de petites agglomérations voire de simples bourgades...

Mais on y mesure aussi la nécessité du rugby de se défendre contre l'attirance des sports de loisirs (ski, moto, tennis) et du football, qui exercent une réelle fascination sur les jeunes.

Dans cette bataille, le rugby n'est pas toujours bien armé. Il lui manque l'atout essentiel d'un championnat bien structuré.

La formule du championnat, c'est le serpent de mer du rugby français. Que ce soit avec 80, 48 ou 32 clubs, la combinaison n'est jamais parfaite. Je ne parle, en la circonstance, que de la première division. Depuis que je m'occupe du rugby, je ne sais plus combien de formules de championnat ont pu défiler. J'ai l'impression que les dirigeants du rugby français, ceux d'aujourd'hui comme leurs prédécesseurs, ont toujours tourné autour du pot en espérant trouver, miraculeusement, la formule qui ralliera tous les suffrages et séduira tout le monde. Mais, on en reste aux intentions car, tout au long des années, les formules de championnat sont expérimentées avec plus ou moins de réussite et de bonheur. L'important, en définitive, est de saluer un champion de France digne de son titre...

Mais entre l'allégresse d'une finale au Parc des Princes et la longue marche d'une compétition languissante tout au long d'une saison, il devrait quand même y avoir un compromis. Un programme équilibré et cohérent, avec des matches plus importants que d'autres. Avec des affiches attrayantes. Avec des rencontres susceptibles de capter l'attention des grands médias nationaux. Or, ce n'est pas le cas. Le championnat de France, dans sa période dite des Poules de classement, se traîne en longueur et ne propose, journée après journée, que trop peu d'affrontements dignes d'intérêt...

Il faut donc, une fois de plus, envisager de réformer le championnat en lui donnant une allure plus séduisante, ce qui rendrait au rugby de nouvelles couleurs. Un homme se trouve au cœur de ce problème, le président de la Fédération Française de Rugby, M. Albert Ferrasse...

Il n'y a pas à s'y tromper : tel quel, Albert Ferrasse incarne et symbolise tout le pouvoir du rugby français. Je ne dis pas qu'il exerce son autorité en potentat solitaire. Ce ne serait pas la vérité.

Mais il a une telle personnalité, il possède de tels pouvoirs de... persuasion qu'il peut se permettre à peu près tout ce qu'il veut.

Il a prouvé qu'il avait beaucoup de caractère. Notamment dans ses démêlés avec les pouvoirs publics à propos des tournées en Afrique du Sud ou dans ses discussions avec les Sud-Africains eux-mêmes pour leur « imposer » un rugbyman de couleur comme ce fut le cas, en 1971, avec Roger Bourgarel ou pour inviter des sélections multi-raciales en France. Il n'hésite pas à discuter dur avec les Anglais, au sein de l'International Rugby Board, pour exprimer le point de vue de la France dans l'intérêt général du rugby. Bref, à l'extérieur, Albert Ferrasse ne recule devant rien...

Mais quand il s'agit de revoir la formule du championnat, il fait souvent machine arrière. Il hésite. Il se sent, je crois, un peu le prisonnier des présidents des grands et des petits clubs. Il est très attentif, trop peut-être ! à leurs doléances, à leurs remarques. Dans cette affaire du championnat, il ne veut vexer personne et, au fond, il a un comportement très... radical-socialiste.

Ce comportement est vraisemblablement habile car il permet ainsi à Albert Ferrasse de rester le patron incontesté du rugby français. Un patron dont le bilan général est positif.

Mais, dans la mesure où le championnat ne donne pas satisfaction à tout le monde, il lui faudra, un jour ou l'autre, arriver à faire adopter une meilleure formule, avec une élite plus resserrée et mieux dégagée. Pour moi, cette nécessité est inexorable : Albert Ferrasse devra, à terme, bousculer certains de ses amis les présidents de club pour restreindre l'élite et lui donner un visage plus moderne. Le temps n'est plus où le rugby pouvait se contenter d'un championnat bâti à la hâte pour faire plaisir à tout le monde...

Les opposants à cette doctrine, je les connais. Je n'ignore pas non plus leurs arguments : on va tuer ainsi l'esprit du rugby, de ce fameux « rugby des villages », selon l'expression chère au regretté Robert Barran. Mais ce n'est pas vrai...

Quand je consulte les résultats du début des années 80, je m'aperçois que, seuls, deux clubs ont refusé de monter en première division. Pourtant, ils le pouvaient, ils avaient mérité cet honneur devant des dizaines et des dizaines d'autres. Ces deux clubs me sont très chers à double titre. Il s'agit de Souillac, là où je suis né, et de Mauvezin (Gers), là où je me suis marié... Cette coïncidence est significative, non ?...

Ces deux bourgades, qui ne font pas 10 000 habitants à elles deux, ont refusé l'accession en première division. Et pourquoi ?... Tout simplement parce que leurs responsables sont des gens raisonnables qui n'ont pas craint de donner une leçon de mesure et de tact à tout le rugby français. Leur argumentation était aveuglante. « Nous n'avons que de petites tribunes, à peine assez vastes pour y abriter 50 personnes en cas de pluie. Nous n'avons ni les moyens ni le cadre de recevoir dignement les équipes des grandes villes. Nous sommes à notre rang en deuxième division et nous y sommes bien. Nous n'avons pas non plus les effectifs dignes de la première division. Bref, nous n'avons rien qui puisse nous permettre de figurer honorablement devant les grandes équipes. Alors, pourquoi vouloir jouer les gros bras ?... Pourquoi être condamnés à n'être que les utilités dans une compétition hors de notre portée ?...

Ils ont refusé sagement ce périlleux honneur d'entrer dans ce que l'on nomme l'élite. Je leur tire mon chapeau parce qu'ils continuent à se mesurer avec des adversaires à leur portée. Et, au passage, je précise qu'ils s'amusent, que leurs dimanches sont des jours de fête pour eux et leurs supporters. Ils ne cherchent pas à réaliser l'impossible, à jouer au-dessus de leurs moyens.

Ils sont très heureux de leur sort. Ils restaurent, à leur manière, le « rugby des villages ». Ils restent à leur rang avec des compagnons qui leur plaisent. C'est le principal...

Comme quoi, en analysant ce problème à l'envers, on se rend bien compte que ce n'est pas en incorporant en première division des clubs d'une agglomération de 3 000 habitants que l'on favorise l'essor du rugby. Au contraire. Ces clubs perdent leur esprit de village quand ils se heurtent dans une division qui n'est pas la leur à des adversaires qui leur sont trop supérieurs.

Il devient urgent de resserrer l'élite, de la conforter, pour passionner le public. Avec des parties équilibrées, entre des équipes à peu près de même force, on aura des débats de bonne qualité. Certains scores que nous enregistrons le dimanche sont accablants. A quoi servent des 64-10, des 34-0, des 54-18 ?... Ils ne font que trahir la passivité de certaines équipes en déplacement.

De plus en plus, dans certaines équipes, on se résigne à... baisser les bras à l'extérieur, en prenant soin de ne pas avoir de blessés. On fait délibérément l'impasse sur certaines parties et, pour moi, ce n'est pas du tout sérieux. Le championnat dit de première division perd une bonne part de sa crédibilité. D'autant plus qu'à l'arrivée de la phase éliminatoire on revoit presque toujours les mêmes équipes d'une année sur l'autre...

Je n'ai pas de formule magique à tirer de ma casquette pour lancer, comme ça, la meilleure solution pour une bonne formule de championnat. Ce que je sais, par contre, c'est qu'il est indispensable de se borner à une première division à 30 ou 40 équipes pour rendre au rugby tout son lustre et lui donner des matches intéressants d'un bout de la saison à l'autre.

La vitrine du rugby français doit être ce championnat de première division. Je n'en démords pas. Je sais aussi que, souvent, Albert Ferrasse brandit l'argument du professionnalisme déguisé pour freiner toutes réformes visant à diminuer l'élite.

Il ne faut pas se masquer l'évidence. L'amateurisme des rugbymen français est ce qu'il est. Je le sais adapté à notre tissu social. Inutile de s'appesantir sur cette évidence. Les rugbymen français ne sont pas des professionnels manifestes. Ils cherchent simplement un peu de bien-être grâce à leur jeu. Personne ne saurait leur en tenir rigueur dans une époque ou, dans d'autres sports, on brasse des fortunes avec impudence. Le vrai problème ne se situe pas dans cette « chasse aux sorcières » des amateurs marrons.

Ce n'est pas parce que l'on bâtira une première division digne de ce nom, une deuxième et une troisième division également valables que les choses changeront et que l'on découvrira, immédiatement, des infractions trop criardes à la règle de l'amateurisme. Resserrons l'élite et le rugby n'aura pas à rougir de la comparaison avec d'autres sports d'équipes qui, au plan national, ont un championnat vivant, entraînant et équilibré...

Il y va, selon moi, de l'avenir du rugby français. La concurrence, aujourd'hui, est de plus en plus rude et le rugby français ne peut plus se cantonner dans un championnat trop dilué...

Au plan international, la situation est différente. Une compétition comme le Tournoi des Cinq Nations, ce monument du sport contemporain que nous devons à nos amis et voisins de Grande-Bretagne et d'Irlande, me paraît indestructible. J'ai déjà indiqué tout ce que le rugby français devait à ces retransmissions télévisées du samedi qui drainent régulièrement des dizaines de téléspectateurs devant le petit écran...

Tout s'est passé comme si le rugby avait découvert, bien avant le football, le basket et tous les autres sports d'équipe, la vertu d'une confrontation européenne annuelle entre gens de bonne compagnie. De ce côté-là, donc, il n'y a rien à craindre pour la prospérité et le retentissement du rugby.

Il reste aussi la perspective d'une Coupe du Monde de rugby, qui serait ouverte à toutes les autres grandes nations exclues du Tournoi des Cinq Nations. J'en parle avec une pointe de tristesse car je sais que je ne la verrai pas ou que, du moins, je n'aurai pas le plaisir de la commenter en direct.

Cette idée d'une Coupe du Monde de rugby, c'est à Albert Ferrasse qu'on la doit. Il a été le premier à la proposer et, à ce sujet, je suis entièrement d'accord avec lui. Il a eu raison de lancer ce projet sans craindre de bousculer les habitudes et les traditions des Anglais, toujours si conservateurs...

Dans un premier temps, l'International Board a repoussé le principe d'une Coupe du Monde. Et puis l'idée a fait son chemin dans les esprits des princes qui gouvernent le rugby international. Ils se sont convaincus eux-mêmes... à tel point qu'ils ont remis ce projet à leur ordre du jour... devant Albert Ferrasse qui était interloqué et qui n'a rien dit.

Aujourd'hui, à mon avis, cette affaire est bien en route. Mais les gens du rugby aiment se hâter sans se presser. Il ne convient donc pas de brusquer les choses : elles viendront en leur temps. Plusieurs projets existent, en Australie, en Nouvelle-Zélande, en Europe. Un jour ou l'autre, ces tractations souterraines déboucheront en pleine lumière sur une compétition mondiale...

Le rugby, on ne le sait peut-être pas, est pratiqué sur les cinq continents, en Europe, avec la France, l'Irlande, l'Angleterre, le Pays de Galles, l'Ecosse, la Roumanie, l'U.R.S.S. ; l'Italie et les autres pays européens comme l'Allemagne de l'Ouest. En Afrique avec, évidemment, les Springboks. En Asie avec le Japon. En Amérique du Nord et du Sud avec les Etats-Unis, l'Argentine, voire le Brésil et le Chili. En Australie enfin avec les Wallabies et, à côté, les Néo-Zélandais, les Fidjiens, etc.

Toutes ces sélections (et beaucoup d'autres moins réputées) se rencontreraient d'abord dans différentes zones géographiques avant d'aborder une phase éliminatoire directe comprenant quarts de finale, demi-finales et finale. La formule s'inspirerait naturellement de celle de la Coupe du Monde de football. Mais le principe est intéressant et très valable.

Le projet le plus avancé (et qui a le plus de chances d'être adopté par l'International Rugby Board) prévoit, je le sais, d'organiser la première Coupe du Monde en Afrique du Sud. Puisque personne ne veut des rugbymen sud-africains chez soi, le meilleur moyen de sortir les Sud-Africains de leur isolement serait, bien sûr, d'aller chez eux...

Il n'est évidemment pas imaginable, ne fût-ce qu'une seule seconde, de monter une Coupe du Monde de rugby sans les Springboks. Leur absence serait un défi au bon sens et une injustice sportive criarde.

En même temps, de par sa constitution et sa loi de ségrégation raciale, l'Afrique du Sud représente l'obstacle majeur à une Coupe du Monde de rugby. Le rugby se trouve enfermé, là, dans un cercle vicieux puisque les relations sportives des Sud-Africains avec le reste du monde ne tiennent que par le rugby et quelques sports professionnels comme l'automobile, la moto, la boxe, voire le tennis. Comment alors se tirer de ce piège ?...

Je laisse ce soin aux hauts responsables du rugby mondial. Leur marge de manœuvre est étroite : cette question de l'apartheid est une épine dans le pied du sport international.

De prime abord, je pose que le principe de toute ségrégation raciale est difficilement soutenable. Je raisonne autant avec le cœur qu'avec le cerveau.

Lors de ma première tournée en Afrique du Sud, en 1964, j'ai vu certaines portions de stades bordées de grillages. Et les Noirs étaient parqués derrière ces grillages... Une image à serrer le cœur.

En 1971, j'ai vu Roger Bourgarel participer à l'expédition des Français comme un Blanc à part entière. Pour le XV de France, la présence de Bourgarel était sans doute une victoire. Mais ce n'avait été, en définitive, qu'une mesure sans lendemain.

Il existe maintenant des sélections multi-raciales dans lesquelles les Noirs sont régulièrement désignés. Mais cette appellation même de « sélection multi-raciale » me choque et me trouble. Le principe de la ségrégation demeure en filigrane. En plus, les rugbymen noirs d'Afrique du Sud ne sont pas les meilleurs chez eux. En cas limite, ces sélections multi-raciales sont artificielles. Mais je reconnais, par ailleurs, qu'elles marquent un certain progrès. Il suffisait d'ailleurs de voir les mines de certains Blancs sud-africains pour saisir qu'ils n'en approuvaient pas le principe...

Ce problème sud-africain est très complexe. Je ne vois pas comment les Sud-Africains pourraient abolir la ségrégation raciale puisque l'apartheid (le terme légal de la ségrégation raciale) est inscrit dans leur constitution. Ils devraient donc modifier leur constitution pour réintégrer le giron du sport international.

Le frein à toute évolution libérale dans ce sens est la réaction de crainte des Sud-Africains blancs. S'ils retouchent la constitution, ils ont la certitude d'être chassés de leurs terres. Ils vivent le dos à la mer et ils refusent de quitter ce bout de l'Afrique...

Cela posé, j'ai pu noter une certaine amélioration dans la ségrégation raciale. Les stades ne comportent plus maintenant ni barbelés ni grillages. Les Noirs s'installent un peu n'importe où mais toujours pratiquement dans les places les moins chères. Cette amélioration est très lente et il faudra vraisemblablement plusieurs générations pour voir l'Afrique du Sud se transformer.

Mais au bout de plusieurs générations, c'est le régime tout entier qui aura évolué et qui aura adopté un visage plus humain...

Je crois que le rugby peut, effectivement, jouer son rôle dans cette mutation. Mais je pense qu'il ne convient pas de le surestimer car les Springboks, aussi prestigieux soient-ils pour leurs compatriotes, ne peuvent pas, à eux seuls, bouleverser les habitudes et les réflexes profonds de millions de Blancs qui n'envisagent pas une seule seconde d'abandonner leurs avantages...

D'accord, je veux bien avoir confiance, croire en des lendemains meilleurs pour les Noirs sud-africains. Le rugby, en effet, permet de faire évoluer les choses dans le bon sens, dans la direction du libéralisme. Mais je ne me berce pas d'illusions...

Et quand on attaque Albert Ferrasse sur sa détermination à vouloir jouer en Afrique du Sud, il tonne toujours que l'on ferait mieux d'empêcher des centaines d'hommes d'affaires de passer des contrats avec l'Afrique du Sud, plutôt que de s'acharner sur des rugbymen. Il a raison. C'est l'argument le plus fort que je connaisse pour justifier le maintien de relations sportives suivies avec les Springboks.

DU CATCH AU TENNIS
ET AU GOLF

Autant le rugby a été la poutre essentielle de ma carrière de télé-reporter, autant j'avoue, un certain sourire sur les lèvres, qu'il m'est arrivé de lui faire quelques infidélités, ici et là, en m'intéressant à d'autres sports. Après tout, il est bien normal qu'on soit amené à élargir son registre personnel. Et je ne regrette pas ces... digressions extra-ovaliennes qui, en définitive, m'ont toujours permis de retrouver le rugby avec une passion et un enthousiasme intacts.

Faut-il croire en la sincérité des combats de catch ?...

Cette question, des milliers de téléspectateurs n'ont pas cessé de me la poser, par un abondant courrier, après mes reportages en direct sur des soirées de catch. Ils estimaient que je m'emballais peut-être (un peu) trop — mais c'était ma nature et on ne se refait pas !.. — et que, peut-être, je devenais ainsi le... complice des catcheurs qui s'empoignaient généreusement et qui, à leur manière, se montraient de remarquables comédiens.

Qu'il y ait une part... d'exagération dans le catch, ce n'est pas douteux. Sans cette exagération, d'ailleurs, il y a belle lurette que le catch n'attirerait plus personne. Or, il continue de végéter, de son mieux en tenant bon contre vents et marées.

Ce spectacle sportif plaît à un très grand nombre de téléspectateurs. Et surtout, détail révélateur, de téléspectatrices... Les lettres sont là, le plus souvent écrites par des mains féminines, pour en témoigner avec une chaleur qui m'étonne. Mais je ne suis pas là pour rebâtir le monde. Après tout, si le catch plaît aux femmes, pourquoi ne pas leur en donner ?...

Ces lettres sont très étranges. Elles accusent, elles dénoncent les « méchants ». Elles soutiennent, elles encensent, elles applaudissent et elles justifient les « bons ». Le catch ne sort pas de cette division en « méchants » et en « bons ». On ne pardonne rien aux premiers, on tolère tout aux seconds. Quand les coups défendus sont donnés par des « bons », tout va bien, ils sont dans leur droit. Mais quand ces mêmes coups défendus sont assénés par des « méchants », ceux-ci sont à mettre en prison. Instantanément !... On m'a compris : la mesure n'existe pas quand on commence à évoquer le catch et les catcheurs.

Le catch en direct me plaisait.
Michel Drucker, en revanche, y semblait indifférent...

Un bon saut chassé acrobatique peut être, selon son auteur, un chef-d'œuvre de brutalité ou un monument d'élégance. Avec ses traîtres et ses justiciers, le catch n'est qu'une confrontation permanente et colorée entre le bien et le mal. Toutes proportions gardées, évidemment...

Un combat de catch possède tous les ingrédients d'un western, où les bons doivent nécessairement finir par gagner et où la morale est sauve. Si l'on ne comprend pas cela, on ne comprend alors rien au catch.

L'argument majeur sinon exclusif contre le catch est son absence de régularité et de sincérité. A ce que l'on aime répéter, tous les combats sont affreusement et horriblement truqués. Ce ne seraient jamais que des mises en scène artificielles destinées à allécher le gogo et à l'émouvoir à bon marché. Bien sûr, je ne vais pas défendre le catch dans ses excès. Il comprend, de toute évidence, une part de simulation, voire de comédie. Mais, tel quel, avec ses arrangements et ses trucs, avec son engagement physique, le catch est un sport très dur, très dangereux et surtout très mal protégé (pour ne pas dire pas protégé du tout) par les lois sociales...

Et ça, c'est bien une vérité que personne ne peut contester : quand les catcheurs se blessent ou quand ils meurent, ce n'est plus de la comédie ni du cinéma. J'aurais vu, après les avoir applaudis sur le ring, beaucoup de catcheurs mourir misérablement, certains de leucémie, certains du cancer. La liste des catcheurs disparus bien avant l'heure, comme le Bourreau de Béthune ou Bob Rémy, est longue...

Ce sport professionnel est, en plus, très mal payé. Les jeunes ne veulent plus devenir catcheurs car ils estiment ne pas avoir d'avenir dans ce sport. D'ailleurs, ils exercent tous un métier annexe (et authentique) en plus de leurs activités de catcheur. Dans la mesure où ils font tous autre chose, ils deviennent les O.S. de la manchette et les smicards du Double Nelson.

Il n'existe pas en France de véritable école de catch. Les catcheurs se recrutent comme ça, pratiquement par hasard, parfois chez les anciens lutteurs. Mais il n'y a pas de continuité, pas de filière ascensionnelle pour des jeunes catcheurs. Devant moi, je ne contemple que le désert. Le catch est vraisemblablement un moribond en sursis. Et quand il n'y aura plus de catcheurs ni de réunions de catch, en province ou à Paris, la Télévision aura perdu l'un de ses spectacles sportifs les plus populaires et les plus suivis. Je crois que le catch est un spectacle bon enfant que les femmes et les gosses adorent. Il ne sert à rien d'aller plus loin et de se draper dans je ne sais quelle moralité sportive pour affirmer que le catch ne mérite pas l'audience qui est la sienne...

Ce n'est pas vrai. J'ai reçu des milliers de lettres sur le catch. Plus enflammées les unes que les autres, jamais hostiles ni méchantes. Je n'ai d'ailleurs aucune honte d'avoir commenté des matches de catch. Je pense que c'est une discipline très difficile à commenter. Il ne suffit pas de parler sur les images ou sur les prises, il faut aussi savoir vibrer, valoriser les efforts des catcheurs, improviser sans arrêt et trouver toujours des mots légers, amusants.

En vérité, le catch est un spectacle destiné à distraire. Sa vocation ne se situe pas ailleurs. Il est inutile d'aller chercher midi à quatorze heures quand on parle du catch. C'était ma règle, je ne m'en suis jamais départi...

Aux États-Unis, le catch réalise encore de très grosses recettes. Les Américains en raffolent. C'est pourquoi je regrette qu'il tombe à l'abandon en France. Il n'y a qu'une poignée de catcheurs professionnels en France. Un chiffre misérable. Ils essaient de tenir. Ils ont un mérite énorme, parce que je ne vois pas poindre la relève et que je crains bien qu'à terme le catch finisse par disparaître du petit écran... comme de la carte sportive de France.

En trente ans, j'ai pu suivre plusieurs générations de catcheurs. Des anciens comme Delaporte, Bollet, Chéri-Bibi, Duranton, de Lassartesse, Ben Chemoul, etc. J'en passe et certainement des meilleurs. Ils ont vieilli, ils ont abandonné le ring pour retomber dans un anonymat qui ne doit pas être bien gai. J'avais créé, sur un coup d'inspiration, le personnage de l'Ange Blanc. Il fut un des héros de la Télévision d'avant-hier. Maintenant, il est... antiquaire à Alicante, dans le sud de l'Espagne.

Aujourd'hui, des catcheurs de classe comme le Petit Prince, Anton, Terrero, Bouvet, Corne, etc., tiennent tant bien que mal le haut de l'affiche. Mais qui va les remplacer à l'heure de la retraite ?...

Pour moi, le catch est sur le déclin. Un déclin inexorable. Je ne demande qu'à me tromper car, je le répète, le catch mérite une grande et belle audience à la Télévision.

Le tennis, je l'ai découvert, on l'a lu, par une rencontre inopinée avec... Jean Borotra. Il m'avait donné des conseils pour bien jouer. Franchement, je ne les ai pas suivis et je n'ai pas bien progressé...

Ce tennis-là, le tennis de grand-papa, n'était que le tennis amateur. On n'y parlait pas de dollars, de primes, d'avantages en nature, etc. On y jouait. Un point, c'est tout.

Je crois que, de tous les sports modernes, le tennis est bien celui qui a été le plus touché au monde par l'argent sous toutes ses formes. Touché, voire contaminé. Les temps ne sont peut-être plus ce qu'ils étaient. Mais, sur ce sujet-là, je reste un homme du passé. Au risque de passer pour rétrograde, il me paraît grave d'entendre des jeunes garçons ou filles de 14-15 ans annoncer froidement leur intention de passer professionnels pour bien vivre de leur sport...

Qu'un espoir comme Guy Forget, le dernier en date du tennis français, ait envie de tirer un certain profit de ses dons, c'est une démarche logique et compréhensible. Tous les jeunes espoirs dans tous les sports partagent cet obscur espoir mais seuls les tennismen osent le formuler sans nuances et, de plus, en sacrifiant tout le reste de leur vie à leur sport.

J'ai peur qu'en négligeant tout au profit (le mot est particulièrement choisi...) de leur carrière dans le tennis, ils ne soient pas aussi bien armés pour l'existence qu'ils le pensent. Forget n'est pas coupable. Il est plus victime d'une époque et d'un système.

J'aime beaucoup moins le tennis qu'auparavant. Il est par trop devenu la proie des hommes d'argent dont Mark H. McCormack est le plus célèbre et le plus vorace. Je ne suis pas opposé au professionnalisme ; je suis seulement opposé à ses excès et à cette vision déformée qu'il peut donner d'un sport. Un champion comme Björn Borg était devenu, à lui seul, une formidable société multinationale. Lui qui n'était pas d'un tempérament joyeux et détendu s'imposa par ses exploits et son étincelant palmarès. Derrière ses prouesses et ses grands matches qui fascinaient la planète, avait-il une réelle joie de vivre et de jouer ?...

Il était, à sa manière, comme Jacques Anquetil ou l'A.S. Béziers, un champion que l'on admirait mais que l'on n'aimait pas profondément parce qu'il était trop désincarné et trop automate.

Il a pris sa retraite à 26 ans, vaincu par le sport dans lequel il s'était exprimé depuis sa plus tendre enfance. Il est le plus jeune

Evidemment, il y a beaucoup à dire sur mon coup droit...

retraité milliardaire du monde mais, maintenant, quelle motivation peut-il donner à son existence ?... Il n'a fait que du tennis pendant des années et des années. Il en a épuisé tout ce qu'il pouvait en tirer.

Il a découvert qu'il pouvait donner un nouveau sens à sa vie à un âge où, généralement, les champions sont dans leur plénitude. A mon avis, il ne sert même pas bien la cause du sport qui l'a enrichi au-delà de toute évaluation possible en gâchant son talent, ou du moins ce qui en reste, dans des exhibitions qui ne sont que des caricatures des matches qui ont fait sa gloire et sa... fortune.

Ces exhibitions ne sont, je le dis nettement, que des insultes au tennis des grandes années de Borg. Pour moi, ce sont des déviations immorales. Il avait des milliards dans sa raquette, il les a ramassés. C'est son droit. Mais ce n'est ni sa gloire ni celle de ses conseillers que de l'emmener dans des rencontres qui ne sont que des parodies de grand et vrai tennis...

Hors de cela, Borg entrera dans l'histoire du tennis, outre son prodigieux palmarès, comme le champion qui a donné au lift une dimension et une puissance qu'aucun autre de ses prédécesseurs n'avait atteintes. Son lift est un chef-d'œuvre. Son palmarès aussi. Le reste, moins...

Je conserve, côté micro, de bons souvenirs de mes reportages de tennis. J'ai d'ailleurs une médaille que m'avait offerte la Fédération Française de Tennis à l'occasion d'un Tchécoslovaquie-France de Coupe Davis qui s'était disputé à Prague en 1975. La pluie avait perturbé cette rencontre. Les matches étaient toujours reportés, ils s'éternisaient et, en conséquence, cette rencontre Tchécoslovaquie-France initialement prévue sur trois jours déborda largement...

J'avais néanmoins des heures d'émission à couvrir. Comment les remplir quand il ne se passait rien sur le court ?... A Paris, on m'avait conseillé de me débrouiller à ma guise. Plus facile à dire qu'à faire...

Les heures étaient interminables. Le décor de ce stade de Prague était triste. Il jouxtait une voie ferrée. Des trains passaient de temps en temps, en haut des tribunes. Ils s'arrêtaient un peu. Le mécanicien sortait sa tête et regardait avidement le spectacle... quand il se passait quelque chose. Ce qui n'était pas fréquent. Mais quand un Tchèque avait gagné un point, le mécanicien du train donnait quelques coups de sifflet en témoignage d'allégresse. C'était ahurissant. Un vrai film comique...

Ne sachant comment tromper le temps qui s'écoulait si lentement et occuper l'antenne, j'avais interwievé tous les journalistes de la presse écrite présents à Prague. J'ai fait là un coup d'éclat qui restera unique. Ils vinrent tous les uns après les autres, racontant des anecdotes ou émettant leurs opinions...

L'équipe de France, alors, comprenait Patrice Dominguez, François Jauffret, Patrick Proisy. Le suspense avait été maintenu, en dépit de la double défaite de Dominguez et Jauffret dans les simples le premier jour, par une victoire inattendue en double de Dominguez-Proisy sur Kodès-Hrebec et puis, le troisième jour, par un beau succès de Dominguez, en quatre sets, sur Hrebec...

C'est parce que ce match, finalement, était très serré que je ne pouvais pas rendre l'antenne. L'exploit était possible. Mon devoir était de le guetter. Jamais je n'ai trouvé une partie de Coupe Davis aussi longue et aussi difficile à commenter. Toutes ces interruptions pesaient sur les nerfs de tout le monde.

L'ambiance, quoi qu'il en soit, était excellente. Dominguez, Jauffret et Proisy aimaient se distraire. Parfois à mes dépens... Un soir, ces jeunes gens avaient fait mon lit en portefeuille et, surtout, ils avaient cousu les manches de ma veste de pyjama avec les jambes de mon pantalon. D'une manière si ingénieuse que je ne m'étais rendu compte de rien en enfilant mon pyjama... En forçant, tout naturellement, mon pantalon s'était déchiré et je m'étais retrouvé en... short. Ces joyeux lurons m'avaient bien épié et, évidemment, ils étaient entrés dans ma chambre au moment précis où tout craquait...

En plus, ils s'étaient amusés à barbouiller les glaces et les murs de la salle de bains de crème à raser. Il y en avait partout, l'effet était hallucinant. Dans cette ville de Prague où les occasions de rire étaient rarissimes, ces blagues de collégiens servaient finalement d'antidote à la morosité ambiante...

L'initiateur et l'exécuteur de ces farces était Patrice Dominguez. Ce traître me l'avoua sur-le-champ... Je n'avais pas eu besoin de l'interroger. Les traîtres avouent toujours...

Autre joyeux souvenir : le blouson de Thierry Roland. Je commentais le Tournoi de Wimbledon, dans une petite cabine juchée très haut, tout en haut des tribunes, avec Thierry Roland.

Thierry, très coquet, avait acheté un magnifique blouson de cuir jaune clair. On le remarquait de 50 mètres. On ne voyait vraiment que ce blouson clair qui tranchait sur tous les vêtements que portaient les Anglais. Cette année-là, par miracle, il faisait très chaud à Wimbledon. Il faisait encore plus chaud dans notre minuscule tribune. Thierry et moi, nous étouffions. Le fait est assez rare à Wimbledon pour le souligner...

Heureusement, pour calmer notre soif, inextinguible, nos amis de la B.B.C. nous apportaient des bouteilles de Coca Cola. Sans arrêt. Nous étions très serrés et, évidemment, mal à l'aise pour décapsuler ces bouteilles. Enfin, on se débrouillait de notre mieux.

A la longue, nous pensions être rodés...

Quelle erreur !... Je n'arrivais pas à ouvrir une de ces bouteilles, je me dépensais de mon mieux et, soudainement, le Coca Cola gicle de partout et souille le... blouson tout neuf de l'infortuné Thierry...

Le pauvre !... Jamais, je n'ai vu un homme exploser de colère comme lui, en cette fatidique minute, sur cette malencontreuse bouteille. Il a commencé à m'insulter, à me traîner dans la boue...

Et nous étions en plein reportage. J'avais mis ma main sur le micro pour éviter de faire partager à la France l'irritation de Thierry.

Déchaîné, Thierry criait que je lui avais... tué ce fameux blouson qui lui avait coûté, paraît-il, des centaines de livres. Chaque minute qui passait, le blouson valait de plus en plus cher !...

Je m'efforçais de le calmer ou de le rassurer en lui garantissant (pure invention de ma part) que ce cuir jaune allait se détacher très bien. En même temps, j'avais du mal à garder mon sérieux devant l'explosion de colère de Thierry... Ce n'était pas le moment de le provoquer. Il était rouge de fureur...

Pour la petite histoire, après avoir passé chez plusieurs teinturiers, le beau blouson de cuir jaune de Thierry Roland n'est jamais revenu comme avant. Certes, il était encore jaune mais ce n'était pas le même jaune. En plus, le blouson avait rapetissé et il gardait certaines taches qui lui donnaient une allure de blouson léopard...

Mais dans cette petite cabine de Wimbledon, Thierry s'était comporté avec moi comme un tigre. Ses rugissements, je les ai encore dans les oreilles. Sans rire. Et si l'envie vous prend, au gré d'une rencontre avec Thierry Roland, de lui demander des nouvelles de son blouson de Wimbledon, il en perd sa jovialité naturelle...

Le rugby me collait tellement à la peau que, plusieurs fois, en commençant mes reportages en direct de Wimbledon, j'annonçais tranquillement : « Ici, Twickenham... » Par contre, de Twickenham, je n'ai jamais lancé : « Ici Wimbledon... ». Evidemment, ça ne faisait pas très bon effet à Paris, du côté de la direction d'Antenne 2.

Il existe une énorme différence entre le commentaire du rugby et celui du tennis. Dans un match de rugby, il faut éclairer le téléspectateur et laisser libre cours à son enthousiasme. En revanche, la première qualité d'un commentateur de tennis est de la... fermer. On ne doit parler qu'en choisissant ses moments, ses phases de jeu et en tachant d'anticiper sur la physionomie ct le résultat. Cela ne correspondait pas à mon tempérament et je me doutais bien que je n'allais pas faire de vieux os dans le tennis...

C'est ce qui s'est passé. Un jour, on m'a posé une question innocente : « Ne seriez-vous pas d'accord pour abandonner le tennis ?... » Quand on vous pose ce type de question, je ne connais qu'une seule réponse. « Mais oui, ça tombe bien. D'ailleurs, j'allais vous le proposer et vous me prenez de vitesse... ». Tout était dit et conclu en peu de mots.

J'en étais resté, je crois, à des appréciations et à des commentaires qui ne convenaient plus au tennis moderne. J'avais souvent entendu Georges Briquet assurer des reportages de tennis, à la radio. Il était phénoménal. Il n'arrêtait pas. Jamais un silence. Jamais un répit. Revers, coup droit, revers, volée, smash, etc. Tout y défilait à une allure vertigineuse. Briquet racontait par exemple que Cochet avait fait une « carotte » à Tilden. Imaginerait-on maintenant Noah exécutant une « carotte » devant Lendl...

C'était un vocabulaire d'un autre temps...

Aujourd'hui, le langage-tennis de la télévision est différent. Il est devenu plus technique. Les coups y sont analysés, à chaud, avec minutie. Cette évolution dans la communication est une des caractéristiques du tennis moderne. Je pense que certains anciens, comme moi, ont la nostalgie du tennis d'hier et d'avant-hier...

Je ne pouvais pas me changer. Et on me reprochait de commenter le tennis comme le rugby... Je n'avais pas dissimulé mon enthousiasme, entre autres occasions, lors de la finale de la Coupe de Galea 1978 à Vichy entre la France, avec Yannick Noah, Gilles Moretton et Pascal Portes, et la Tchécoslovaquie avec Lendl et Kukhal.

Portes avait battu Lendl en match d'ouverture. Un Lendl qui simulait des blessures et des malaises pour déconcentrer Portes. Moi, je ne retenais pas mon plaisir de voir Portes jouer avec brio. Ce n'était pas le style qu'il fallait, paraît-il.

Alors, en définitive, ma liaison de télévision avec le tennis fut brève. J'avais découvert le tennis à l'époque de Jean Borotra. Je n'ai pas quitté le même tennis...

L'art de commenter le tennis est très délicat. On s'adresse à un public qui, formé en grande partie de pratiquants, croit tout connaître et tout juger. Si, par hasard, il n'est pas content, il ne se gêne pas pour le faire savoir tout de suite. Après des retransmissions en direct, les téléphones de la Télévision sont parfois bloqués parce que des téléspectateurs monopolisent les lignes pour donner leur avis, émettre des commentaires, reprocher d'avoir trop parlé ou, parfois, ne pas en avoir assez dit...

D'une certaine façon, prononcer un seul mot sur des images de tennis revient fréquemment à dire... le mot de trop, celui qu'il ne fallait surtout pas dire ! C'est assez crispant. Cela ne se produit jamais en rugby.

Enfin, mon aventure dans le tennis moderne ne fut pas d'une durée exceptionnelle. Je n'en garde aucune amertume. J'avais ma conscience pour moi. Je l'ai toujours. Et je reçus ensuite de très nombreuses lettres qui, toutes, m'assuraient que j'avais bien fait de mettre de la chaleur et de l'entrain dans mes commentaires...

La page était tournée...

J'ai également commenté le golf en direct sur Antenne 2. J'avais découvert le golf, ses joies et ses peines, à 48 ans. J'y ai joué un peu avant de débuter par le reportage du Trophée Lancôme, à Saint-Nom-la-Bretêche.

J'ai bien écouté les conseils que l'on me donnait. Ne pas trop parler. Savoir attirer l'attention du téléspectateur sur un détail précis. Ne pas s'exciter.

J'avais eu l'idée de demander au professeur Roger Golias, un enseignant très célèbre dans le monde du golf, de me prêter son concours. Notre collaboration fut une réussite. Nous avons assuré le reportage en direct de l'Open de Grande-Bretagne, à partir de cet endroit de légende qu'est Saint-Andrews. Ce fut un des meilleurs moments de ma carrière : je prenais conscience de la véritable dimension humaine et sportive du golf et je pouvais le faire partager à tous les téléspectateurs. C'est un grand privilège pour un professionnel de l'information de se trouver ainsi à l'origine d'une opération de cette ampleur et de cette nature...

Par la suite, j'ai fait équipe avec André-Jean Lafaurie, un remarquable expert du golf. Il en connaît tous les secrets et toutes les anecdotes. J'ai d'ailleurs aussi joué avec lui. Je ne devrais pas m'en vanter car je n'étais pas à sa hauteur...

Pour avoir été le premier à commenter en direct du golf sur Antenne 2, j'ai été heureux de pénétrer un milieu sportif que je ne connaissais pas. André-Jean Lafaurie apportait son point de vue technique, ses observations humaines sur les champions. Nous étions réellement complémentaires et puis, au moins, personne ne me reprochait là d'en dire trop ou d'être trop chaleureux.

Que pense exactement Jean Garaïalde ?...
Il garde le silence, sans doute pour ne pas me vexer.

Du catch au golf, en passant par le tennis et (naguère) la course automobile, j'ai donc commis quelques infidélités au rugby. Mais maintenant il y a prescription car ces « infidélités » ne furent jamais que des péripéties. Mon attachement au rugby éclipsait tous les autres...

BRAVO BALA !...

De toutes ces belles années passées avec Pierre Albaladejo à bourlinguer autour du monde pour la cause du rugby, il ne nous reste que des bons souvenirs, des images pittoresques et quelques anecdotes savoureuses. Quant à notre amitié, elle est totale et éternelle...

Dans sa préface, Pierre Albaladejo a dévoilé quelques amusantes vérités. Je ne peux pas manquer de lui en rappeler quelques autres...

En 1975, nous accompagnions le XV de France en tournée aux États-Unis. C'était un événement. Au moins pour nous... Car les Américains, eux, ne furent pas bouleversés d'émotions par les Tricolores. C'est une autre histoire.

Nous étions à Chicago. Nous avions eu l'idée d'aller visiter les chutes du Niagara. Elles n'étaient pas éloignées. Il suffisait de louer une voiture...

La veille au soir, je me couche avec une angine subite et une poussée de fièvre. Pierrot tenait à rester avec moi. Je l'avais fialement encouragé à aller voir ces chutes du Niagara. Il ne devait pas rater cette occasion.

Je reste donc seul dans notre hôtel. Seul avec Henri Garcia, qui avait des articles à envoyer pour *l'Équipe*. J'avais passé la matinée dans mon lit. Je m'étais levé un peu avant le déjeuner pour rendre visite à Henri Garcia. En pensant que, pendant mon absence, les femmes de ménage auraient le temps de faire mon lit et la chambre.

Je reviens une petite heure plus tard pour découvrir une chambre en désordre. J'étais furieux. Je prends le téléphone. J'appuie sur tous les boutons. Rien ne venait, ça n'était jamais le bon chiffre. Cette fois, j'étais franchement en colère. A bout de nerfs, j'appuie sur un bouton différent des autres...

Moins de cinq minutes plus tard, la porte de la chambre s'ouvre en trombe, sans sonnerie, sans rien. Deux types gigantesques, deux Américains, surgissent le revolver à la main. Ils me plaquent au mur, ils me tâtent de la tête aux pieds pour découvrir si je ne cachais pas un revolver sur moi. Ils regardent sous le lit, ils fouillent dans les armoires. Affolé, je compose le numéro de la chambre d'Henri Garcia et je lui demande de venir me secourir...

Quand il arrive, il est fouillé, lui aussi, de la tête aux pieds...

Heureusement, il put expliquer, en anglais, que je ne faisais que chercher le service d'étage et que je m'étais trompé en alertant le service de sécurité...

Bref, les choses se terminèrent mieux qu'elles n'avaient commencé. Peu après, Pierrot réapparaît, souriant et content de sa journée. Henri et moi, nous lui racontons tout ça en tentant de prendre les choses du bon côté... mais nous avions eu peur car avoir un revolver braqué sur soi quand on cherche le service d'étage n'est pas une péripétie banale.

Et le lendemain, histoire de s'amuser, Pierre Albaladejo ne trouva rien de mieux que d'aller demander à la direction de l'hôtel de me faire toujours surveiller par n'importe quel moyen. Ce qui veut dire que mon séjour à Chicago se termina avec le service de sécurité attaché à ma personne...

Bravo, Bala !...

Autre anecdote : je peux me vanter d'avoir fait de Pierre Albaladejo un grand amateur d'art. Toujours à l'occasion de ce voyage de 1975 à Chicago...

Mon ami le peintre Paulo Aizpiri m'avait conseillé, avant le départ, de ne pas manquer les impressionnistes français du musée de Chicago, un superbe musée le long du lac Michigan. Pierrot n'était pas enchanté devant cette perspective. En vérité, il n'en avait même aucune envie. J'avais beau utiliser tous les arguments possibles. Rien n'y faisait : il était prêt à me laisser y aller tout seul...

Et puis, quand même, à la longue, il céda à mes sollicitations...

Je traîne donc dans ce musée un Pierre Albaladejo qui, lui, traînait les pieds...

Dès qu'il découvrit les toiles, il fut ébloui. Lui qui n'avait vraiment jamais mis les pieds dans un musée était fasciné. Cette série de peintres impressionnistes français était prodigieuse.

Cette fois, lui qui ne garde pas sa langue dans sa poche était muet d'admiration. Il était franchement ahuri de découvrir autant de chefs-d'œuvre. Il restait silencieux, il se contentait de tout regarder et de déambuler dans ces salles avec respect et émotion.

Très franchement, je devais parler pour deux car je n'avais jamais vu autant de toiles des plus grands impressionnistes français. Pierrot m'écoutait en hochant la tête...

Et puis la visite se termine...

Nous quittons le musée tous les deux d'un même pas tranquille. Soudain, sur l'escalier devant le musée, Pierrot, qui n'avait pas lâché plus de trois mots à la suite pendant la visite, me prend par le bras et, d'un ton pathétique, me confie :

« Dis Roger, on ira voir d'autres musées !... »

Ce n'était pas une question mais un vœu.

Depuis lors, l'honnêteté me commande de révéler que nous n'avons pas visité d'autres musées.

Bravo, Bala !... (bis).

Une dernière anecdote. Elle se passe le 13 juillet 1979 à Auckland, la veille du grandiose test du XV de France avec les All Blacks.

Une sirène retentit dans l'hôtel. Des servantes frappent à ma porte. Elles me font comprendre qu'il faut descendre très vite. Un incendie ravage l'hôtel. Je venais d'enfiler mon pyjama. Je me précipite dans le couloir et, dans la foule des gens qui sortaient de leurs chambres, je ne vois pas Bala...

Je fonce vers sa chambre. Je tambourine à sa porte. Il ouvre et je le découvre... nu comme un ver. Je lui explique tout en peu de mots. « Quel feu ?... Je ne vois rien... » répond-il. J'insiste. Je lui dis que nous sommes tous évacués d'urgence. Et puis je pars vite vers les ascenseurs...

A ce moment-là, il sort à demi de sa chambre et me crie : « Attends-moi, salaud. Tu ne vas pas me laisser brûler vif !... »

Je m'arrête. Je reviens le chercher. Il enfilait, quand même, son pyjama. Et puis nous repartons en hâte vers les ascenseurs.

Lui, il était mécontent. Il oubliait le danger. Il ne pensait qu'à m'accuser d'avoir voulu m'enfuir sans lui...

Nous avons discuté pendant une demi-heure, sur le trottoir, en nous gelant copieusement.

Il me disait : « Roger, je n'oublierai jamais que, me voyant en danger, tu n'as pensé qu'à sauver ta peau... » Et moi j'avais beau lui expliquer qu'il aurait dû se presser, plutôt que de demander des détails, il ne cessait de me reprocher de l'avoir oublié. Nous étions véhéments et nous parlions fort et haut. Autour de nous, les autres habitants de l'hôtel nous regardaient avec inquiétude. Ils nous prenaient vraiment pour de drôles de types.

En vérité, Pierrot m'avait fait marcher en cachant sa peur... Et ça s'est terminé par une belle rigolade !... Bravo, Bala !... (ter)

Avec Jacques Fouroux, le petit Napoléon de l'ovale.

AU CŒUR DE
TROIS « GRAND CHELEM »

Réussir un grand chelem, c'est-à-dire enlever les quatre matches du Tournoi des Cinq Nations, est une performance maintenant entrée dans les mœurs et les habitudes du XV de France. Depuis que l'équipe de 1968 a accompli cet exploit sous la direction de Christian Carrère, chaque Tournoi qui commence est une porte ouverte vers l'espoir d'une consécration absolue pour les Tricolores...

Après tout, c'est un objectif tout à fait dans les moyens du rugby français. Les Tricolores de 1968 n'avaient fait qu'ouvrir une voie dans laquelle se sont engouffrées ensuite d'autres phalanges, chacune avec son style et ses atouts techniques. C'est d'ailleurs le propre du rugby français que de savoir changer de visage, d'une année sur l'autre, en fonction de ses individualités et de ses adversaires.

Dans cette soirée du 19 février 1983 à Dublin, j'avais le cœur gros. J'avais assisté, avec Pierre Albaladejo, à une superbe partie entre Irlandais et Français. Les compagnons de Rives s'étaient inclinés (16-22) en tombant les armes à la main, après un match très plaisant et très allègre. Ils avaient forcé l'admiration de tous en remontant à la marque de 3-15 à 16-15... avant de baisser de pieds sur la fin et de craquer sous les coups de boutoir des Irlandais, plus « diables verts » que jamais, plus audacieux et offensifs que jamais. En d'autres temps, on n'aurait pas accordé à cette défaite plus d'importance qu'elle ne le méritait. Perdre une bataille, surtout dans ces conditions-là, n'avait rien de déshonorant...

Mais j'avais le cœur réellement serré car je savais qu'une folle ambition avait animé quelques-uns des « briscards » de cette équipe, Jean-Pierre Rives, Robert Paparemborde, Jean-François Imbernon, notamment. Ils pensaient en grand secret réaliser un... troisième grand chelem, après ceux de 1977 et 1981. Il faut savoir ce que représente pour des garçons exceptionnels le fait d'enregistrer quatre succès consécutifs sur les Anglais, les Irlandais, les Ecossais et les Gallois (dans le désordre). Pour avoir déjà savouré ce bonheur en 1977 et en 1981, Rives, Paparemborde et Imbernon, qui avait été rappelé in extremis en 1983 contre les Irlandais, mesuraient mieux que quiconque le prix de cet immense privilège...

Alors, cet échec de Lansdowne Road était plus dur, plus pénible que beaucoup d'autres. Il ternissait un beau rêve. Il était cruel. J'avais souffert avec eux sur le terrain, je continuais après le coup de sifflet de l'arbitre, ce terrible M. Hosie qui ne leur avait rien pardonné.

Mais le rugby se nourrit de ces hauts et de ces bas. Il exige tout de ses héros et il ne leur rend parfois pas le prix de leurs efforts. En 1983, le XV de France avait débuté par un tonitruant succès sur les Anglais à Twickenham (19-15) et il avait poursuivi par une victoire, pénible celle-là, sur les Ecossais (19-15 également). J'avais pleuré, sans honte, devant l'essai de Sella à Twickenham. Je savais que les Français considéraient ce match comme un terrible rendez-vous avec l'inconnu. Ils avaient peur, tous dans le secret de leur âme, de cette confrontation avec des Anglais survoltés et ils avaient gagné...

Je connaissais leur angoisse. Je la partageais. Et si j'ai pleuré de bonheur devant cet essai magnifique c'est bien parce que je devais, instinctivement, me soulager, me libérer de ce trop-plein d'émotion que j'accumule en moi depuis que je commente du rugby. Seuls, ceux qui ne connaissent pas le rugby peuvent me critiquer. Moi, j'ai ma conscience pour moi...

Alors, maintenant, remontons un peu le temps...

Un premier amour dans une vie d'homme est souvent considéré comme le plus beau. Peut-on en dire autant du premier grand chelem de 1968 ?...

Il mérite donc une place particulière dans l'histoire de notre rugby. Je m'en souviens comme s'il datait d'hier. Tout avait commencé par une victoire sur l'Ecosse (8-6) à Murrayfield. Les frères Camberabero, Lilian à la mêlée et Guy à l'ouverture, formaient la paire de demis. Guy Camberabero, le père de Didier, avait réussi une transformation et les ailiers, l'efficace Duprat et le racé Campaes, avaient marqué deux essais. Campaes m'avait plu. Il était très séduisant, il avait un succès fou, sur les terrains et en dehors avec les jeunes filles...

Ensuite, devant l'Irlande, battue à Colombes (16-6), le XV de France avait joué un autre rugby, avec d'autres demis, Gachassin et Jean-Henri Mir. Mais la réussite était là et, pour sa part, Gachassin avait réussi un splendide drop. Avec ses Villepreux, Trillo, Lux, Carrère, Walter Spanghero et autres Dauga, Cester, Gruarin et Cabanié, cette équipe avait belle allure. Les Irlandais s'en étaient prestement rendu compte. Et de deux !...

Contre les Anglais, l'affaire avait été plus délicate (14-9). Les Anglais sont, en premier lieu, souvent difficiles à manœuvrer. Et puis les sélectionneurs n'avaient pas eu peur, suivant en cela leur conviction, de donner un grand coup de balai dans l'équipe de France. Des garçons comme Gruarin, Cabanié, Dauga, Villepreux, Duprat avaient disparu. Ils avaient fait du neuf, aussi bien avec des inédits comme Noble, Bonal, Yachvili, qu'avec des demi-anciens comme Lasserre, Plantefol, Claude Lacaze et surtout les frères Camberabero, rappelés avec tous les honneurs. Gachassin lui, avait été déplacé au centre. Il n'avait rien dit mais, d'évidence, son style ne correspondait pas à celui des frères Camberabero...

Enfin, tout s'était honorablement passé puisque les compagnons de Carrère avaient obtenu leur troisième succès. Le grand espoir suprême était à portée de leurs mains. Il ne leur restait qu'un match à gagner, celui avec le Pays de Galles, à l'Arms Park de Cardiff, la plus difficile citadelle à abattre pour le rugby français...

Toute la France ne vivait désormais que dans la perspective de cette performance sans précédent. Nous pensions bien que la Télévision pourrait retransmettre cet événement de Cardiff en couleurs. Des essais secrets avaient été faits, quelques mois plus tôt, à Charléty pour un match de championnat anodin entre le P.U.C. et Foix, sous la responsabilité d'Henri Carrier. J'avais montré les premières images d'un match en couleurs à quelques journalistes et Henri Garcia, très avisé, avait fait un reportage dans *Rugby Magazine*. Techniquement parlant, tout était déjà bien au point. Il fallait simplement nous donner les moyens d'une retransmission en direct...

Pour moi, ce passage à la couleur était un événement extraordinaire. Du même type que les premiers pas de l'homme sur la lune. J'étais déjà ivre de joie de faire partager à la France cette apothéose de Cardiff en couleurs. Quelle première !...

Oui, mais...

La même année, la France avait organisé les Jeux Olympiques d'hiver à Grenoble et tous les moyens techniques avaient été mobilisés pour les exploits de Killy et autres Périllat. Il n'était pas question de se disperser sur le front du rugby et sur celui du ski. Henri Carrier avait tout tenté. Ce n'était pas suffisant. Il était désolé. Pas autant que moi...

Ce 25 mars 1968, le ciel de Cardiff était sombre. Il pleuvait. Le terrain était lourd et détrempé. Des conditions atroces. Détestables pour les Français. Nous étions tous inquiets car, vraiment, le ciel s'était mis du côté des Gallois. Et si, une fois de plus, les Français allaient échouer au port ?...

Tout reposait, en vérité, sur les épaules ou, plutôt, dans les pieds des frères Camberabero. Ils étaient blancs d'émotion et de responsabilité. Je les voyais tendus à l'extrême, investis d'une mission écrasante. J'étais mort de peur pour eux, avant d'avoir peur pour leurs partenaires...

Ce score victorieux (14-9) fut vraiment l'un des plus beaux jours de gloire du rugby français. Christian Carrère avait ouvert la voie triomphale en marquant un superbe essai. Lilian Camberabero l'avait imité. Et Guy, de son coup de botte magique, avait fait le reste : une transformation, un but de pénalité et un drop... Dans la boue de Cardiff, les deux lutins de La Voulte avaient été les géants du jour.

En une seule journée, ce XV de France avait vengé tous ceux qui, du temps de Jean Prat, de Lucien Mias, de Michel Crauste et d'autres grands capitaines, avaient échoué sur le fil. Ce fut réellement une grande soirée pour ces tricolores qui, fous de bonheur d'avoir accompli cet exploit historique, se promenèrent toute la nuit dans les rues de Cardiff en chantant et en dansant...

Voici pour l'histoire les noms de ces quinze « héros » de Cardiff : Claude Lacaze (Lourdes) ; Bonal (Stade Toulousain) ; Dourthe (Dax) ; Maso (Perpignan) ; Campaes (Lourdes) ; Guy et Lilian Camberabero (La Voulte) ; Carrère (Toulon) ; Greffe (Grenoble) ; Walter Spanghero (Narbonne) ; Plantefol (Agen) ; Cester (TOEC) ; Noble (La Voulte) ; Yachvili (Tulle) ; Lasserre (Agen).

Et, pour la petite histoire, ils n'avaient été en définitive que quatre, l'ailier Campaes, les avants Carrère, Cester et Walter Spanghero à avoir disputé les quatre matches du Tournoi. Mais, dans un sport aussi généreux que le rugby, on partage tout avec allégresse. Et ce grand chelem de 1968, le premier de l'histoire du rugby français, n'appartenait pas seulement à tous ceux qui avaient porté le maillot tricolore cette saison-là mais bien à tous ceux qui, depuis la création du Tournoi des Cinq Nations, avaient bataillé de toutes leurs forces et de toute leur âme pour voir enfin le XV de France au sommet...

D'un grand chelem à l'autre... Autant celui de 1968 fut conquis dans une certaine difficulté, avec toutes les péripéties que l'on sait et les changements de joueurs imposés par les circonstances et par les sélectionneurs, autant celui de 1977, de la « bande à Fouroux » fut programmé de bout en bout par un ordinateur invisible...

Ce XV de France de 1977 n'était pas une équipe de hasard où l'on pouvait entrer et sortir comme ça. Jean Desclaux suivait son opération depuis un certain temps et il avait en Jacques Fouroux un capitaine qui correspondait exactement à sa conception du jeu : un animateur hors de pair, un bon demi de mêlée et, au-dessus de tout, un type qui voyait juste et qui savait tirer le maximum des garçons à lui confier...

Fouroux, en attaquant ce Tournoi des Cinq Nations 1977, savait très bien où il voulait aller, flanqué de surcroît d'une phalange d'exception comme rarement le rugby français en avait compté depuis le début du siècle.

Après tout, Fouroux avait raison d'emmener son équipe dans le sillon qu'il lui avait tracé. Il ne cherchait pas à séduire, il voulait vaincre. A tout prix. Fût-ce à celui d'une impopularité passagère qui, d'ailleurs, ne fut que de peu de poids en comparaison du formidable retentissement de la performance...

Fouroux et Jean Desclaux avaient conclu un pacte secret, non écrit bien entendu, mais que l'on soupçonnait indestructible : il s'agissait de remporter les quatre matches avec la même ossature et, surtout, avec les quinze mêmes garçons. Maintenant que cette prouesse est réalisée, elle n'étonne plus. Mais sur le moment, avec toutes les incertitudes qui peuvent émailler une saison, c'était tout autre chose et je suis sûr que, dans leur for intérieur, Fouroux et Desclaux eurent plus souvent peur qu'à leur tour...

Pour le premier match du Tournoi, au Parc des Princes, contre le Pays de Galles, ce XV de France s'alignait ainsi : Aguirre (Bagnères) ; Harize (Stade Toulousain) ; Bertranne (Bagnères) ; Sangali (Narbonne) ; Averous (La Voulte) ; Romeu (Montferrand) ; Fouroux (Auch) ; Skrela (Stade Toulousain) ; Bastiat (Dax) ; Rives (Stade Toulousain) ; Imbernon (USA Perpignan) ; Palmié (Béziers) ; Cholley (Castres) ; Paco (Béziers) ; Paparemborde (Pau). Ces noms sont à retenir, ce sont les mêmes que l'on retrouvera contre les Irlandais pour l'apothéose de Dublin...

En gagnant nettement (16-9), Fouroux et les siens avaient donné une terrible impression de surpuissance. Ils avaient un pack idéal qui avait « bouclé » Gareth Edwards, le grand stratège gallois. Skrela avait ouvert la marque par un splendide essai qui terminait une opération collective bien construite. Et puis, derrière ses avants triomphants, Romeu avait achevé ce qui devait l'être par des coups de pied meurtriers qui repoussaient les Gallois chez eux ou qui alourdissaient la marque... Un essai signé Harize complétait le tableau.

A Twickenham, les Tricolores, que les Anglais attendaient avec crainte et réprobation à la fois (on les accusait d'être trop virils) eurent très peur. Leur lourde machine resta longtemps freinée par le pack anglais. Le score demeura longtemps vierge. Il fallut un essai-miracle de Sangali, en coin, pour ouvrir le score et résister, tant bien que mal, à la poussée anglaise, compliquée d'une pénalité. Bref, les Français eurent très chaud (4-3) mais ils avaient ajouté une pierre à leur édifice. Non sans peine car, par exemple, les Anglais avaient bénéficié de 16 pénalités contre... 6 seulement aux Français.

En plus, on refusa aux Français un essai, signé Cholley, qui était parfaitement réglementaire. Mais, d'évidence, le style efficace des Tricolores, à base de percussions et de départs groupés des avants, ne plaisait pas aux Anglais. Ils découvraient le rugby français sous un jour qu'ils ne lui avaient jamais connu. Leur déception se teintait d'amertume : les critiques qu'ils firent pleuvoir sur les compagnons de Fouroux n'étaient pas très sincères...

Troisième levée pour le XV de France au Parc des Princes contre l'Ecosse (23-3). Un triomphe sans appel. Une démonstration de plein rugby aussi. Avec quatre essais (Paco, Harize, Bertranne, Paparemborde), deux transformations et une pénalité de Romeu, le score était bien garni. En quantité comme en qualité...

Et puis, en conclusion, il fallait se rendre à Lansdowne Road contre les Irlandais. Coïncidence : tout comme pour le dernier match de 1968, il pleuvait ce jour-là et les conditions de départ n'étaient pas favorables aux Français. Ceux-ci avaient déjà le Tournoi en poche mais, en sachant ce que l'on savait, ils refusaient de se contenter de cette consécration. Ils en voulaient une autre, bien plus retentissante et prestigieuse, le grand chelem...

L'Irlande n'était a priori pas dangereuse, car elle n'avait rien gagné cette année-là. Raison de plus pour se méfier des Irlandais, avait glissé Fouroux à ses joueurs. Il était dans le vrai. En plus, la mauvaise réputation qui collait au XV de France alertait les arbitres et il ne fallait surtout pas se mettre en posture de recevoir des pénalités...

L'arbitre de Lansdowne Road était un certain... M. Hosie, appelé à se trouver souvent par la suite sur le chemin des Français (notamment à Dublin en 1983 !). La prudence était de mise. Elle se transforma en réserve, en ce sens que les avants ne se lancèrent que très rarement dans les charges qui avaient fait leur gloire depuis le début du Tournoi. Les empoignades avec les Irlandais furent correctes : les Français étaient tellement bien chapitrés qu'ils en avaient perdu un peu de leur mordant et de leur agressivité. Ils utilisèrent quand même leur puissance dans les mêlées fermées, dans les regroupements et, surtout, grâce à un Bastiat souverain ils firent la loi en touche...

Bastiat, en plus, marqua un essai d'anthologie, un de ces essais qui éclairent nos samedis du Tournoi et que l'on qualifie d'essais « à la française » en raison de leur vivacité, de leur improvisation et de leur panache... Aguirre avait lancé une contre-attaque de ses buts, Paco avait pris le relais et transmis à Bastiat qui, d'une foulée dévorante, avait infléchi une fantastique course de plus de cinquante mètres pour la terminer par un essai en plein cœur des Irlandais...

La suprématie tricolore était totale (16-5) au tableau d'affichage comme dans le jeu d'avants et le jeu de trois-quarts. L'essai de Bastiat avait donné à cette apothéose une dimension inoubliable. Aguirre (une transformation et deux pénalités), Romeu (une pénalité) avaient complété l'œuvre de Bastiat.

Ce deuxième grand chelem fut moins inattendu que le premier car, je le répète, on le sentait venir de loin. Jacques Fouroux, le plus petit capitaine de toute l'histoire du XV de France, avait gagné son formidable pari : remporter un triomphe absolu sans encaisser le moindre essai !... Cette face cachée de l'exploit n'était pas la moins importante ni la moins significative. Et pourtant elle ne figure pas au palmarès...

Le rugby se doit d'évoluer...

Et c'est dans sa propre diversité qu'il sait se renouveler, acquérir cette variété de style qui lui donne tout son lustre.

Le grand chelem de 1968 avait été une aventure magnifiquement accomplie, terminée en apothéose, non sans peine, dans la lumière grise d'un samedi pluvieux de Cardiff...

Celui de 1977, en revanche, avait été programmé sur ordinateur. Il s'était concrétisé, sur le terrain, par un commando qui ne songeait qu'à cette performance et que Fouroux, simultanément super-stratège et super-combattant, avait « conditionné » au maximum.

Ainsi, en 1968, l'équipe de France avait arraché son grand chelem à la boue de l'Arms Park. En 1977, elle l'avait conquis par calcul à terme et par préparation intense (aussi bien techniquement que psychologiquement). En 1981, changement de style : ce troisième grand chelem fut celui de la jeunesse, de la fraîcheur et de l'improvisation sous l'autorité d'un Jean-Pierre Rives promu à une fonction et à des responsabilités qu'il n'avait pas demandées. Il assumait la succession de Jean-Pierre Bastiat qui, lui-même, avait pris le relais de Jacques Fouroux...

Pour réussir un grand chelem, côté français, la chance et le talent d'ensemble ne suffisent pas. Coïncidence ou pas, toujours est-il que le dénominateur commun des trois grands chelems du XV de France, a été la présence à l'ouverture d'un grand buteur, Guy Camberabero en 1968, Jean-Pierre Romeu en 1977, Guy Laporte en 1981.

Car, sans l'appoint d'un canonnier dans ces circonstances, les Tricolores ne se seraient jamais tirés d'affaire. Ni en 1968, ni en 1977, ni en 1981. Un buteur confirmé est toujours une sécurité pour une grande équipe. Ou plutôt, mettons les choses à l'envers : il n'y a pas de grande équipe sans grand buteur...

En m'exprimant ainsi, je donne l'impression de découvrir la lune et de répéter une évidence amplement répandue. Quel que soit l'angle sous lequel on analyse le Tournoi des Cinq Nations, il demeure flagrant que les grands buteurs y règnent.. sans que soient, par ailleurs, remises en question les joies et les séductions de l'attaque. Les deux aspects du rugby sont complémentaires.

Dans ce grand chelem de 1981, les Tricolores de Jean-Pierre Rives avaient su s'adapter autant aux circonstances du jour qu'à leurs adversaires. Ils avaient bien commencé en dominant nettement les Ecossais (16-9). Ils avaient poursuivi en s'imposant en Irlande (19-13), dans des conditions qui avaient permis l'éclosion de Laporte qui n'avait rien trouvé de mieux, en contrôlant son premier ballon, que de réussir un drop de... 50 mètres. Un exploit sans précédent dans le Tournoi...

En fait, l'avènement de Laporte survenait au meilleur moment : ses longs coups de pied stratégiques apportaient aux avants de Rives un soutien et un répit opportuns. Mais il n'était pas question, non plus, de ne pas solliciter des attaquants dont Bertranne était le vétéran, et Pardo, Codorniou, Blanco les étoiles de l'avenir. Ce compromis entre jeunes et... moins jeunes était captivant. Il lui fallait simplement atteindre un certain équilibre : il aurait été insensé de se reposer exclusivement sur les coups de pied de Laporte en négligeant d'alerter les trois-quarts. Le potentiel offensif de cette équipe était réellement impressionnant. Fallait-il, encore, ne l'exploiter qu'à bon escient dans un système cohérent...

Ainsi donc, après ses trois premiers samedis victorieux, le XV de France disputait son apothéose à Twickenham en un quatrième samedi « de vérité ». Le vent était de la partie. Un vent tourbillonnant qui devait influencer le jeu et peser sur les opérations. Pour les Français, l'alternative était simple : ils tentaient un quitte ou double grandiose devant une équipe d'Angleterre qui, en 1980, avait réussi le grand chelem. Un duel de géants...

Cette confrontation s'annonçait de prime abord comme une... passation de pouvoirs. A la condition que les Tricolores sachent bien conduire leur match. Les précédents de 1968 et de 1977 hantaient tous les esprits. Une « passe de trois » se dessinait à l'horizon de Twickenham, dans un ciel gris et venteux. Pour ma part, j'étais un peu plus ému que d'habitude. Pierre Albaladejo, lui, conservait son calme. Moi, j'avais peur de voir les Français s'incliner, si près d'un beau rêve...

La victoire, il fallait l'arracher coûte que coûte. Comment, dans ces minutes interminables qui précèdent un match (pour moi, la matinée du samedi dans le Tournoi des Cinq Nations est toujours longue, les minutes ne s'égrènent qu'avec une lenteur crispante...), ne pas penser à l'hypothèse d'un échec ?... Les Anglais, très sûrs d'eux comme à l'habitude, avaient multiplié les déclarations de guerre. Beaumont et les siens n'imaginaient pas baisser pavillon devant ces « maudits » Français qui montaient à l'abordage comme des corsaires ?... Plus que jamais, l'Angleterre se voulait une île. Une citadelle imprenable. Une forteresse indestructible.

Ce dernier rendez-vous du Tournoi 1981 fut splendide. On n'a pas oublié que les Français, qui avaient perdu le toss, avaient donc l'avantage du vent en première mi-temps. Et l'avantage du vent, on le sait, n'est pas un atout systématiquement garanti dans la mesure où les rafales peuvent déranger l'ordonnancement des balles, gêner les remises en jeu à la touche ou, plus prosaïquement, faire dévier les passes. Mais enfin puisque Beaumont avait choisi le vent en deuxième mi-temps, il n'y avait qu'à espérer en les nôtres...

Et ce score de la mi-temps, 16-0 pour Rives et les siens, était flamboyant. Laporte avait apporté les points espérés (deux drops

Quelques héros du grand chelem 1981 à Antenne 2 :
Revaillier, Imbernon, Rives, Dintrans, Pardo et, pensif, Robert Chapatte.

et une transformation). Mais surtout le ton avait été donné — et de quelle manière ! — par deux essais aussi imaginatifs l'un que l'autre.

Le premier, signé Lacans, était un essai de... rapine, sur une balle ramassée par Berbizier et jouée immédiatement en touche. L'arbitre, toujours et encore... l'Ecossais M. Hosie ! avait laissé jouer en coin en se fondant sur la règle de l'avantage. Le public de Twickenham était resté muet de saisissement. Les joueurs anglais en étaient tout abasourdis. Ils avaient encaissé un essai surprise alors qu'ils tenaient bien tête aux Français et qu'ils avaient pris un avantage certain en touche. Beaumont ne dit rien, ne se plaignit pas (il fut très correct en disant simplement que... c'était le jeu) et il rameuta ses troupes... pour remonter à l'assaut.

Mais pour eux, le pire était encore à venir. Sous la forme d'un des plus beaux essais que j'aie jamais vus en tant et tant d'années passées au bord du XV de France. Sur un départ de Rives, capitaine admirable qui n'enterre jamais un ballon, la balle va vers Laporte qui, automatiquement, veut transmettre à Codorniou... qui n'était pas là. Par contre, il trouve Laurent Pardo, surgi là on ne sait comment, sur un coup de génie sans doute. Pardo s'enfuit et découvre Codorniou, bien lancé. Une passe redoublée entre ces deux hommes met la panique dans le camp anglais...

Pardo, ivre de vitesse et de bonheur, s'était remis à son aile, après tout ce formidable travail préparatoire, et il marque un essai avec des gestes mémorables : il ne posa pas le ballon comme d'habitude, non, il le déposa dans l'en-but anglais avec solennité et précaution... comme s'il avait saisi, au plus intense de son effort et de son inspiration, qu'il achevait un mouvement d'anthologie. Les Anglais, cette fois, étaient bel et bien vaincus. Peut-être, car...

Il restait encore toute une mi-temps à tenir bon, contre le vent, contre les Anglais déchaînés et généreusement alimentés en touche et dans les regroupements. Alors, l'équipe de la Rose se lança, opiniâtre et tendue, dans une pathétique course poursuite. Les pénalités commencèrent à pleuvoir sur les Français et, tel un justicier froid et méthodique, l'arrière anglais... Rose les transformait les unes après les autres. Jusqu'à revenir à 12-16... à cinq minutes de la fin !...

Cette fois, entre les Français du terrain, ceux des tribunes et les millions de téléspectateurs, personne ne songeait à sourire ou à vendre la... peau de l'ours anglais, avant son dernier soubresaut. Les dernières minutes furent hallucinantes. Je me plongeais dans mes notes : en première mi-temps, les Français avaient obtenu deux essais sur... quatre bonnes balles d'attaque. Les Anglais, eux, avaient tellement de ballons en cette deuxième mi-temps qu'à la seule comparaison de ces chiffres ils auraient dû largement dépasser les Français au score.

Seulement, Rives et ses garçons, galvanisés par l'enjeu, se montrèrent des défenseurs héroïques et parfaits. Ils étaient aux quatre coins du terrain, à plaquer, plaquer inlassablement ces adversaires en blanc qui semblaient se multiplier au fur et à mesure que l'échéance du coup de sifflet final se rapprochait.

Je l'ai déjà écrit mais je ne résiste pas au plaisir de le répéter : pour moi, signer un grand chelem à Twickenham est une performance à jamais gravée en lettres d'or dans l'histoire de notre rugby. Quand j'ai quitté ce temple du rugby, il était devenu, dans la grisaille, une cathédrale baignée de soleil...

Ce grand chelem de 1981 était un monument de l'intelligence et du cœur. Il était inattendu dans la mesure où les Français se relevaient d'un mauvais Tournoi 1980. Il prouvait l'étonnante richesse du rugby français et, au-delà, sa belle faculté d'adaptation aux circonstances et à ses adversaires...

L'essai de Pardo reste pour moi comme le plus fou que j'aie jamais vu de ma vie. Il était le chef-d'œuvre d'une équipe qui était un heureux amalgame d'anciens comme Rives, Paparemborde, Imbernon, Joinel et de quelques nouveaux comme Revailler, Dintrans, Dospital, Carpentier, Lacans, tous des avants au service d'une ligne d'attaque qui, au fil de la saison, avait utilisé Berbizier, Laporte, Viviès, Pardo, Blanco, Mesny, Caussade, Gabernet et ce vétéran nommé Roland Bertranne...

Ces noms me reviennent au cœur parce que je leur dois un troisième grand chelem qui demeurera, à mes yeux, comme celui de la jeunesse, de l'improvisation, de la décontraction et de la beauté.

Et puis, dans l'ombre, il y avait aussi ce diable de Jacques Fouroux qui, intronisé dans ses nouvelles fonctions d'homme de terrain du XV de France, avait d'emblée concrétisé du bord du terrain toutes les qualités de meneur d'hommes qu'il avait affichées en tant que capitaine. C'est par une telle continuité dans la réussite et la ferveur que le rugby français garde son rang.

Inutile de me demander de classer ces trois grands chelems par ordre d'importance : pour moi, ce sont des exploits magnifiques qui illustrent l'histoire du rugby français...

Mais comme je suis un incorrigible optimiste toujours avide d'aventures, je pense que le plus grand chelem du XV de France est toujours celui qui viendra demain ou après-demain...

J'accroche toujours ma passion pour le rugby à ce qui doit arriver. C'est normal. Il faut vivre d'espoir, entretenir sa flamme personnelle dans la perspective et la certitude de nouveaux exploits.

Derrière mon micro, j'ai eu le plaisir de partager intensément les grands chelems de 1968, 1977, 1981. De nombreux autres s'ajouteront au palmarès du XV de France. Je n'aurai pas le bonheur de les commenter. Mais j'espère avoir longtemps celui de les vivre...

C'est le meilleur message que je puisse lancer à tous ceux qui, aujourd'hui comme demain ou après-demain, se battent sans défaillance pour la splendeur de l'équipe de France...

Dublin, 1983 : déception, le grand chelem s'est envolé...

DE PRAT A RIVES,
AU RENDEZ-VOUS
DES CAPITAINES

Pour avoir eu le privilège et le plaisir de saluer tant de grands et vaillants capitaines à la tête du XV de France, il devrait m'être théoriquement facile de brosser un portrait du capitaine idéal. Mais en réalité c'est impossible car, les circonstances étant ce qu'elles sont, il faut toujours composer avec les hommes, les conditions du moment, les aléas de l'adversité.

Dans le rugby français, le rôle du capitaine est très particulier. Il doit en règle générale savoir tout faire : animer son équipe, en inspirer la stratégie, avoir la confiance et l'oreille des sélectionneurs, bien connaître ses compagnons d'armes, savoir bien parler dans les banquets officiels et, en dernier ressort, conduire ses partenaires dans ces « troisièmes mi-temps » qui font le charme (bruyant) des soirées du rugby...

J'ai vu assez de grands joueurs se succéder au commandement de l'équipe de France pour pouvoir émettre quelques réflexions sur la nature du capitaine idéal... Qu'on me pardonne à l'avance mes omissions. Cette galerie des capitaines n'est qu'une promenade, un jeu de l'esprit et de la réflexion sur ma longue expérience du rugby et de ses héros de toujours...

Pour les jeunes générations, Jean Prat n'est qu'une grande figure du passé. Pour l'histoire du rugby et pour ceux qui l'ont suivi sur le terrain, il était un capitaine aux antipodes de ce qui se fait maintenant. Un capitaine de la pré-histoire de l'ovale mais aussi le capitaine du beau jeu et du bon style...

Ce Lourdais, authentique fils des Pyrénées, était, d'instinct, le plus britannique des rugbymen français. Il avait l'esprit britannique. Il était né avec une volonté de rigueur qui tranchait sur le laisser-aller de son époque. Il savait mettre beaucoup de sérieux, d'application et d'assiduité dans son registre personnel. Il était toujours dans une condition physique parfaite. Il possédait, tout naturellement, l'ascendant sur ses joueurs.

Je tiens aussi à compléter le portrait de Lucien Mias. Il était l'antithèse de Jean Prat. Leur animosité réciproque n'était pas une création de l'esprit. Ils étaient tous les deux de fameux avants mais ils ne parlaient pas, en apparence, le même langage. Quand ils se rencontraient à la tête de leurs clubs respectifs, le F.C. Lourdes et le S.C. Mazamet, ils ne se ménageaient pas, ils se lançaient des insultes, ils se commentaient à voix haute leurs mouvements en des termes crus qui ne seraient pas bons à rapporter ici...

Lucien Mias s'est, à mon avis, rapproché de très près du capitaine parfait. Il était intelligent, il avait des terribles et violents coups de gueule, il trouvait des astuces techniques nouvelles, aidé en cela par son fidèle Robert Vigier, son lieutenant de fait et de droit dans le pack tricolore.

Cela dit, Mias, aujourd'hui médecin à Mazamet, serait le premier à reconnaître qu'il n'existe pas de capitaine parfait. Si ça existait, on le saurait depuis longtemps et on analyserait tout en fonction de ce personnage. Ce n'est pas le cas.

De plus, Mias était un drôle de personnage. Il n'avait ni les mensurations ni les canons athlétiques du rugbyman d'élite. Je suis allé un jour le voir dans sa chambre d'hôtel, au Louvois, pour faire un reportage destiné à passer le lendemain. Il était dans sa salle de bains et il m'invita à le rejoindre. Il se regardait devant la glace et il s'esclaffait sur lui-même. « Roger, je me demande comment un type aussi mal foutu que moi peut faire un grand joueur de rugby... », me répétait-il, en parlant très sincèrement. Sa lucidité était exceptionnelle. Cette connaissance de soi-même était au fond un de ses principaux atouts. Mais sur un terrain il se donnait beaucoup plus que les autres, il savait sauter plus haut que les autres ou pousser plus fort en cas de besoin...

Christian Carrère, lui, fut un bon capitaine aussi, à sa façon. Il était charmant, courtois. Il s'exprimait avec aisance et il était d'une loyauté à toute épreuve. Il ne se distinguait pas sur les terrains par sa puissance ou sa vitalité. Mais cet avant aile de talent savait se placer là où il le fallait et, par son exemple, il emmenait ses partenaires à l'assaut de toutes les citadelles. C'est d'ailleurs lui qui fut à l'origine du grand chelem de 1968, le premier de toute l'histoire du XV de France...

Pour cette seule prouesse, Christian Carrère mérite sa place dans cette galerie. Il n'a peut-être pas eu toutes les sélections internationales qu'il méritait car sa réserve naturelle le faisait appréhender de disputer le match de trop et de ternir ainsi son image. Mais ce « match de trop », ils sont beaucoup à le craindre et, en même temps, à ne pas s'apercevoir qu'ils le disputent quand même. Ce n'a pas été le cas de Carrère...

Autre grand meneur d'hommes : Walter Spanghero. Un capitaine de panache, d'un courage et d'une énergie formidables. Un avant qui, tout au long de sa carrière, a alterné entre la deuxième ligne et le poste de troisième ligne centre. Jean Prat eut l'idée de l'utiliser comme pilier et il lui arriva même de jouer avant aile en équipe de France...

Autrement dit, Walter Spanghero était d'une polyvalence au-dessus de la moyenne. Sa vision du jeu, me semble-t-il, n'était pas incomparable car il n'occupait pas le meilleur poste pour commander. Ce meilleur poste, pour moi, c'est celui de demi de mêlée. Walter Spanghero était un extraordinaire combattant au sol, toujours le premier dans les regroupements et les phases statiques.

Il était en concurrence constante avec Benoît Dauga. En vérité, ces deux garçons qui s'estimaient beaucoup étaient pratiquement dressés l'un contre l'autre... dès qu'il s'agissait de les incorporer dans la même ligne d'avants. Dauga était un deuxième ligne type qui s'adaptait bien aux exigences du troisième ligne centre. Walter Spanghero était beaucoup plus discutable en troisième ligne centre car il ne captait pas autant de ballons que Dauga. Cela dit, Walter jouait tellement bien les ballons au sol qu'il dynamisait remarquablement son pack dans un secteur où les Français furent longtemps en retard sur leurs adversaires du Tournoi des Cinq Nations...

Mais Dauga, au bout du compte, a été plus grand dans son rôle propre de joueur et a laissé plus de brillants souvenirs comme avant d'exception que comme capitaine. Ce qui démontre, une fois de plus, combien est hasardeux l'art du capitanat.

Au passage et par contraste, comment ne pas indiquer que la définition d'un bon capitaine ne se réalise pas uniquement par son aptitude à rassembler les individualités autour de lui ?... Faire bien manœuvrer ses partenaires, les avoir à sa main, donner des ordres précis et opportuns, ce ne sont après tout que les caractéristiques premières du rôle du capitaine. Il y a tout le reste et, surtout, le don de savoir mener une troisième mi-temps, selon l'expression consacrée. Et dans cette « troisième mi-temps », Lucien Mias a bien été le meilleur capitaine du monde, ne serait-ce d'ailleurs que par rapport à Carrère, Jean Prat, Walter Spanghero et Benoît Dauga, autres archétypes de brillants avants et de bons leaders.

Lorsqu'un capitaine se révèle aussi un formidable « chef de bande », un grand bâtisseur ainsi qu'un brillant animateur-né pour la « troisième mi-temps », il atteint une dimension exceptionnelle. Une rencontre de rugby ne dure pas seulement les quatre-vingts minutes de l'après-midi. Les soirées d'allégresse sont tout aussi importantes...

Nous en arrivons à des individualités des lignes arrière. Pierre Villepreux inégalable arrière en son temps qui survola tous ses adversaires aurait pu être un bon capitaine. S'il avait exercé ces responsabilités, il aurait pu, comme le fit l'Ecossais Andy Irvine par la suite, imprégner toute la collectivité de son style et de son allant. Il occupait une place idéale pour bien surveiller et animer les opérations.

Chez les demis de mêlée, Pierre Lacroix fut un grand chef. Sa petite taille ne le gênait pas. Bien au contraire. Il se dégageait de

En 1966, en compagnie d'André Boniface, Michel Crauste, Walter Spanghero,
Jean Prat, Joseph Rupert et Henri Garcia.

lui une belle énergie. Tout comme, par la suite, il en émana de
Jacques Fouroux, qui fut réellement un champion des capitaines...

Dans le vestiaire, avant le coup d'envoi, Fouroux gonflait ses
garçons au maximum. Il les fanatisait, à tel point qu'ils entraient
sur les terrains dans un état second. Il n'avait pas son pareil pour
les maintenir sous pression. C'est lui, on s'en souvient, qui eut
l'idée de rassembler ses compagnons dans un cercle étroit pour
entendre les hymnes nationaux au coude à coude et, pendant ces
ultimes minutes avant le coup d'envoi, continuer de les stimuler
par des réflexions dynamiques. Cette pratique est largement appliquée dans le Tournoi : Jacques Fouroux a fait école. Ce qui n'est
pas pour nous surprendre...

Curieusement, Jacques Fouroux eut du mal à s'imposer aux
yeux du public. Comme demi de mêlée, il n'était pas un modèle
d'orthodoxie. Il était en réalité meilleur capitaine que joueur,
l'inverse de Dauga. Des géants comme Bastiat, Imbernon, Palmié
et consorts se seraient fait hacher pour lui. Mais pour les foules, il
n'était pas, au début de sa carrière internationale du moins, un
demi de mêlée indiscutable.

Il était alors en concurrence directe avec Richard Astre, le
virtuose de l'A.S. Béziers. Le contraste entre Fouroux et Astre
était provocant. Ces deux demis de mêlée n'avaient strictement
rien de comparable. Chacun d'eux valait par ses dons propres.
L'erreur fut de les opposer en espérant toujours trouver chez l'un
ce qui faisait la force de l'autre...

Cette rivalité dans l'alternance (pour mémoire, Fouroux fut remplacé, après l'échec devant les Gallois en 1975, comme demi de mêlée et comme capitaine par Astre pour la suite du Tournoi) était étrange, voire stérile. Astre avait été promu capitaine alors qu'il n'avait pas l'unanimité des sélectionneurs en sa faveur. Le Biterrois était instinctivement très brillant. Son registre technique captivait le public. Alors que Fouroux, à l'inverse, valait principalement (sinon exclusivement) par l'énergie qu'il déployait à harceler et à stimuler son pack, comme un piqueur de bœufs...

Cela posé, en tant que capitaine, Fouroux fut un joueur fantastique. Il s'adapta admirablement à son équipe, il ne lui demanda pas de s'adapter à lui. Il utilisa au mieux les individualités dont il disposait. Il sollicitait à fond ses avants et il savait tout aussi bien libérer ses attaquants. Sans doute manquait-il de cette élégance qui caractérisait Astre mais ce constat n'est pas une réserve sur son rendement...

L'épopée de 1977, celle du deuxième grand chelem du rugby français, est en grande partie l'œuvre de Fouroux. Il était le chef de bande d'une exceptionnelle ligne d'avants, la plus forte peut-être que l'on ait jamais applaudie sous le maillot frappé du coq. Il lui avait insufflé une âme de commando. Pour moi, c'était du grand art que de savoir faire marcher au doigt et à l'œil des gaillards de cette trempe. A sa manière et dans son style, Fouroux fut un capitaine irremplaçable. C'est le plus bel hommage que je puisse lui rendre...

Le départ de Fouroux ne fut pas sans grandeur. Il avait hissé ses compagnons à ce grand chelem de 1977 et il se sentait discuté ; il percevait une certaine hostilité autour de lui. Il prit alors les devants et, pour la première fois dans l'histoire du rugby français, il abandonnait ses galons avant le Tournoi des Cinq Nations. Cela se passait le 10 décembre 1977 à Clermont-Ferrand dans un match avec les Roumains...

Son successeur immédiat fut Jean-Pierre Bastiat, un grand avant, au propre comme au figuré. La passation de pouvoirs fut aussi un changement dans le style. Fouroux était intransigeant. Bastiat, lui, était prêt à concilier toutes les tendances. Il avait, par tempérament, l'idée d'élargir le jeu et de faire participer ses 14 partenaires à un rugby de grand champ...

La désignation de Bastiat avait fait un malheureux, Jean-Claude Skrela, le brillant avant aile du Stade Toulousain et du XV de France. Skrela avait ses partisans pour assumer cette fonction. Un malaise naquit dans le XV de France. Le jeu s'en ressentit. Bastiat, qui était trop intelligent pour ne pas s'en rendre compte, en souffrit également un peu. Personne n'avait de rancune proprement dite à l'égard de Bastiat. Il n'avait pas intrigué pour obtenir cette charge de capitaine. Skrela, lui, mourait d'envie de la recevoir...

Jean-Pierre Bastiat ne fut pas, en règle générale, durant son mandat de capitaine, le grand troisième ligne centre omniprésent qu'il avait été sous le règne de Fouroux. Et Jean-Claude Skrela déserta la scène internationale sans avoir eu la joie intime de commander ses partenaires. Comme quoi, en définitive, il n'est pas toujours commode de viser juste à l'instant de choisir un capitaine. Pourtant, Skrela et Bastiat étaient, tous les deux, de formidables rugbymen et je les savais liés d'une franche amitié. Mais...

Dans cette galerie des capitaines, il y a aussi, paradoxalement mais inévitablement, à faire figurer certains grands joueurs qui auraient pu ou dû être investis des galons à un moment quelconque. Des garçons qui avaient tous assez de personnalité pour assumer cette difficile fonction et rallier l'adhésion de leurs équipiers...

Pierre Albaladejo, que je connais comme un frère, aurait fait un remarquable capitaine. Pour la seule et aveuglante raison qu'il n'y a pas plus capitaine que lui dans la vie, dans ses responsabilités d'homme et de chef de famille. Une remarquable autorité naturelle émanait de lui sur les terrains, comme dans tous les actes de son existence. Il voyait clair, il jouait juste, il occupait un poste de commandement idéal en tant que demi d'ouverture...

Et pourtant il n'a jamais été appelé à diriger l'équipe de France. Un accident de l'Histoire... dont, sur le moment, Albaladejo a dû souffrir. Car, sous des dehors très réfléchis, il conservait une sensibilité à fleur de peau. Mais sa fierté l'empêcha de se plaindre. Il était d'une dignité au-dessus de la moyenne...

J'aurais bien aimé voir André Boniface promu au capitanat de l'équipe de France. Au Stade Montois, il régnait sur ses partenaires de la parole et du geste. Il avait le sens des déclarations à chaud sur le terrain. Il fut même souvent sanctionné pour ses excès de langage.

Si les sélectionneurs l'avaient nommé capitaine du XV tricolore, il aurait certainement fait jouer l'équipe dans l'optique offensive qui lui tenait tant à cœur. On l'aurait entendu réclamer des ballons à gogo pour construire attaques sur attaques. Râleur, les nerfs à vif, audacieux et entreprenant comme on le connaissait, il n'aurait pas été un capitaine habituel...

Tout comme, d'ailleurs, son ami et complice de l'attaque, Jean Gachassin, qui avait, lui aussi, des idées claires et qui sentait bien le jeu.

A propos de grande personnalité des lignes arrière, je pense que Pierre Villepreux, précurseur de tous les grands arrières modernes, aurait pu commander les Tricolores. Il était admis par tous. Il était aussi l'ami de tous. Son rayonnement de joueur égalait son rayonnement humain.

Je ris de bon cœur en pensant à ce capitaine qui aurait été le plus drôle et le plus inattendu, Amédée Domenech. Quand je songe qu'avec sa cinquantaine de sélections et sa personnalité en dehors du commun Amédée n'a jamais réussi à être promu capitaine, je souris encore... Et je frémis aussi à l'idée du traitement qu'il aurait infligé aux arbitres du Tournoi des Cinq Nations. Lui qui se vantait de faire reculer, à lui seul, un pack anglais n'aurait jamais manqué de phrases ou de formules pittoresques pour réveiller l'ardeur et l'ambition de ses compagnons. Quant à savoir si, avec un Amédée Domenech au capitanat, nos relations avec nos amis du Tournoi des Cinq Nations n'auraient pas été compromises, c'est une question que je livre à la réflexion de ceux qui connaissaient la rigueur des Anglais et la provocation permanente de Domenech...

Pour tenter de mieux cerner la personnalité de ce capitaine parfait, ce « capitaine des capitaines », je propose le portrait-robot d'un capitaine idéal en procédant à un inventaire à la Jacques Prévert...

Voici comment donc se présente ce portrait-robot : les principales caractéristiques de l'homme et du joueur figurent en regard de son nom.

Jovialité : Guy Basquet.

Le maître et la condition physique : Jean Prat.

Drôle et rusé : Gérard Dufau.

Gentil et costaud : Michel Celaya.

Novateur, imaginatif, coup de gueule et roi de la « troisième mi-temps » : Lucien Mias.

Amical, chaleureux, courageux et râleur : François Moncla.

Superbe et généreux, une bête de rugby à l'état pur : Michel Crauste.

Intelligent et altruiste jusqu'au sacrifice : Jean Fabre.

Bon manieur de balle et sens du jeu : Pierre Lacroix.

Premier grand chelem de l'Histoire, correction et droiture : Christian Carrère.

Grand sauteur, voyant clair : Benoît Dauga.

Capitaine gazelle, chassant mieux la palombe que les avants : Christian Darrouy.

Une authentique nature, une avalanche de fractures et de talent, un accent bien à lui : Walter Spanghero.

Deuxième grand chelem du XV de France, le plus petit capitaine de toute l'histoire du rugby français et un ascendant magique sur ses hommes : Jacques Fouroux.

Troisième grand chelem du XV de France, une réussite de la nature au physique et au moral : Jean-Pierre Rives.

Bien sûr, cette liste n'est pas complète.

Elle est faite pour s'enrichir, au long des années, de nouveaux noms. Plusieurs grands rugbymen ont, un jour ou l'autre, exercé des capitanats intérimaires. A l'exemple de Robert Paparemborde, le plus capé de tous les piliers français, une grosse personnalité et un fort tempérament, un authentique leader puisqu'il se retrouva désigné pour entrer au Comité Directeur de la F.F.Rugby... bien avant de mettre un terme à sa carrière.

Paparemborde a donc été le premier international en activité à siéger au Comité directeur de la Cité d'Antin. Cette grande figure du rugby français n'en était pas, pour autant, un capitaine d'instinct et de tempérament...

Chaque fois que Paparemborde eut à commander l'équipe de France, il était malheureux. Il ne se déroba pas mais, je le savais, il souffrait vraiment mille morts pour jouer et commander ses compagnons en même temps...

De plus, en première ligne, il n'était pas dans une position parfaite pour inspirer une stratégie. Pour les Français, un pilier ne peut pas, nécessairement, devenir un bon capitaine. C'est une idée reçue qui a la vie dure dans le rugby français...

Certains capitaines, eux, se révèlent à l'épreuve du feu.

Comment supposer, à titre d'exemple, que Jean-Pierre Rives avait l'étoffe et les dons d'un grand capitaine ?...

Que l'on me comprenne bien. Ce n'est ni la personnalité ni l'efficacité de Rives que je mets en cause en parlant ainsi. Tel quel, Rives est un cas unique dans le rugby français. Il a d'ailleurs tout pour rester unique en son genre.

Lorsque le XV de France découvrit Jean-Pierre Rives, en 1975 à Twickenham en une occasion grandiose, la France entière fit la connaissance d'un rugbyman pas comme les autres. Rives n'affichait aucune ambition particulière. Il aimait la vie, il la prenait du bon côté. Il était, à l'époque, étudiant en médecine : il était, paraît-il, un élève assidu et il consacrait ses loisirs au rugby.

Mais sa classe devait le propulser au plus haut niveau international. Et cette consécration, dès lors, bouleversa radicalement son existence.

L'emprise que Rives exerça sur toute la France, par ses exploits amplifiés par la Télévision, par les articles qu'il suscita, par sa personnalité, fut gigantesque. En l'espace d'un après-midi de feu à Twickenham, Rives devint une idole à part entière.

Il tranchait sur un certain archétype du champion. Il était blond, séduisant comme un jeune premier, cultivé. Il s'exprimait remarquablement juste. Il cherchait à rester discret et mesuré alors que, précisément, sa chevelure le singularisait et le désignait immanquablement à l'admiration des foules.

Bien plus qu'un grand avant aile, Rives fut, aussitôt, un personnage. Un héros du sport et du rugby.

Je pense que la révélation de Rives est unique dans l'histoire du rugby moderne. Il était né, étrange hasard, pour devenir un modèle pour des millions et des millions de jeunes Français. Il s'était tourné vers le rugby pour meubler son adolescence et la première partie de sa vie. Et le rugby lui apportait une dimension que lui-même ne soupçonnait pas...

C'est net : le succès de Rives est sans précédent dans ma carrière. Aucun rugbyman n'a reçu autant de milliers de lettres. Aucun rugbyman n'a incarné si bien ce personnage de jeune premier de l'ovale qu'il est. Rives sut, d'instinct, bouleverser les femmes. Non pas uniquement par son allure de séducteur mais surtout par l'exemple qu'il incarnait en faveur du rugby...

En voyant jouer Rives, très nombreuses furent en France les mères de famille conquises par sa personnalité. Jean-Pierre Rives n'était pas un rugbyman d'élite que l'on admirait. Il était le prophète d'une cause qui était celle du rugby. Il était, naturellement, le plus bel agent de propagande que l'on puisse trouver pour un sport aussi viril et dynamique que le rugby...

Pour des milliers et des milliers de mères de famille de l'hexagone, Rives était le rugbyman-type. Celui qui servait de référence et leur permettait d'accéder aux désirs de leurs petits garçons de se consacrer au rugby...

La télévision a trouvé en Rives un merveilleux messager de propagande et de vérité du rugby...

Car, avec son maillot du XV de France sur le dos, Rives devenait un modèle de vertu et de courage. Il lui est arrivé d'aller parfois trop loin, de sortir des terrains ivre de coups et le visage marqué. Mais jamais Rives n'est passé pour une brute ou un pour un type méchant. Walter Spanghero non plus n'était pas un rugbyman méchant, bien au contraire, mais il incarnait la virilité dans son expression limite...

Avec Rives ou plutôt à travers lui, le rugby retrouve un visage humain, accessible, compréhensible. Il parle toujours d'une voix calme, apaisante. Toutes les Françaises, j'en suis persuadé, souhaiteraient que Rives soit leur mari, leur fils ou leur frère. Sa carrière est une aventure merveilleuse et très pure, sans arrière-pensée.

Je ne vois pas à quel grand capitaine du passé on pourrait comparer Rives. Il possède peut-être les mêmes qualités de fond que Michel Crauste. Mais il n'en a pas les moyens physiques. Il n'en a que le courage indomptable, l'énergie au-dessus de la moyenne et la gentillesse naturelle.

Côté courage, Rives a le courage des plus courageux. Je n'ai jamais rencontré ni vu un rugbyman aussi héroïque que lui. Il encaisse des coups terribles, il prend les chocs les plus rudes. Mais rien n'y fait : il veut ignorer la douleur parce qu'il la refuse, sur une révolte profonde de son être.

Pourtant, lui qui a suivi des études de médecine sait mieux que personne les risques qu'il assume et qu'il prend, par sa bravoure organique, en repartant tout le temps au combat comme si de rien n'était. On l'a vu souvent le visage sanguinolent, l'épaule endolo-

Bien sérieux, Rives, pour un capitaine comblé...

rie, le corps meurtri et bleu par les coups. Il joue au-delà de ses moyens et de sa santé. Un peu trop haut peut-être parfois. Mais toujours à la limite. Il n'a jamais évolué en dessous de ses moyens. Il ignore l'art de se ménager et de restreindre son champ d'action...

Derrière le Rives des stades, le galvanisateur des énergies, se cache un autre Rives, un garçon délicat et mesuré, raffiné, discret, parfois gêné de polariser toute l'attention sur lui.

Un an après son entrée dans le XV de France, en 1976 donc, il participa à une tournée aux Etats-Unis à la découverte du rugby américain encore balbutiant. Pierre Albaladejo et moi-même, nous accompagnions les Tricolores. Nous avions été très bien reçus par l'ambassadeur de France à Washington. Cet ambassadeur avait obtenu le privilège pour les Français de visiter la Maison-Blanche...

Le président des Etats-Unis d'alors était Gerald Ford. Un homme dont on racontait, avec méchanceté, qu'il ne pouvait pas faire deux choses à la fois, mâcher du chewing-gum et jouer au golf, par exemple. Cette anecdote nous amusait beaucoup.

En traversant une des vastes pièces de la Maison-Blanche, une pièce superbe meublée tout en XIXe siècle, nous avions découvert un piano. J'étais alors à côté de Rives et je n'ai eu de cesse qu'il ne consente à s'asseoir à ce piano et à jouer quelques notes...

Il accepta, comme ça, en hâte. Bref, Rives fut le premier rugby-man français à jouer du piano dans une des grandes pièces de la Maison-Blanche. Certains Américains étaient éberlués. Moi, j'étais ravi...

Evidemment, je lui ai annoncé que j'allais vanter ses talents de pianiste dans mon reportage. Cette fois, il n'était pas content. Quoi qu'il en soit, l'histoire fit son chemin et Jacques Chancel tenait à tout prix à l'inviter à jouer au piano dans son « Grand Echiquier ». Chancel voulait l'avoir au piano dans un « Grand Echiquier » dont Yehudi Menuhin était l'invité d'honneur. Rives refusa obstinément car il estimait qu'il ne servait pas la cause du rugby en se prêtant à ce jeu. Le piano était l'un de ses jardins secrets, il n'acceptait pas d'y laisser pénétrer le Rives public...

Car, derrière la façade du Rives qui enchante les foules de partout — il est aussi célèbre en Afrique du Sud, en Nouvelle-Zélande et en Grande-Bretagne qu'en France —, il existe un Rives discret et mesuré qui déteste ce qui n'est pas authentique. Il n'est pas l'homme des fausses amitiés, des compromissions ou des sentiments médiocres. Il est vrai et entier dans tout ce qu'il entreprend.

Un jour, très lointain j'espère, Jean-Pierre Rives devra quitter le XV de France, vaincu comme tous ceux qui l'ont précédé sous le maillot frappé du coq par la terrible loi de l'âge. Mais, quoi qu'il fasse, Rives demeurera à jamais pour nous tous, les fanatiques du rugby, comme le capitaine qui, le 14 juillet 1979, eut l'honneur de commander la première équipe de France de tous les temps à avoir battu les redoutables All Blacks chez eux, sur leur gazon du bout du monde...

Cette journée du 14 juillet 1979 — quel symbole pour des Français ! — fut exceptionnelle. Jamais les Néo-Zélandais n'avaient baissé pavillon devant leur public face à des Français. Il fallait que cette performance d'anthologie soit réalisée par Rives et les siens. Il n'était encore qu'un tout jeune capitaine à peine rodé par sa mission puisqu'il n'avait été investi de ce rôle épineux que six mois auparavant. Mais pour avoir, d'un test sur l'autre, d'un samedi sur l'autre, su ranimer des énergies, Jean-Pierre Rives s'éleva plus haut que tous les autres capitaines français...

En plus de ses exploits dans le Tournoi des Cinq Nations, en plus de son exceptionnel rayonnement humain et sportif, Jean-Pierre Rives restera pour la grande histoire du rugby français le capitaine qui sut trouver, à la tête d'une bande de braves, les clefs de la citadelle jusqu'alors imprenable des All Blacks.

NOS CHERS DISPARUS

En égrenant mes souvenirs, je ne peux pas m'empêcher de penser à tous ceux du rugby qui nous ont quittés, comme ça, au fil des années, par une journée soudainement passée au noir du cœur...

Il est certain qu'en livrant quelques noms je vais en oublier beaucoup. J'en demande pardon d'avance.

L'une des disparitions qui me chagrina le plus, ce fut celle de Robert Roy, mon cher Bob, un grand journaliste qui était aussi un sincère écrivain du rugby. Le plus sincère de tous, peut-être...

La mort de Bob survint dans des conditions tragiques, quelques jours après le France-Irlande (11-0) du 14 avril 1962 à Colombes. Il avait un stupide rendez-vous avec la mort sur cette fameuse Nationale 7, la route des vacances... Bob est mort heureux. D'une certaine manière. Il emportait sa vision la plus chère du rugby : André Boniface, l'attaquant moderne qu'il appréciait le plus, réalisant comme à la parade une merveilleuse passe croisée avec Rancoule qui devait amener un lumineux essai inscrit par Claude Lacaze...

Le temps qui s'est écoulé n'a pas atténué ma peine. Je revois Bob, dans ce dernier match de Colombes, assis sur le bord de la touche, les yeux brillants et comblés. J'ai toujours dans le regard de ma mémoire et le fond de mon cœur notre ultime voyage à Cardiff, le 24 mars 1962, où les Français avaient subi une mince défaite (0-3).

C'était un journaliste d'un style très différent des autres. Il était avant tout un homme libre. Il se moquait des considérations distinguées, de la fortune et de tous les tabous du monde. Il surgissait toujours dans nos déplacements au débotté car, par un étrange hasard, il n'avait jamais eu le temps de passer chez lui avant de s'envoler avec nous...

Voyageur sans bagages, avec son simple chandail à col roulé acheté aux surplus de la Navy, il avait plus d'allure que le mieux habillé d'entre nous. Bob Roy, au profil de médaille, à l'allure de jeune premier, à la patience d'ange, n'avait que des amis, sauf parmi les imbéciles, les envieux ou les hypocrites. Il fut sollicité pour faire du cinéma, mais il n'aimait ni l'intrigue ni les papotages de salon ; alors lui, l'ancien joueur de la Section Paloise, resta un homme de terrain. A Cardiff comme à Colombes, il savait se débrouiller pour être là, au bord de la touche, afin de transporter dans ses écrits toute la générosité de son cœur et du cœur du rugby qu'il voulait entendre battre, dans le halètement des mêlées.

Pauvre Bob, le destin ne lui laissa pas le temps d'épanouir son œuvre. Avec les frères Boniface, Jean Prat, Amédée Domenech, Dupuy, Rancoule, et une foule d'internationaux et de grands joueurs de la région, nous nous sommes retrouvés, des fleurs plein les bras, dans le petit cimetière de Labatut-Rivière, simple village au pied des Pyrénées. Nous avions tous perdu un frère. En sortant du cimetière, nous avons marché le long du petit ruisseau musard débitant sa musique sans se soucier de notre peine, et avec Denis Lalanne et Henri Garcia, ses compagnons d'armes de l'Equipe, toujours fidèles au poste (avec quelques cheveux... grisonnants), nous avons pleuré comme des gosses...

Pourtant, Robert Roy continue à vivre étrangement dans nos conversations, que les jeunes ne peuvent pas saisir, comme dans nos souvenirs, qui n'appartiennent qu'à nous...

Il paraît tout simplement parti pour un trop long reportage. Comme beaucoup d'autres de mes confrères dont la place s'est retrouvée, un jour, dramatiquement vide...

Il avait le secret d'arriver, fidèle à une habitude qui était vraiment devenue une règle de vie, en me disant de son air le plus naturel :

— Excuse-moi, petit, je suis un peu en retard...

Ah ! s'il avait pu être en retard à cette rencontre avec la mort...

La liste des morts du rugby est longue, terriblement longue. Je me souviens de ce terrible accident de voiture de septembre 1964 qui, sur une route de leurs Landes natales, priva sauvagement trois jeunes Dacquois, Jean Othats, Raymond Albaladejo et Emile Carrère, d'une vie qui commençait seulement. Ils avaient l'avenir devant eux. Jean Othats, peu auparavant, avait eu une fracture de la jambe à Charléty, lors d'un tournoi de rugby à 7 organisé par le P.U.C. La fracture avait été si brutale, si sèche que tous les spectateurs avaient perçu le craquement sinistre des os...

Et puis il y en eut beaucoup d'autres, détruits dans la fleur de l'âge...

Guy Boniface, lui aussi guetté par l'impitoyable faucheuse sur une route des Landes, dans la dernière nuit de 1967. Dans un ultime sursaut, Guy Boniface survécut quelques heures, le temps de mourir au début de l'après-midi du 1er janvier 1968, à Saint-Sever, dans le décor de son enfance et de son adolescence...

Je revois encore son enterrement à Montfort-en-Chalosse par une journée pluvieuse. C'était affreux. On aurait dit que le ciel se déchirait pour l'enterrement de ce garçon débordant de vitalité et d'entrain. Il avait le rugby dans le sang. Il était né pour les combats du rugby. Il s'y était épanoui dans une ferveur fraternelle qui était touchante.

Je me souviens toujours de l'effroyable image de Dédé, son frère aîné. Une douleur fantastique le ravageait. J'ai longtemps cru qu'il n'allait pas pouvoir survivre à la disparition de ce frère qu'il chérissait tant. Je suis d'ailleurs sûr que la blessure ne s'est jamais guérie. André n'en finit pas de penser à ce frère cadet qu'il avait si bien guidé sur les terrains du rugby et sur les chemins de l'existence...

Et moins de deux semaines plus tard, ce fut la mort, aussi stupide et cruelle, de Jean-Michel Capendeguy, un autre grand attaquant qui fut privé de sa première grande sélection internationale, contre l'Ecosse dans le Tournoi des Cinq Nations 1968, pour cause de disparition dans un accident d'automobile sur une route rectiligne de son Sud-Ouest natal...

Dans une carrière de téléreporter, il y a tellement de jours et de moments heureux que l'on finit par haïr ces jours malheureux, tragiquement marqués par les deuils de ceux qui nous sont chers. Pourquoi donc le rugby, ce sport de cœur, est-il condamné à pleurer tant de garçons prématurément ravis à notre affection ?...

Je m'insurgerai toujours, de toutes mes forces, contre ces sournois ravages du destin.

Mais il n'y a pas que les vedettes à me tirer des larmes de chagrin et de colère. J'ai partagé la longue agonie de Georges Magendie, le pilier du Racing, victime innocente d'un accident de jeu, mort de sa passion pour le rugby et pour son club. Cette image continue de me hanter.

Comme me hante toujours l'accident de Benoît Dauga, lui que je croyais indestructible. Il frôla la mort, il risqua ensuite de rester paralysé pour le reste de son existence. Sa bataille pour redevenir un homme normal fut pathétique.

J'avais tourné un grand reportage avec lui. J'étais allé le filmer dans la clinique ou il tentait de recupérer des gestes et des automatismes élémentaires. Pour l'habituer à se servir de ses mains, on lui faisait enfiler des perles. Un spectacle qui me pétrifia...

Avec ses grands doigts maladroits, Benoît ne parvenait ni à saisir ces perles, ni à les contrôler. Elles roulaient sur le sol. Il faisait des efforts énormes, surhumains, aux antipodes de ceux qu'il avait fournis sur tous les terrains du monde. Des gouttes de sueur lui coulaient sur le front quand, avec ses pauvres mains malhabiles, il s'efforçait de passer un mince fil dans les perles. A le voir aussi maladroit, j'en avais pleuré sans me cacher...

J'avais réalisé un document fantastique, exemplaire même pour ce qu'il recelait d'énergie de la part d'un être humain qui refusait l'infirmité. Quand je l'ai revu avant de le passer sur l'écran, il devenait insoutenable. Nous n'en avons passé qu'une partie. Les images étaient trop horribles. Par la suite, j'avais réalisé un autre reportage sur Benoît, en train de prendre des bains de boue à Dax. Il continuait de se battre comme un lion. Il a donné une splendide leçon de volonté...

Bien sûr, depuis lors, beaucoup d'autres noms manquent à l'appel de l'amitié et du rugby...

Mais il faut bien savoir que je pleure tous ceux qui nous ont quittés, comme ça, brutalement, happés par l'au-delà. J'aime trop le rugby pour ne pas les saluer, du fond du cœur, comme autant de compagnons des belles heures d'une vie d'homme. Ils avaient consacré leur jeunesse et leur enthousiasme à ce sport que j'aime autant qu'eux. Ils n'ont pas pu aller jusqu'au bout de leurs rêves et de leurs ambitions.

Qu'importe : ils sont toujours des nôtres, nous ne les avons ni oubliés ni rayés de nos mémoires. La force du rugby c'est, aussi, de savoir entretenir dans nos cœurs cette flamme de l'affection qui ne s'éteint pas et qui, je le crie, est appelée à défier le temps...

Pourquoi faut-il que les larmes me montent aux yeux en écrivant tout cela ?...

ADIEU, LES PETITS !

Et voilà...

Ce livre se termine.

Livre de ma vie ?... C'est beaucoup dire. La vie se compose d'un nombre incalculable de petits faits, de petits détails infimes qui échappent, hélas ! à une vue d'ensemble, mêmc la plus honnête possible, mais qui nous laisse derrière elle une inquiétante question...

« Et si c'était autour de ce petit fait ou de ce petit détail oublié que ta vie s'était construite ?... »

Cette question restera toujours sans réponse, bien sûr.

Et je songe à ces dizaines de milliers de lettres de téléspectatrices et téléspectateurs que j'ai reçues pendant trente ans de ma vie et dont la plus grande partie a disparu à tout jamais...

Il m'en reste toutefois quelques centaines au fond de mes tiroirs, encore quelques centaines de ces lettres d'inconnus de France, de Belgique, de Suisse ou d'ailleurs qui me racontent des histoires de leur vie, qui me demandent des conseils ou qui, parfois, poussent un véritable cri d'angoisse ou de solitude.

Qu'ai-je fait pour ces appels ?

Peu de chose, en vérité. Dans la mesure du possible, j'ai répondu.

Mais au moment de partir je me demande si j'ai su trouver les mots qu'il fallait ou, pire, si je n'ai pas laissé passer sans la lire « la » lettre qu'il n'aurait pas fallu oublier...

Et je me pose aussi une question : ai-je le droit de partir en laissant derrière moi ces milliers de lettres qui me restent ?... Non. Je crois que je n'en ai pas le droit.

Ces lettres étaient un trait d'union entre les téléspectateurs et moi. Et moi seul...

Elles m'ont ému, touché, parfois passionné ou même amusé. Je ne veux pas que, bcaucoup plus tard, elles tombent sous les yeux de gens qui trouveront ça ridicule ou rigolo sans savoir qu'elles représentaient une histoire de confiance et d'amitié. Non, je ne le veux pas...

Et c'est pourquoi je vais les réunir toutes dans mon jardin, en province, et je vais en faire un grand tas. Et j'y mettrai le feu en détournant les yeux...

Au moment où les derniers restes calcinés se disperseront aux quatre vents, je sais que c'est un peu de moi-même qui s'envolera avec eux pour toujours.

Une page, « ma » page de télévision, sera définitivement tournée.

Lorsque je l'ai connue, la télé, c'était une aventure exaltante et grandiose. Aujourd'hui, c'est devenu un métier comme les autres. La télévision est rentrée dans le rang. Et moi avec elle...

Moi, le chantre. Moi, le seizième homme du XV de France. Et même le prophète... oui, oui. Un journal a indiqué que j'avais dit un jour : « Je ne suis pas le spécialiste du rugby mais j'en suis le prophète... »

Diable ! Vrai ou faux ?... Peu importe. D'ailleurs je n'en suis pas à une boutade près.

Et je profite de cette occasion qui m'est fournie pour rappeler, aux jeunes joueurs qui découvrent le rugby, ce superbe proverbe : « Pour que ton sillon soit droit, accroche ta charrue à une étoile !... »

Ce proverbe au parfum biblique n'est pas du prophète Couderc mais d'un autre prophète qui faisait son quintal et sautait, malgré tout, en touche comme un poids léger et qui a parcouru, avec succès, les terres inviolées de l'Afrique du Sud. J'ai nommé le capitaine Lucien Mias !...

Mais, si je ne m'abuse, Lucien, tu me confias un jour que ce proverbe était d'origine berbère !...

Qu'importe. Celui qui prononça les premiers ces quelques mots mérite le ciel ou a droit à un pèlerinage à La Mecque ou à Jérusalem, ou bien encore peut passer huit jours gratuits au Club Méditerranée dans les îles Grenadine. Bref, souvenez-vous toujours de ces mots : « Pour que ton sillon soit droit, accroche ta charrue à une étoile !... »

A chacun son étoile, bien sûr. Mais je pense que celle dont il est question doit être ovale. Non ?...

Je me retourne une dernière fois et je vous vois ou, plutôt, je vous devine, immense cohorte de tous les joueurs que j'ai connus en maillots bleu, en maillots blancs mais toujours avec le coq brodé sur le cœur...

Il y a les grands qui dominent tous le monde ; ce sont les deuxième ligne, bien sûr. Puis il y a les durs des « fauteuils d'orchestre » aux visages bosselés mais aux regards d'enfants. Et les costauds de la troisième ligne. Et les lévriers des lignes arrière, les artistes...

Oui, je vous revois, quelques-uns boitant, d'autres s'enlevant le sang qui coule sur leur visage avec l'« éponge miracle ». Oui, je vous revois tous et je me demande combien de centaines de ballons vous avez « plantés » en terre promise, chez nous ou au-delà des océans ?...

Ah ! si un arbre pouvait pousser là sur une terre réunissant toutes les terres promises du monde, il porterait sur ses branches les plus beaux fruits, les plus recherchés, les plus aimés, les plus chantés : des milliers de ballons de rugby que les enfants viendraient cueillir ou chaparder — où donc est mon enfance ? — pour aller jouer dans le pré, dans le pré sous le viaduc de Souillac où passent toujours les grands express qui sifflent dans la nuit...

Mais voilà, c'est mon rêve qui se termine.

Alors, avant de vous quitter, superbes joueurs des XV de France, modestes ou célèbres, jeunes ou vieux, laissez-moi vous assurer que je vous ai tous aimés un peu comme mes enfants.

Et, pour la première fois — je dis bien pour la première fois —, je vous lance, le cœur gros : « Adieu, les petits ! »...

ORIGINE DES DOCUMENTS PHOTOS

Presse-Sports : pp. 4, 20, 45, 53, 56, 60, 93, 168, 171, 183, 235, 247/Sygma : pp. 1, 23, 28, 37, 127, 205, 214, 222, 226 / Parisien Libéré : pp. 14, 48, 156, 237, dos de la couverture / Lenoir : p. 96 / Paris Match - Marie-Claire : pp. 104, 115, 121, 139, 154, 178, 187, 189, 190, 196, 199, 217 / Rosenthal : p. 150 / Emmanuel Pagnoud : p. 161. Gérard Schachmes / Sygma : p. 12.
Sources privées : pp. 11, 67, 113, 125, 149, 158, 173, 241.
Couverture : Sygma/James Andanson.

TABLE DES MATIÈRES

Achevé d'imprimer
sur les presses de Bernard Neyrolles
Imprimerie Lescaret
à Paris, le 28 mars 1983
Numéro d'éditeur 1065
Maquette : Michel Bai

BIBLIOTHÈQUE

POUR TOUS

LANDES

54.854

B
COU
C

COUDERC(Roger). - Adieu, les petits!

B   COUDERC (Roger) Adieu, les petits!6
COU   Paris, Solar, 1983.-

        Au moment de quitter une vie qu'il ai-
me de reporter du rugby, roger Couderc raconte
sa vie: Sa vie brillante de reporter en cache une
autre, humaine, besogneuse ,qui le rend fort sympathique. A de nombreuses anecdotes s'ajoutent
de savantes réflexions sur le rugby et son avenir
                                    (I).